神々の悪戯 ②

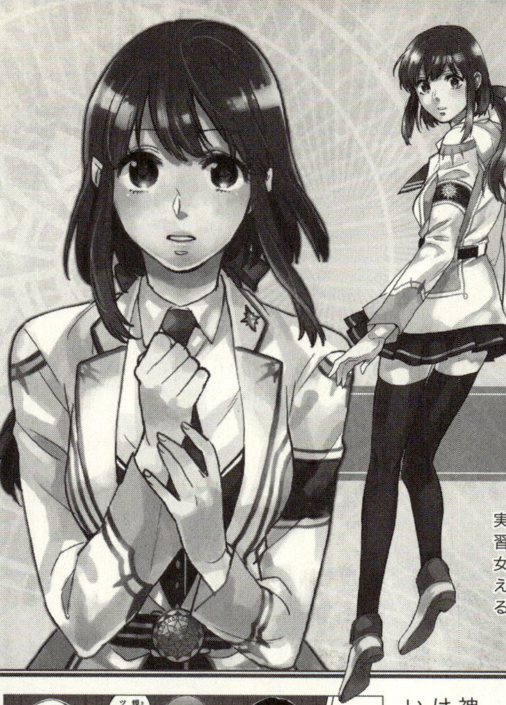

Story & Character

草薙結衣
Yui Kusanagi

実家が神社で、幼い頃から居合を習っている以外は、至って普通の女の子。高校３年生への進級を控え、自分の将来について悩み始める。やや古風で、恋愛には疎い。

問題児の神々との〝学園生活〟!!

神の中には、人間嫌いの「問題児」がいた。それは少なからず、世界に悪影響を及ぼしており、憂慮した神々の代表・ゼウスは、天上に〝学び舎〟を創り、人間の少女・結衣を召喚する。「愛と人間」を理解させ、神々を学園から卒業させなければ、元の世界へ戻れないと言うのだ。突然の出来事に困惑する結衣だったが、協力的な神々と生徒会を結成し、学園生活を拒否をしていた神々を説得。結果、見事登校させる事に成功する。一見うまく進み始めた学園生活だったのだが…。また一方で、ゼウスとトトには、結衣たちが知らない〝世界の危機〟に関わる隠し事があるようで…？

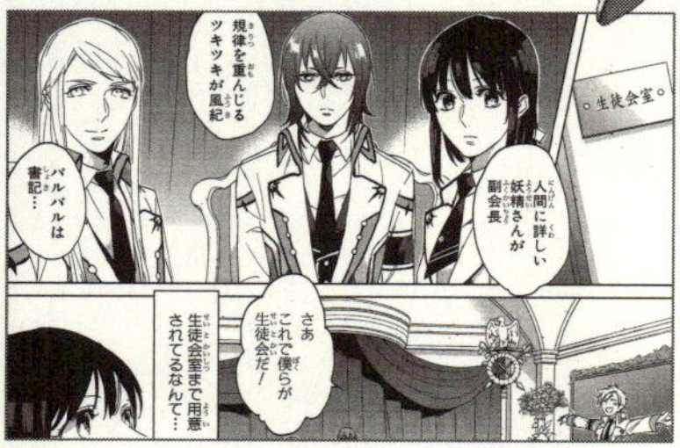

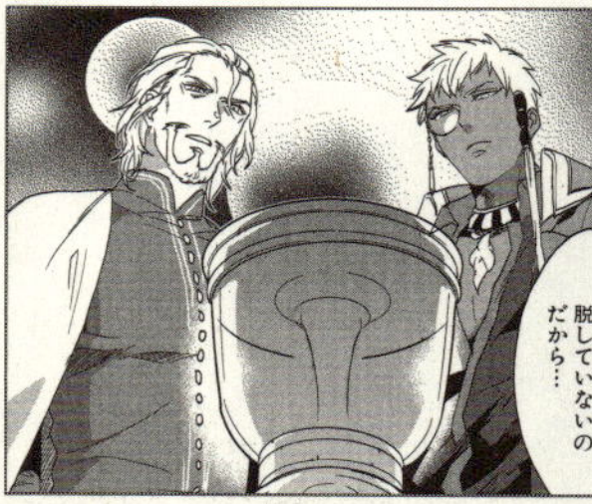

太陽の神
アポロン・アガナ・ベレア
Apollon Agana Belea

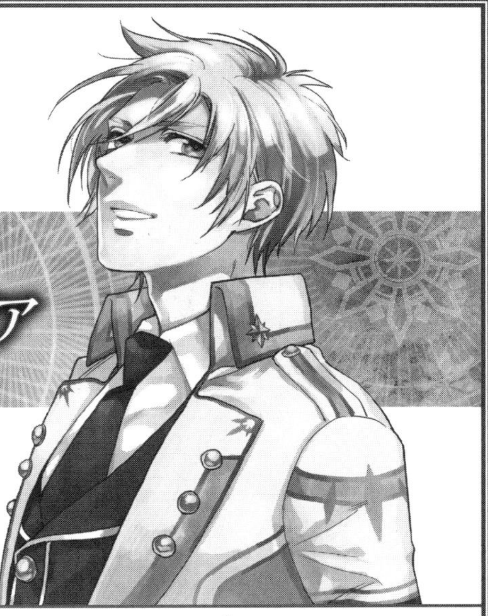

眉目秀麗、成績優秀で紳士的。男女問わず好かれる。初対面から結衣に親切で協力的。生徒会長に立候補し、積極的に学園生活を送る。父・ゼウスとの間に、確執があるようで…。

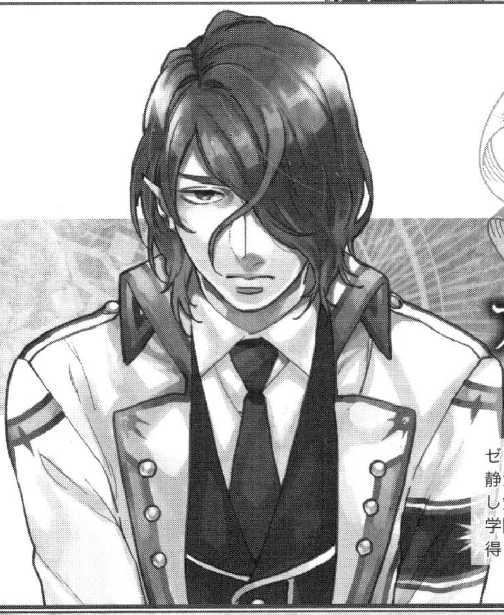

冥府の神
ハデス・アイドネウス
Hades Aidoneus

ゼウスの兄で、アポロンの伯父。物静かで他人と関わる事を嫌う。しかし気遣いのできる大人で、我慢強い。学園には否定的だが、アポロンの説得もあり、今は学園に通うように。

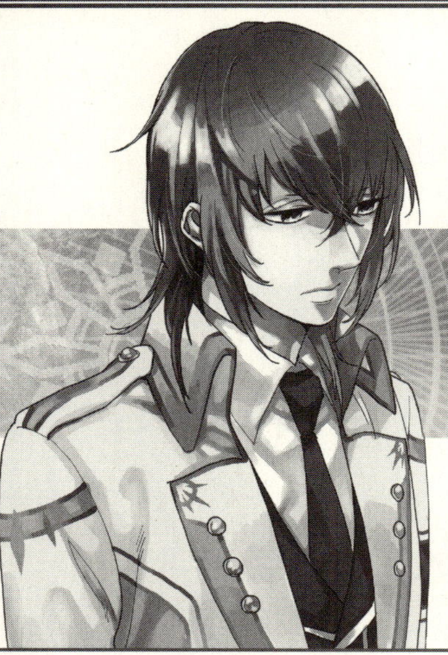

月の神

Luna

戸塚月人

Tsukito Totsuka

ポーカーフェイスで、喜怒哀楽を表に出さない。掴み所がなくミステリアス。しかし協調性が高い一面を持ち、生徒会に所属して、風紀を担当。学園生活を淡々と送っている。

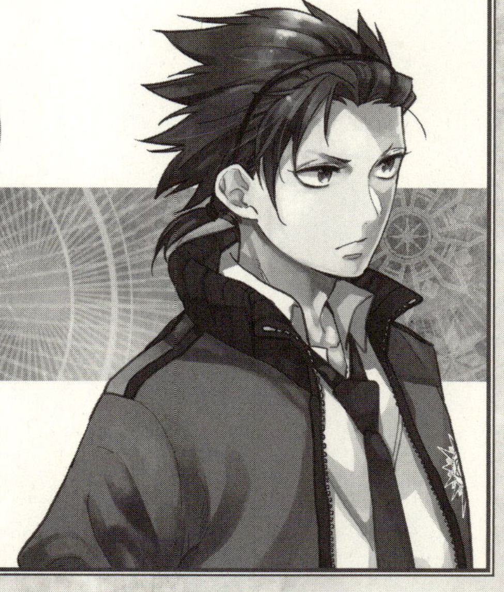

海の神

Mare

戸塚 尊

Takeru Totsuka

気性が激しく、ケンカっ早い性格。しかし自分が認めた相手には素直。当初、学園生活には非協力的だったが、尊敬する兄の月人を慕って、今はしぶしぶ学園に通っている。

光の神
バルドル・フリングホルニ
Balder Hringhorni

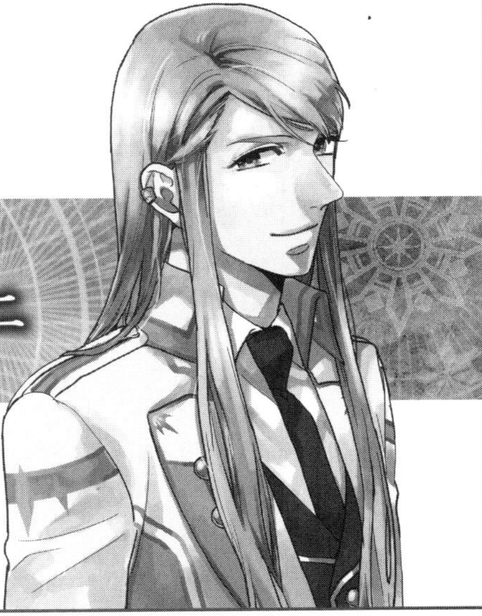

神も惹き付ける魅力と"不死"という能力を持つ。優雅で穏やかだが、突然転ぶなど見た目とのギャップがある。結衣に初めから優しく、アポロン・月人と共に生徒会活動を行う。

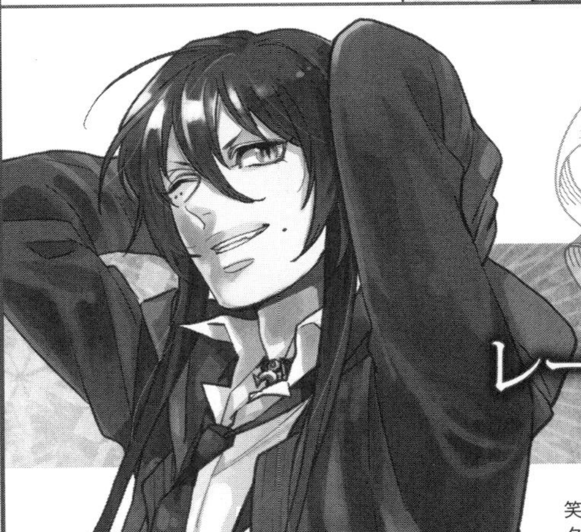

炎の神
ロキ・レーヴァテイン
Loki Laevatein

笑顔で容赦のない悪戯をするトリックスター。好奇心旺盛だが気分屋で、真意が読めない行動をする。常にバルドルに悪戯をしようと画策しているが、トールに見張られている。

叡智の神

トト・カドゥケウス

Thoth Caduceus

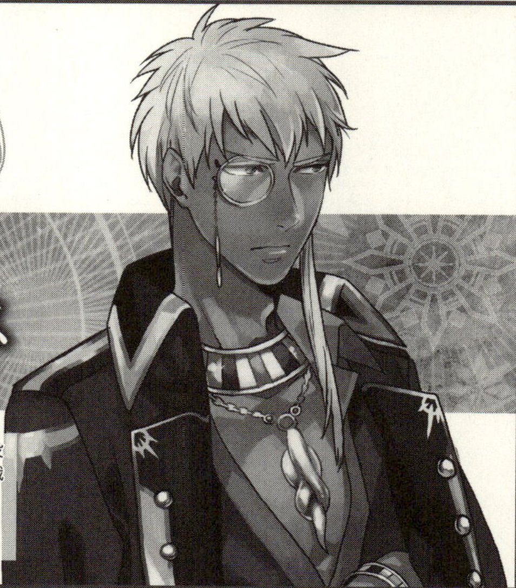

結衣と神々の指導を担当する教師役だが、基本放任主義。圧倒的な知識を持つ為か、高圧的な態度をとる。また、この世界にまつわる秘密を、何か知っているようなのだが…。

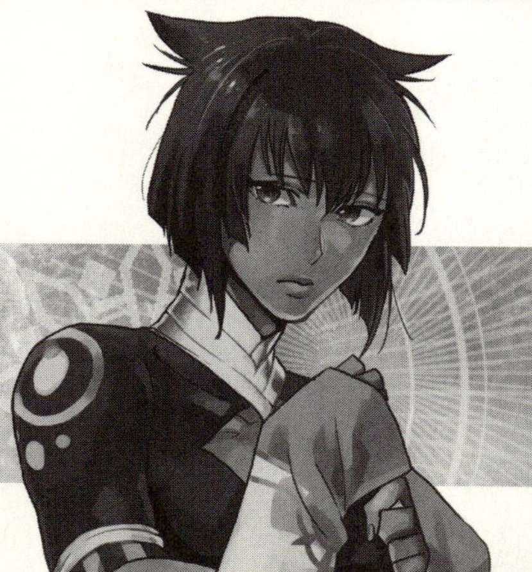

???

人間か神か、いまだ何者かわからない謎の多い人物。独特な言葉を話す。学園にも時々出没しているようで、結衣もその気配を感じる事があるが、正体は掴めていない。

豊穣の神

ディオニュソス・テュルソス

Dionysos Thyrsos

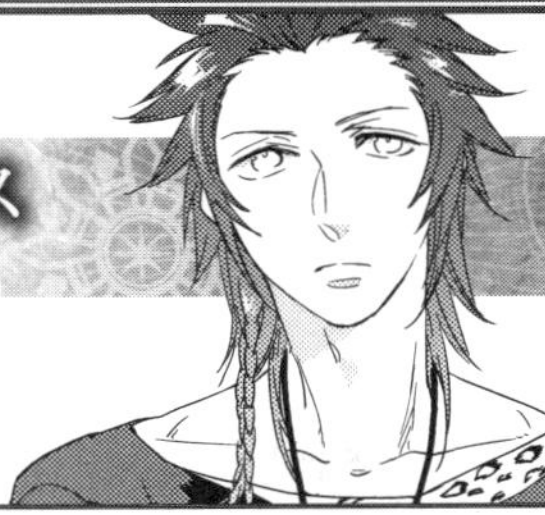

快楽主義者でおおらかな性格。ギリシャの神でゼウスの息子の１人。不登校だったにも関わらず、登校後すぐに周囲に溶け込む。

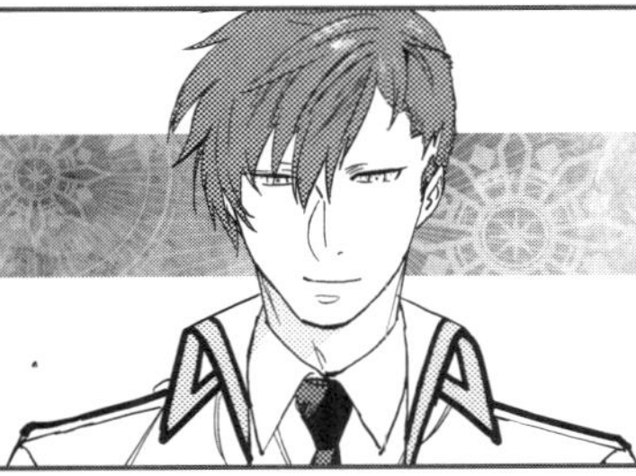

戦の神

トール・メギンギヨルズ

Tors Megingyoruzu

雷を司る北欧神話の最強戦神。真面目で面倒見が良い兄貴的存在。口数は少ないが、周囲の信頼は篤い。ロキを見張る為に学園に通う。

世話役・相談役

メリッサ

Melissa

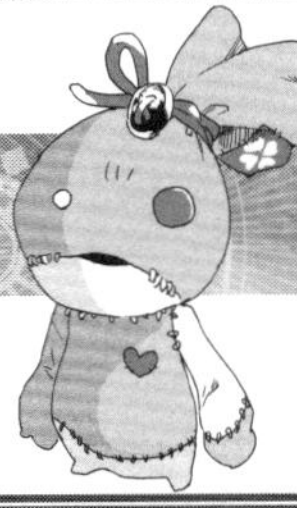

ゼウスが結衣の部屋に用意した泥人形。本人は、人間のつもりらしい。結衣が迷った時にアドバイスをしてくれ、頼れる存在。

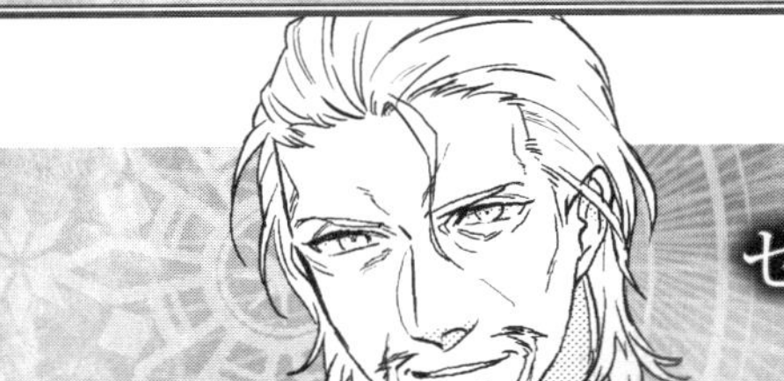

全知全能の神

ゼウス・ケラウノス

Zeus Keraunos

学園を創ったギリシャ神話の神。アポロンの父で、ハデスの弟。箱庭での全決定権を持つ。気まぐれで強引な為、結衣たちを振り回す事も。何か大きな秘密を隠しているようで…。

神々の悪戯（あそび）
Ludere deorum

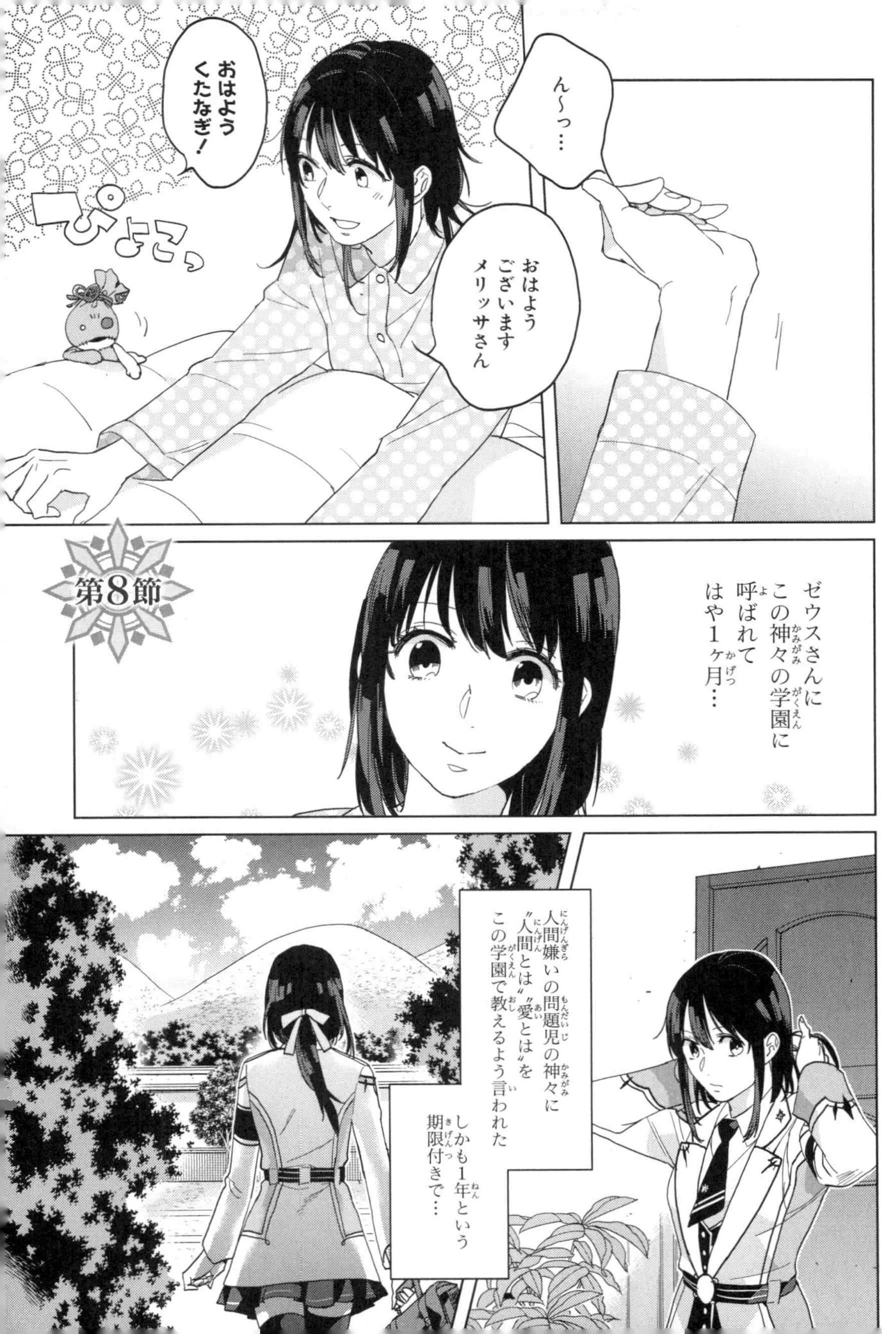

ん～っ…
おはよう くたなぎ!
ぴょこっ
おはようございます メリッサさん
第8節
ゼウスさんに この神々の学園に 呼ばれて はや1ヶ月…
人間嫌いの問題児の神々に 〝人間とは〟〝愛とは〟を この学園で教えるよう言われた
しかも1年という 期限付きで…

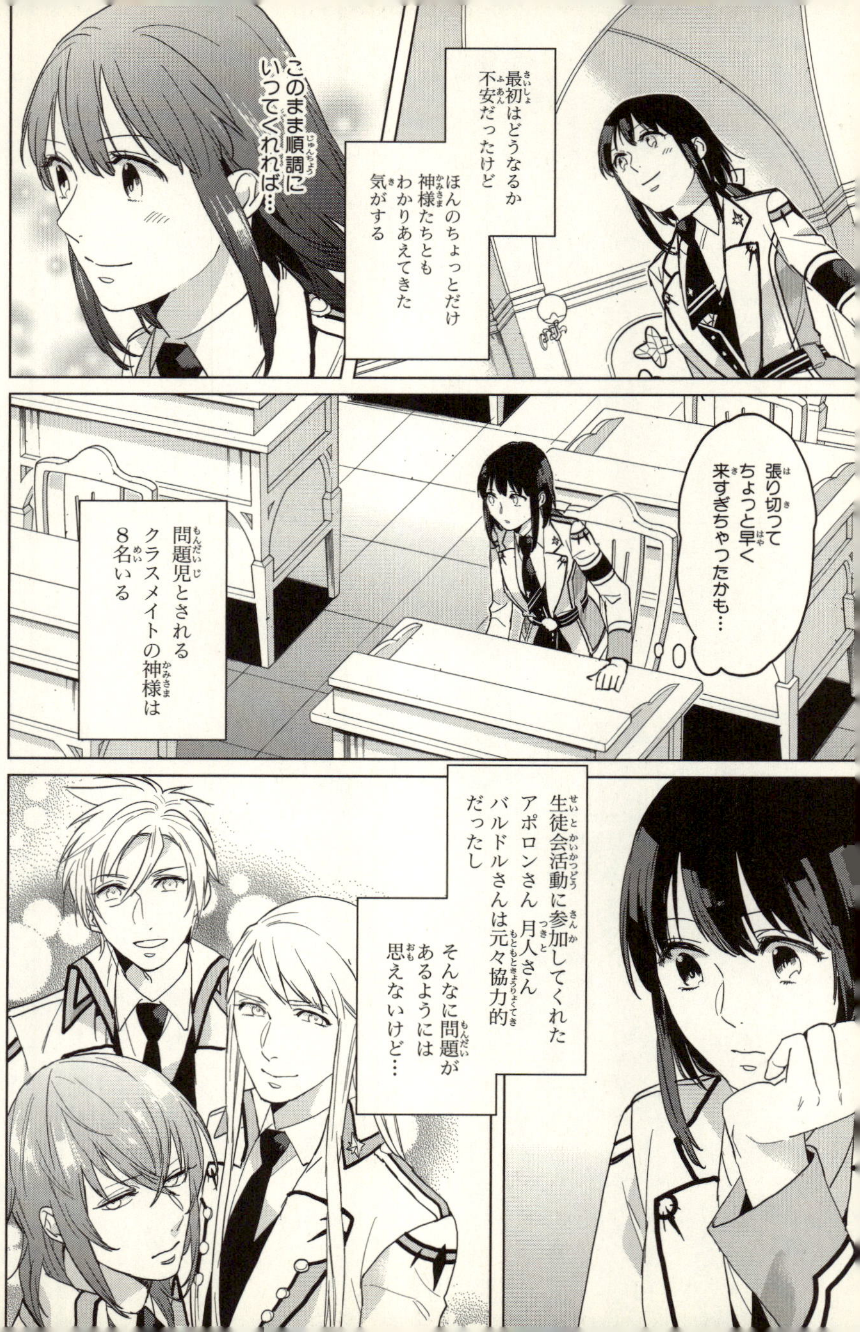

最初はどうなるか不安だったけど
ほんのちょっとだけ神様たちともわかりあえてきた気がする
このまま順調にいってくれれば…
張り切ってちょっと早く来すぎちゃったかも…
問題児とされるクラスメイトの神様は8名いる
生徒会活動に参加してくれたアポロンさん 月人さんバルドルさんは元々協力的だったし
そんなに問題があるようには思えないけど…

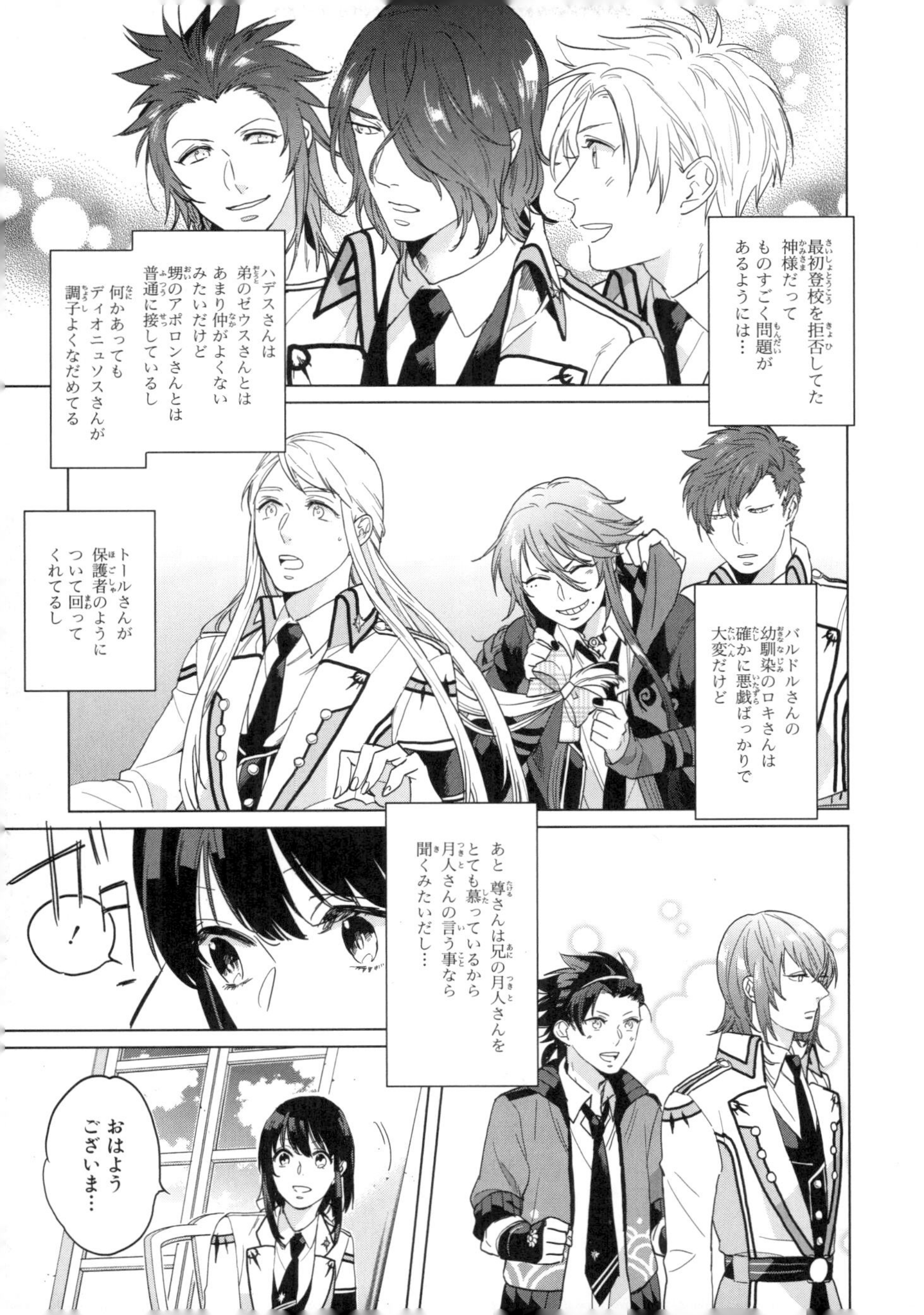
最初登校を拒否してた神様だってものすごく問題があるようには…
ハデスさんは弟のゼウスさんとはあまり仲がよくないみたいだけど甥のアポロンさんとは普通に接しているし何かあってもディオニュソスさんが調子よくなだめてる
バルドルさんの幼馴染のロキさんは確かに悪戯ばっかりで大変だけど
トールさんが保護者のようについて回ってくれてるし
あと 尊さんは兄の月人さんをとても慕っているから月人さんの言う事なら聞くみたいだし…
！
おはようございま…

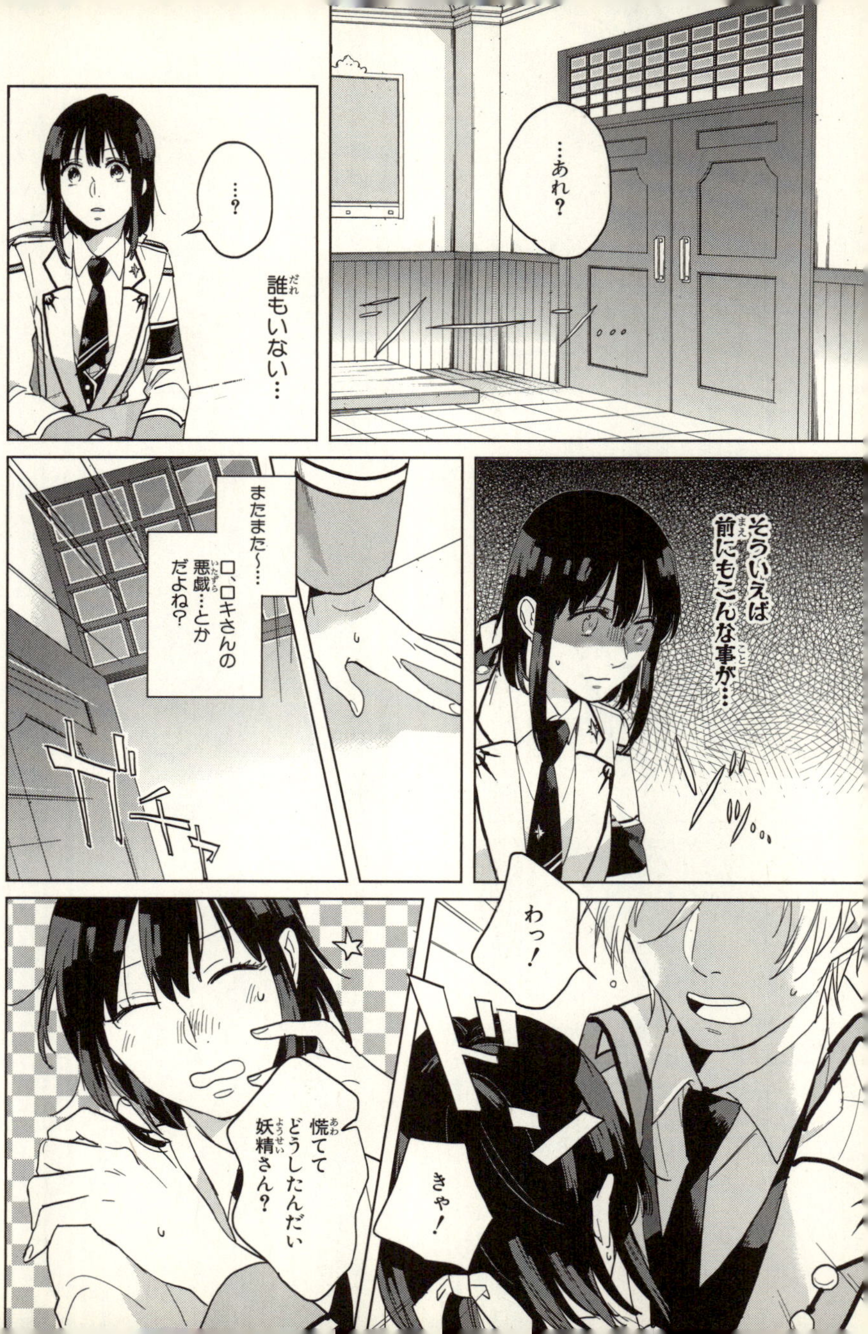
…あれ？
…
…？
誰もいない…
そういえば前にもこんな事が…
またまた〜…
ロ、ロキさんの悪戯…とかだよね？
ガチャ
わっ！
きゃ！
慌ててどうしたんだい妖精さん？

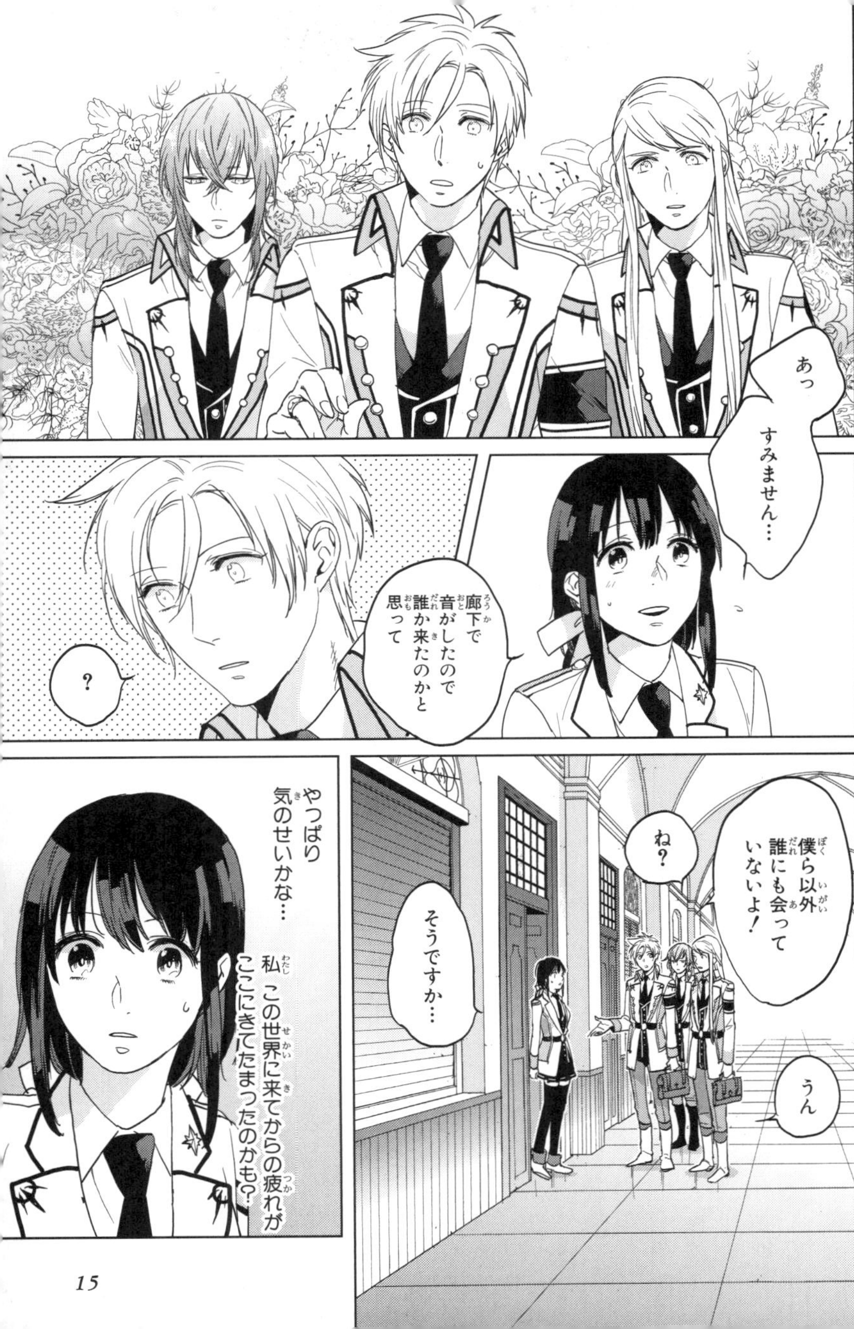
あっ
すみません…
廊下で音がしたので誰か来たのかと思って
?
僕ら以外誰にも会っていないよ！
ね？
うん
そうですか…
やっぱり気のせいかな…
私 この世界に来てからの疲れがここにきてたまったのかも？

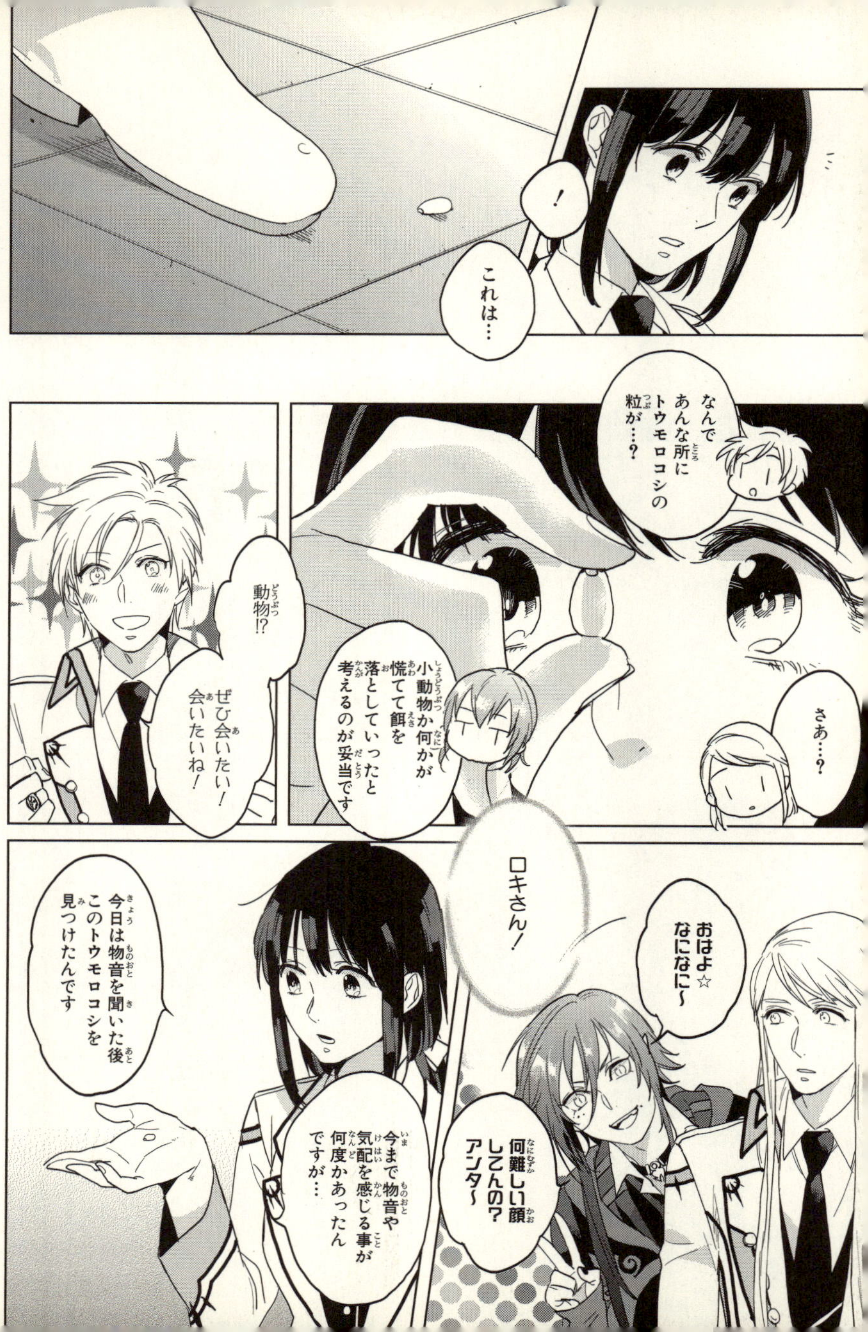
！
これは…
なんであんな所にトウモロコシの粒が…？
さあ…？
小動物か何かが慌てて餌を落としていったと考えるのが妥当です
動物!?
ぜひ会いたい！会いたいね！
おはよ☆なになに～
ロキさん！
何難しい顔してんの？アンタ～
今まで物音や気配を感じる事が何度かあったんですが…
今日は物音を聞いた後このトウモロコシを見つけたんです

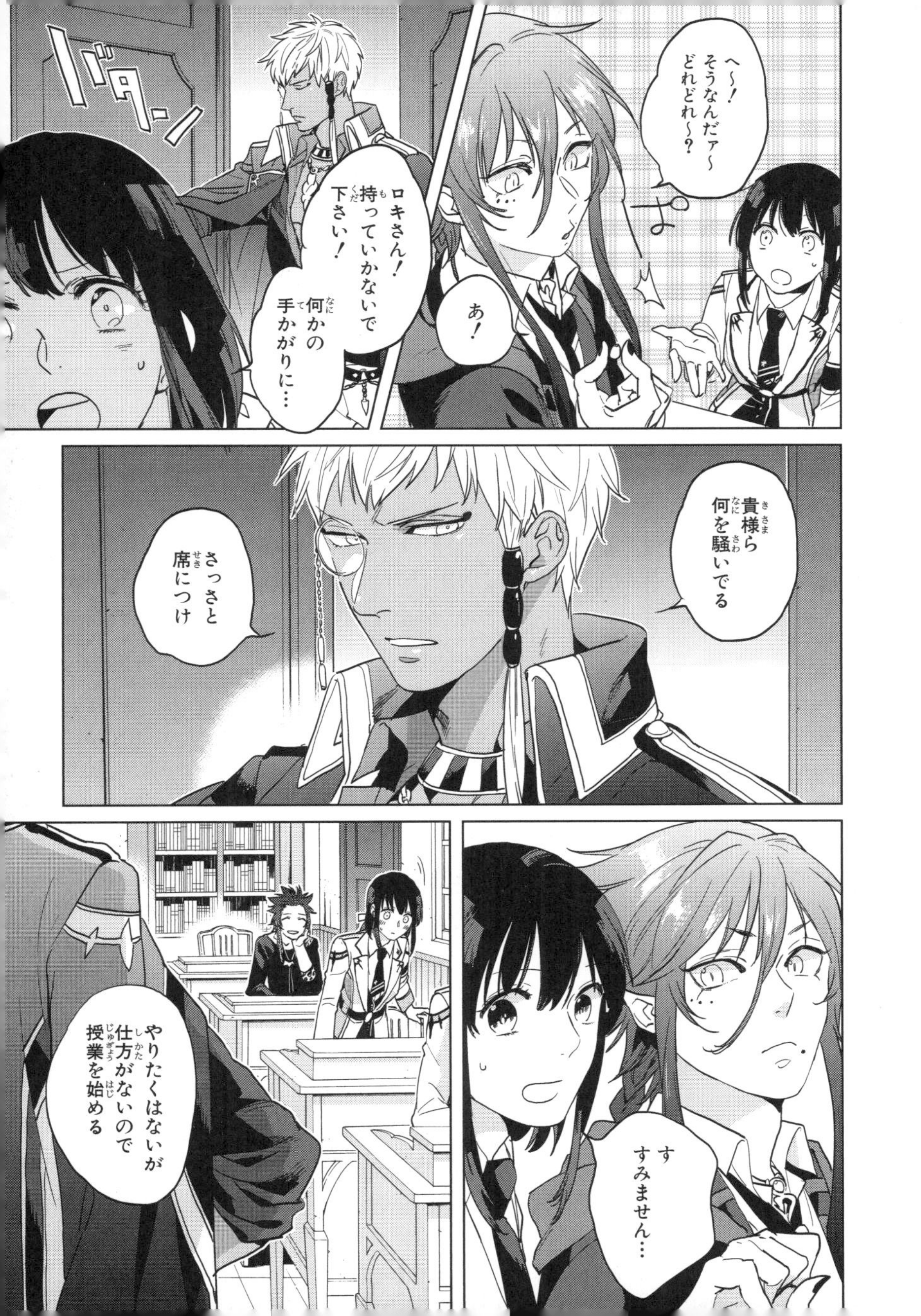

へ～！
そうなんだア～
どれどれ～？
よ
あ！
ロキさん！
持っていかないで
下さい！
何かの
手がかりに…
バターン
貴様ら
何を騒いでる
さっさと
席につけ
すすみません…
やりたくはないが
仕方がないので
授業を始める

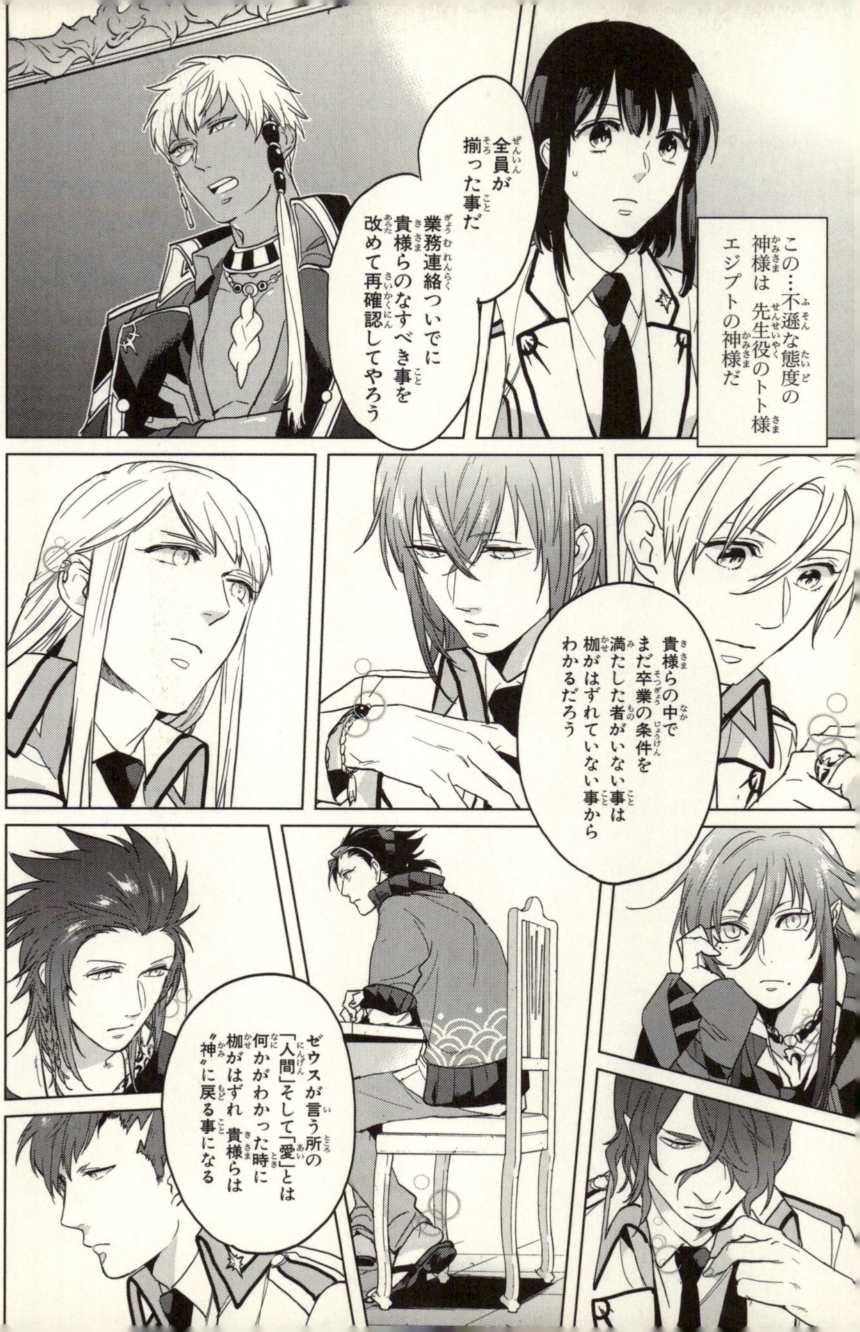

この…不遜な態度の神様は
先生役のトト様
エジプトの神様だ
全員が揃った事だ
業務連絡ついでに
貴様らのなすべき事を
改めて再確認してやろう
貴様らの中で
まだ卒業の条件を
満たした者がいない事は
枷がはずれていない事から
わかるだろう
ゼウスが言う所の
「人間」そして「愛」とは
何かがわかった時に
枷がはずれ 貴様らは
〝神〟に戻る事になる

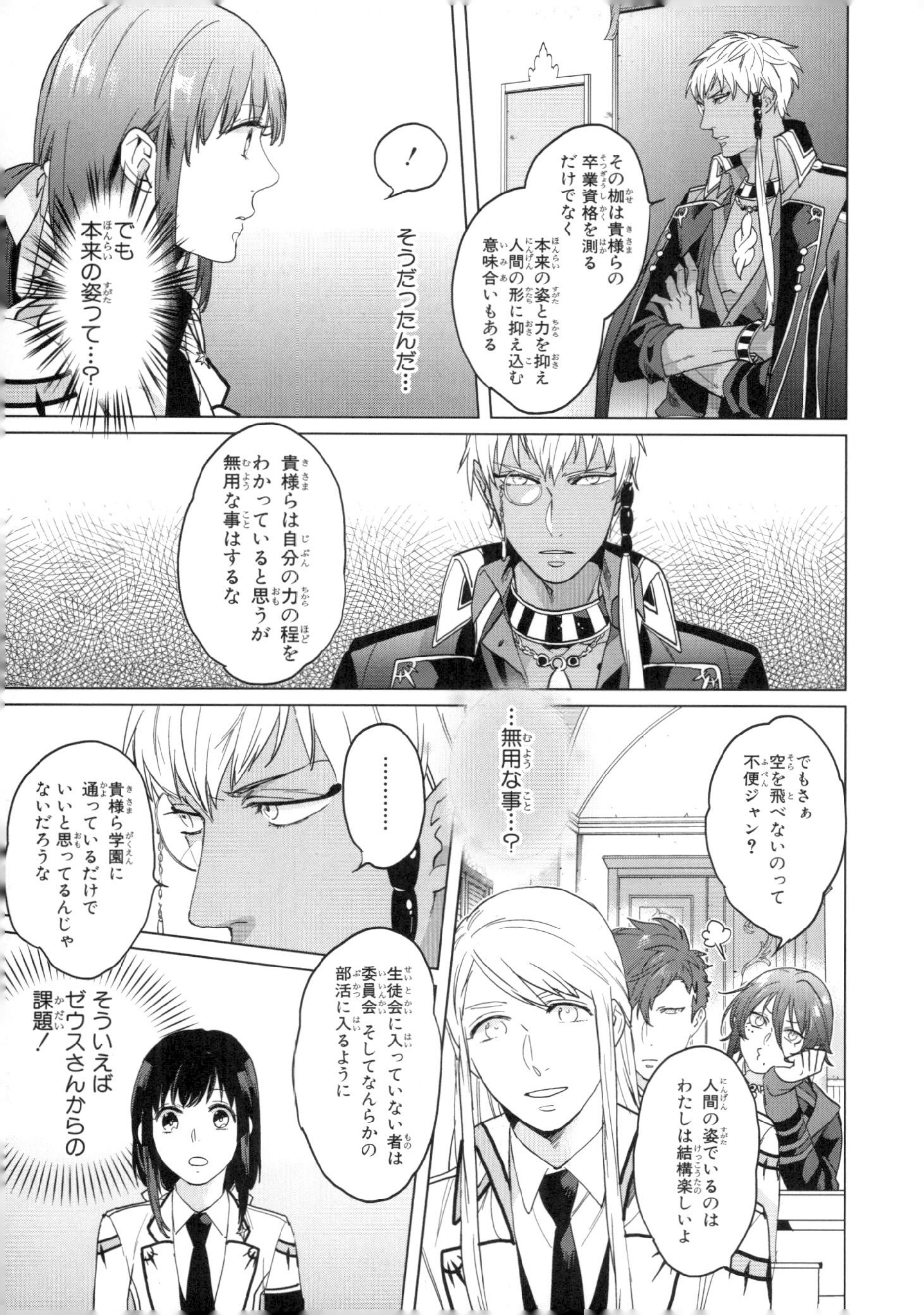

その枷は貴様らの卒業資格を測るだけでなく本来の姿と力を抑え人間の形に抑え込む意味合いもある
！
そうだったんだ…
でも本来の姿って…？
貴様らは自分の力の程をわかっていると思うが無用な事はするな
でもさぁ空を飛べないのって不便ジャン？
人間の姿でいるのはわたしは結構楽しいよ
…無用な事…？
………
貴様ら学園に通っているだけでいいと思ってるんじゃないだろうな
生徒会に入っていない者は委員会 そしてなんらかの部活に入るように
そういえばゼウスさんからの課題！

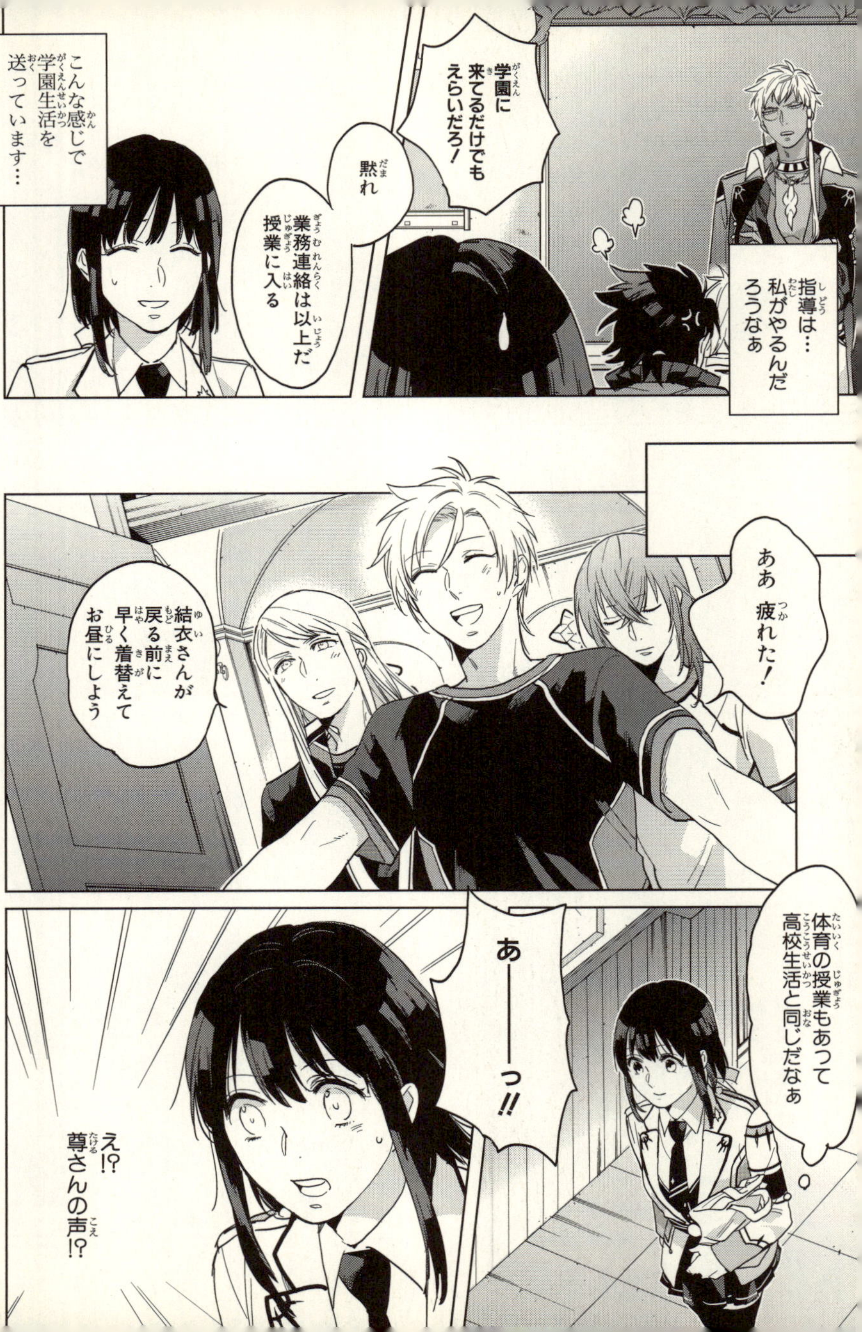
指導は…私がやるんだろうなぁ
学園に来てるだけでもえらいだろ！
黙れ 業務連絡は以上だ 授業に入る
こんな感じで学園生活を送っています…
ああ 疲れた！
結衣さんが戻る前に早く着替えてお昼にしよう
体育の授業もあって高校生活と同じだなぁ
あーーーっ!!
え!? 尊さんの声!?

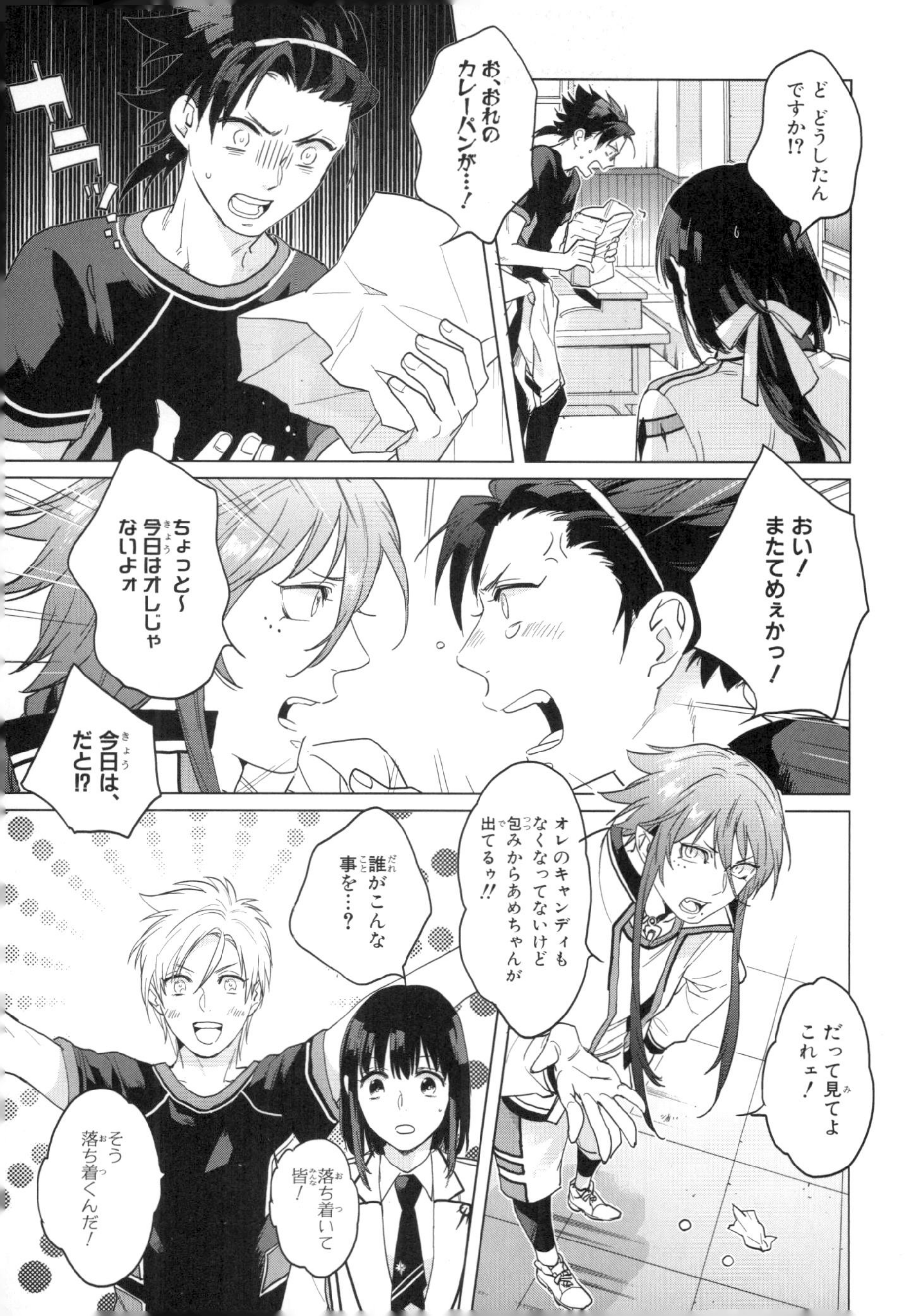

ど どうしたんですか!?
お、おれのカレーパンが…！
おい！またてめぇかっ！
ちょっと〜今日はオレじゃないよォ
今日は、だと!?
だって見てよこれェ！
オレのキャンディもなくなってないけど包みからあめちゃんが出てるゥ!!
誰がこんな事を…？
落ち着いて皆！
そう落ち着くんだ！

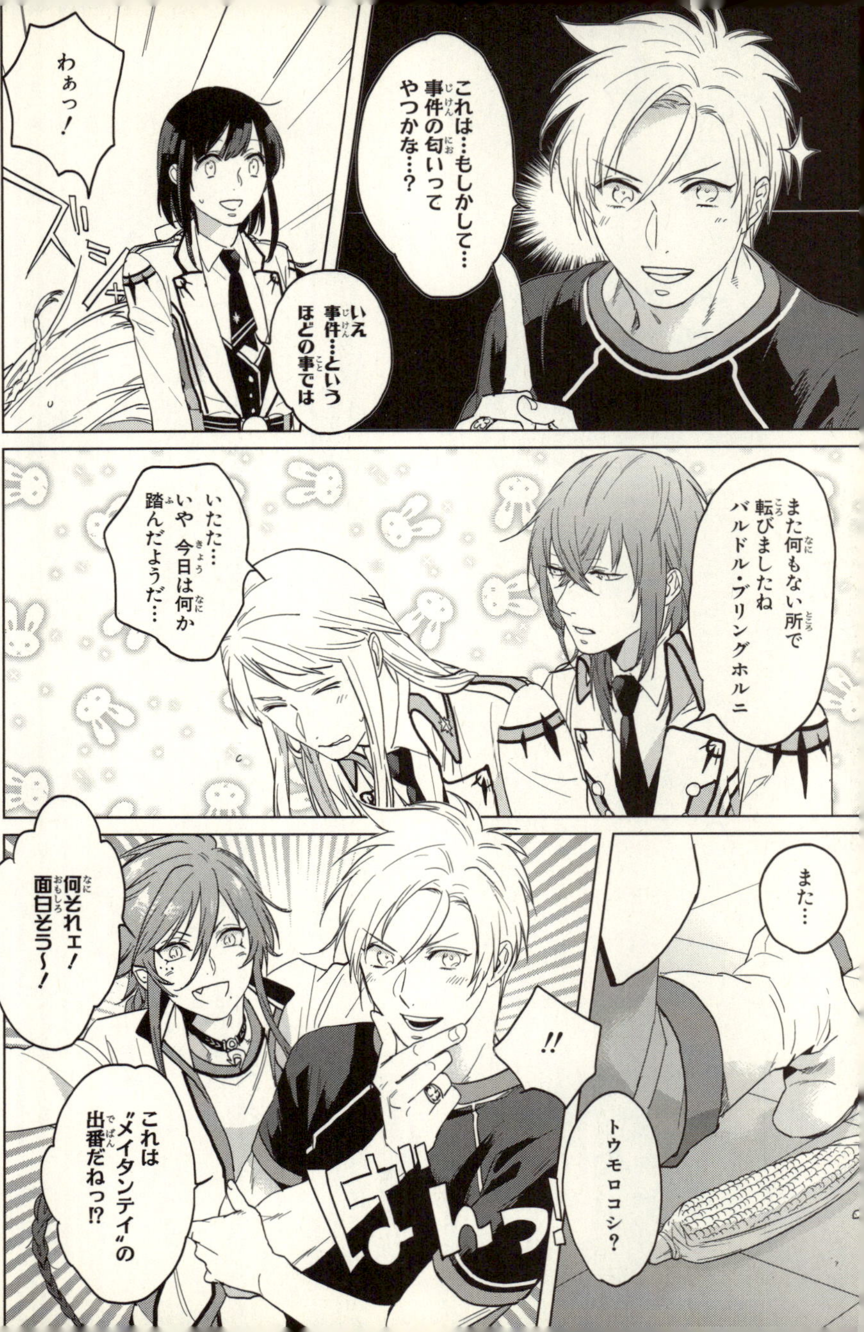
これは…もしかして…事件の匂いってやつかな…？
わぁっ！
いえ 事件…という ほどの事では
また何もない所で転びましたね バルドル・ブリングホルニ
いたた… いや 今日は何か踏んだようだ…
また…
!!
トウモロコシ？
何それェ！面白そう～！
これは〝メイタンテイ〟の出番だねっ!?
ばんっ!

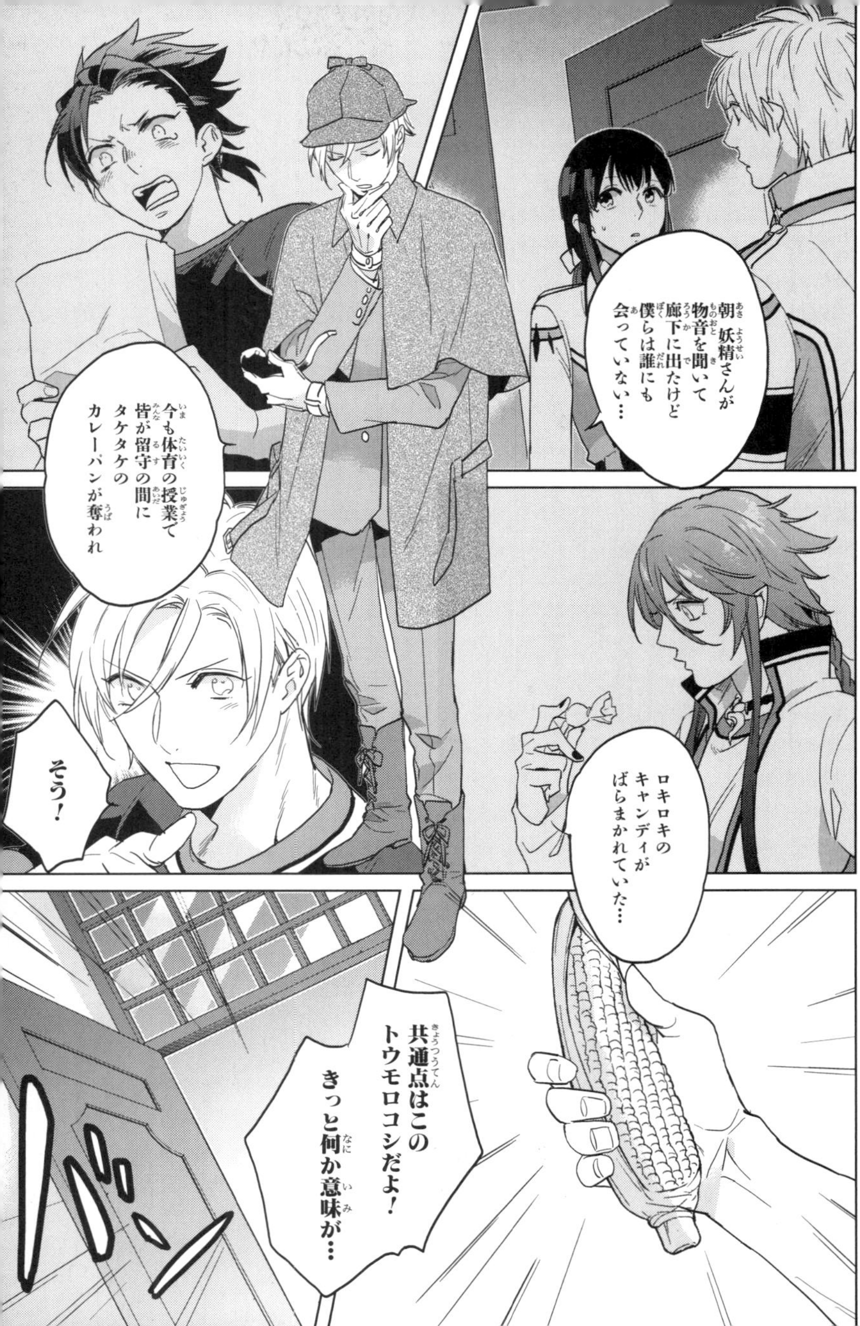
朝妖精さんが物音を聞いて廊下に出たけど僕らは誰にも会っていない…
今も体育の授業で皆が留守の間にタケタケのカレーパンが奪われ
ロキロキのキャンディがばらまかれていた…
そう！
共通点はこのトウモロコシだよ！
きっと何か意味が…

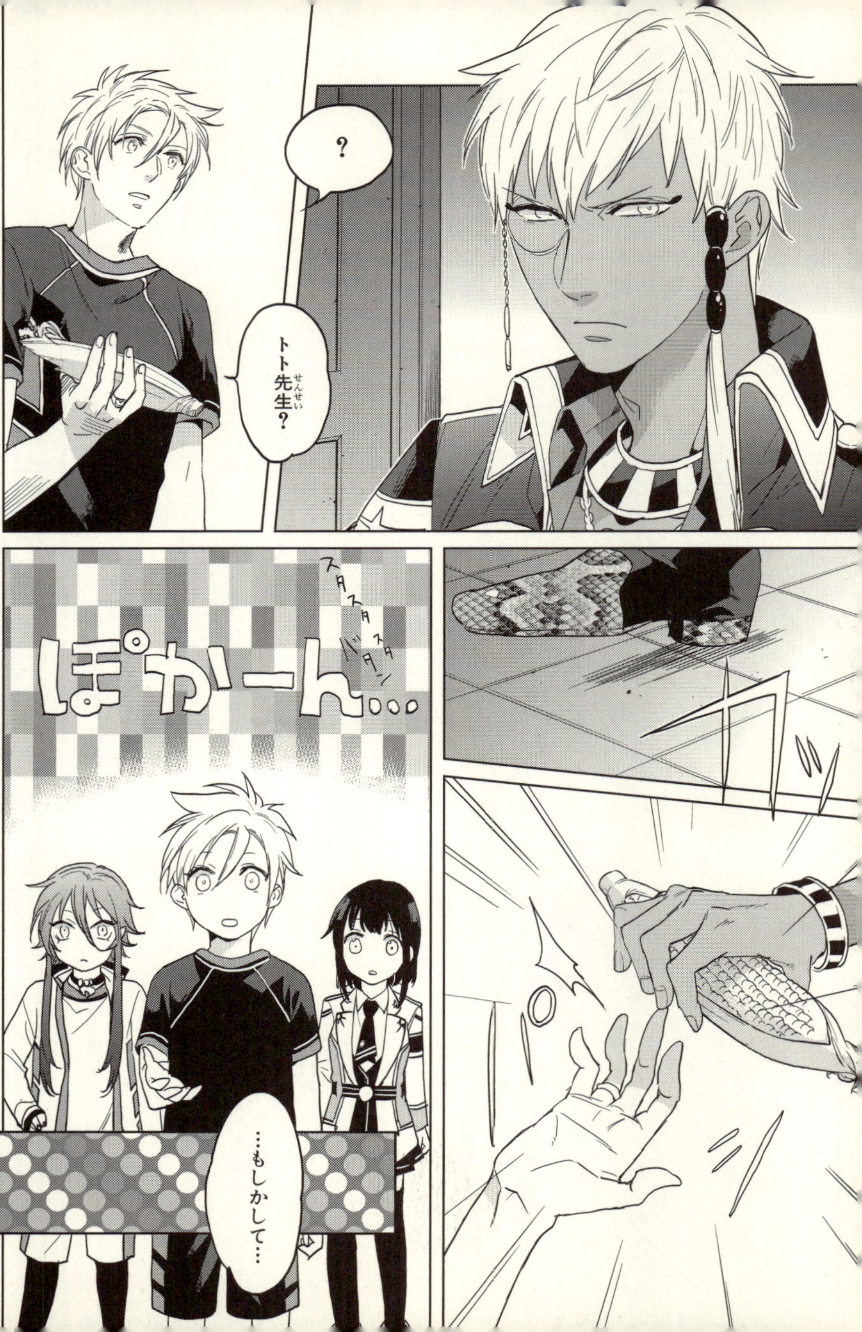
？
トト先生？
スタスタスタ
ドタン
ぽかーん…
パ
…もしかして…

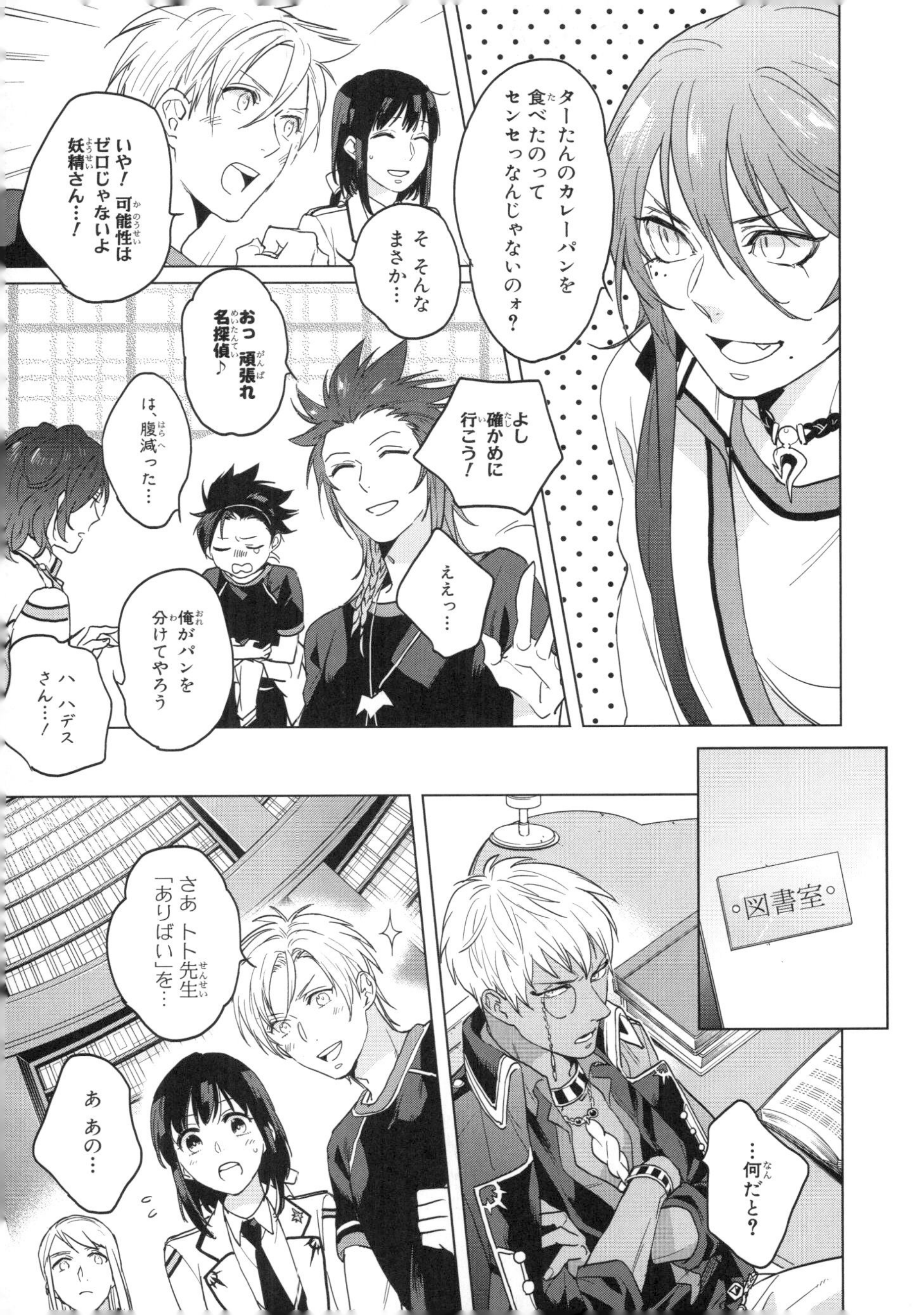
ターたんのカレーパンを食べたのってセンセっなんじゃないのォ？
そ そんなまさか…
いや！可能性はゼロじゃないよ妖精さん…！
よし確かめに行こう！
おっ 頑張れ名探偵♪
ええっ…
は、腹減った…
俺がパンを分けてやろう
ハ ハデスさん…！
図書室
…何だと？
さあ トト先生「ありばい」を…
あ あの…

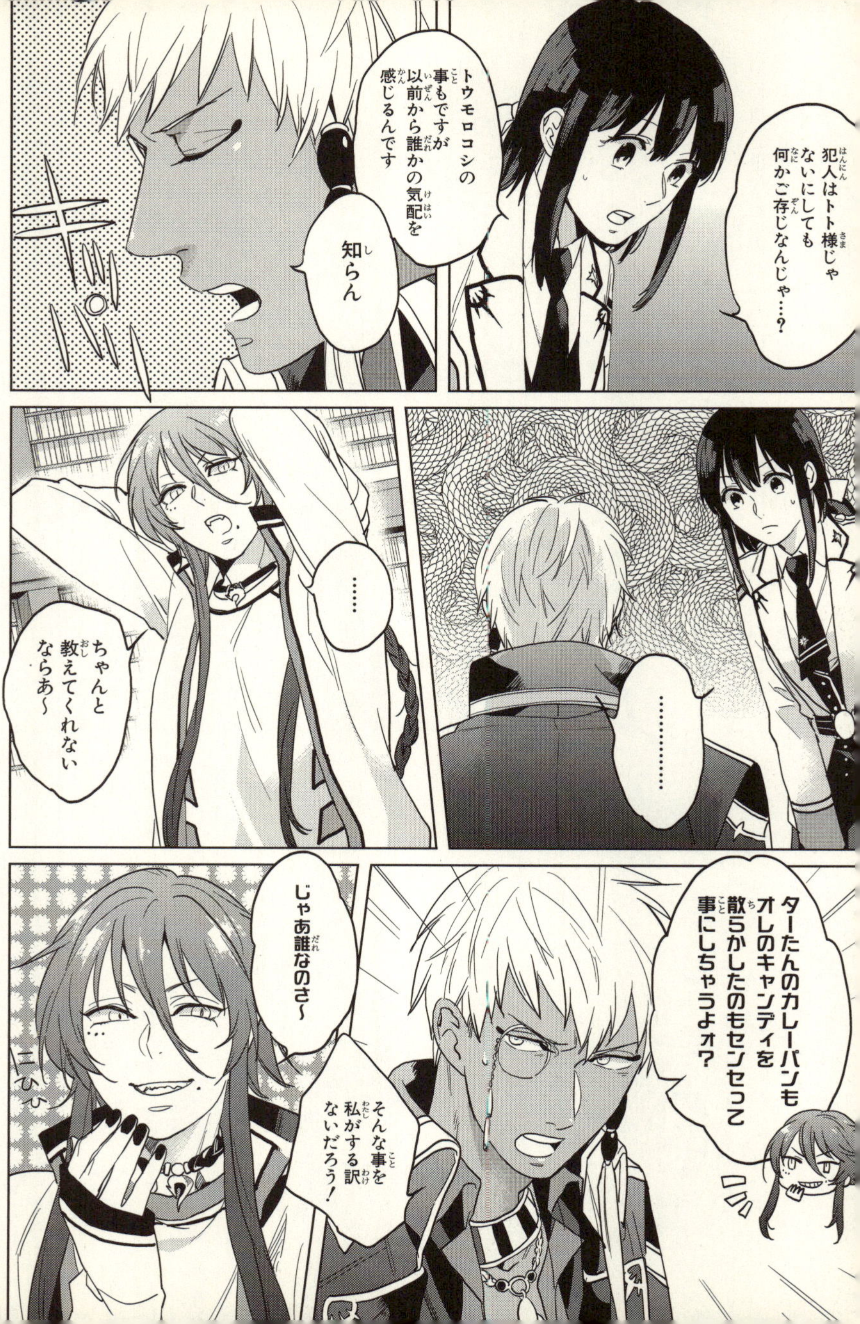
犯人はトト様じゃないにしても何かご存じなんじゃ…？
トウモロコシの事もですが以前から誰かの気配を感じるんです
知らん
…………
……
ちゃんと教えてくれないならあ～
ターたんのカレーパンもオレのキャンディを散らかしたのもセンセって事にしちゃうよォ？
そんな事を私がする訳ないだろう！
じゃあ誰なのさ～
ニひひ

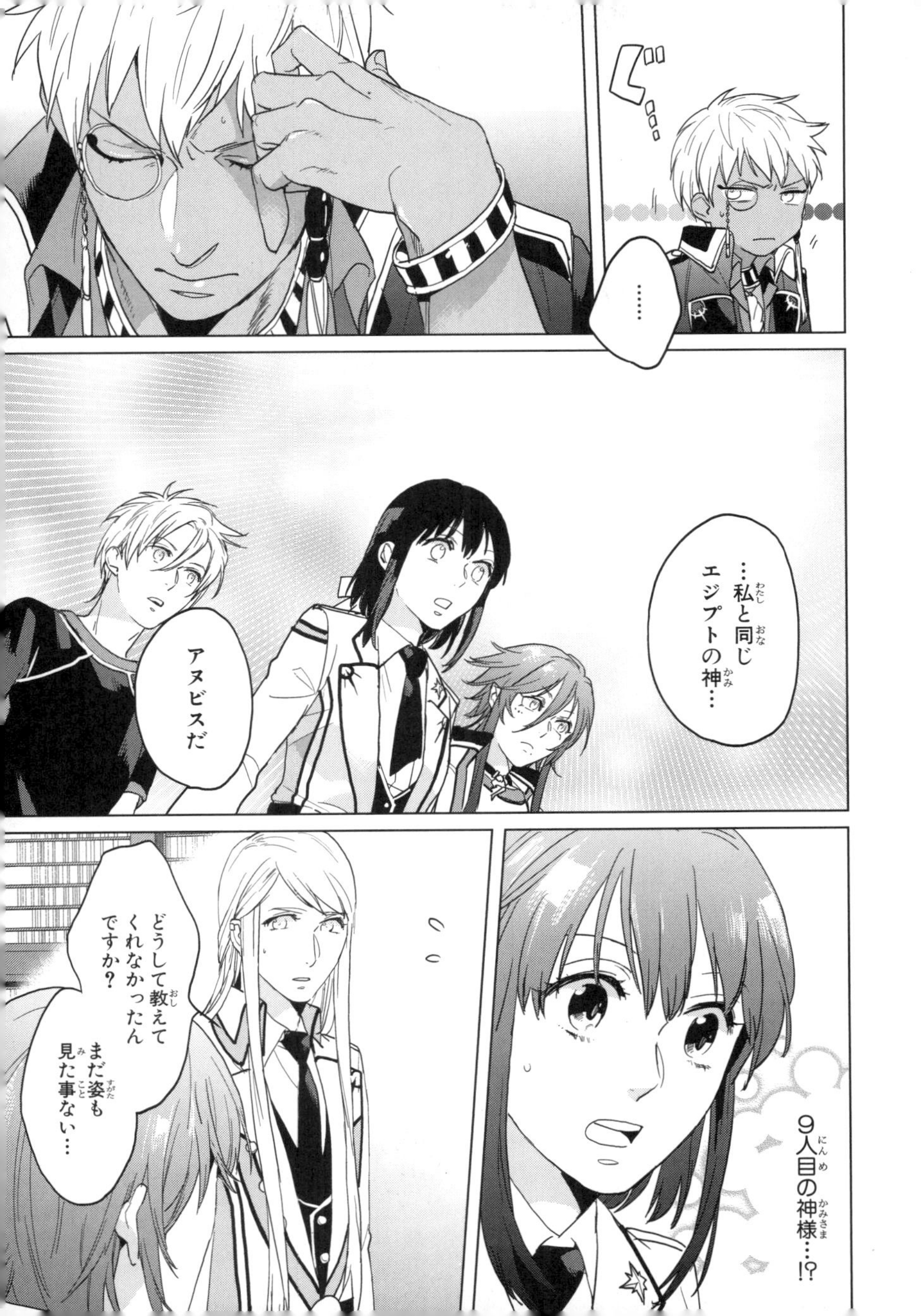

ぐ…
……
…私と同じエジプトの神…
アヌビスだ
9人目の神様…!?
どうして教えてくれなかったんですか?
まだ姿も見た事ない…

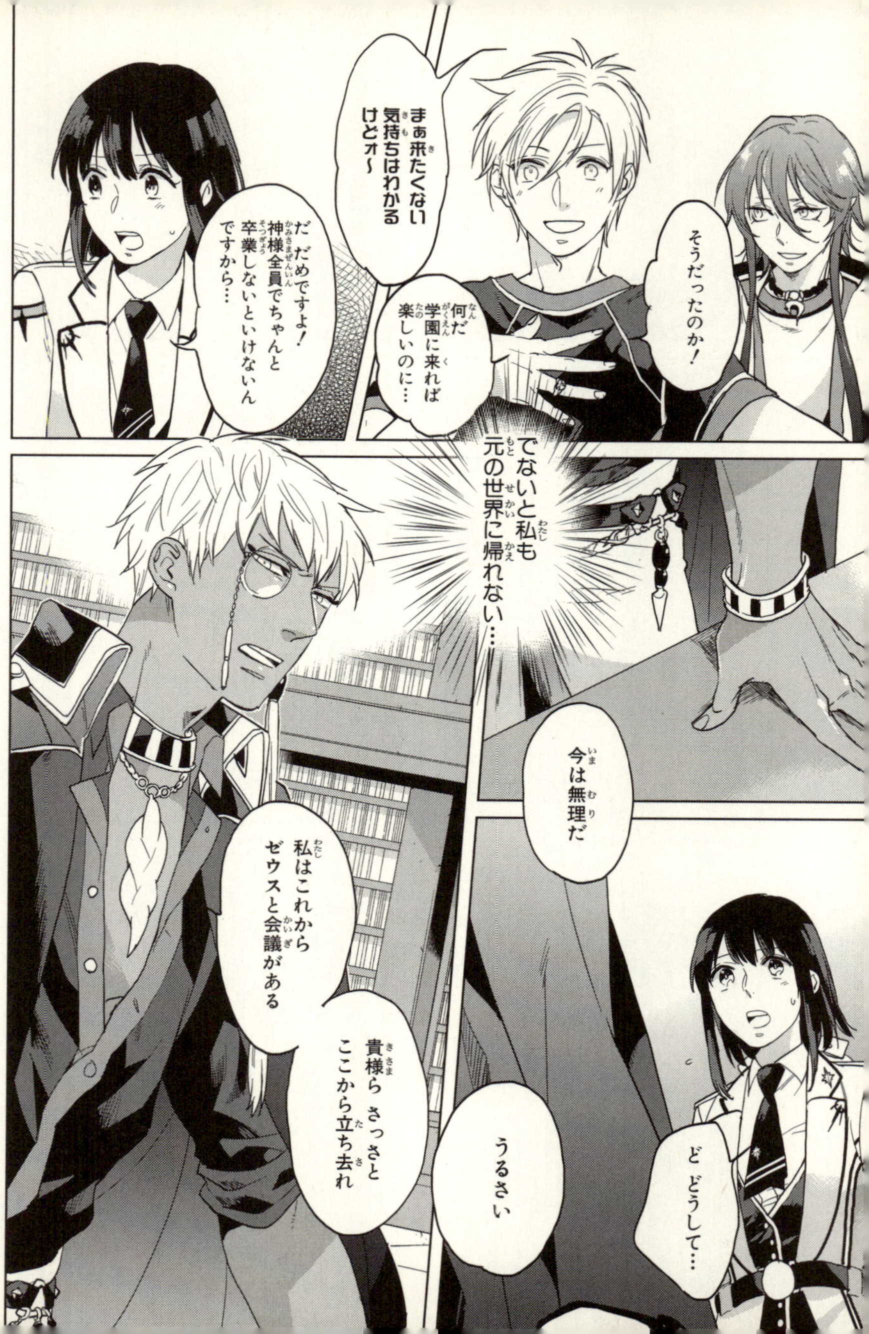
そうだったのか！
何だ 学園に来れば楽しいのに…
まぁ来たくない気持ちはわかるけどォ～
だ だめですよ！神様全員でちゃんと卒業しないといけないんですから…
でないと私も元の世界に帰れない…
今は無理だ
私はこれからゼウスと会議がある
ど どうして…
うるさい
貴様ら さっさとここから立ち去れ

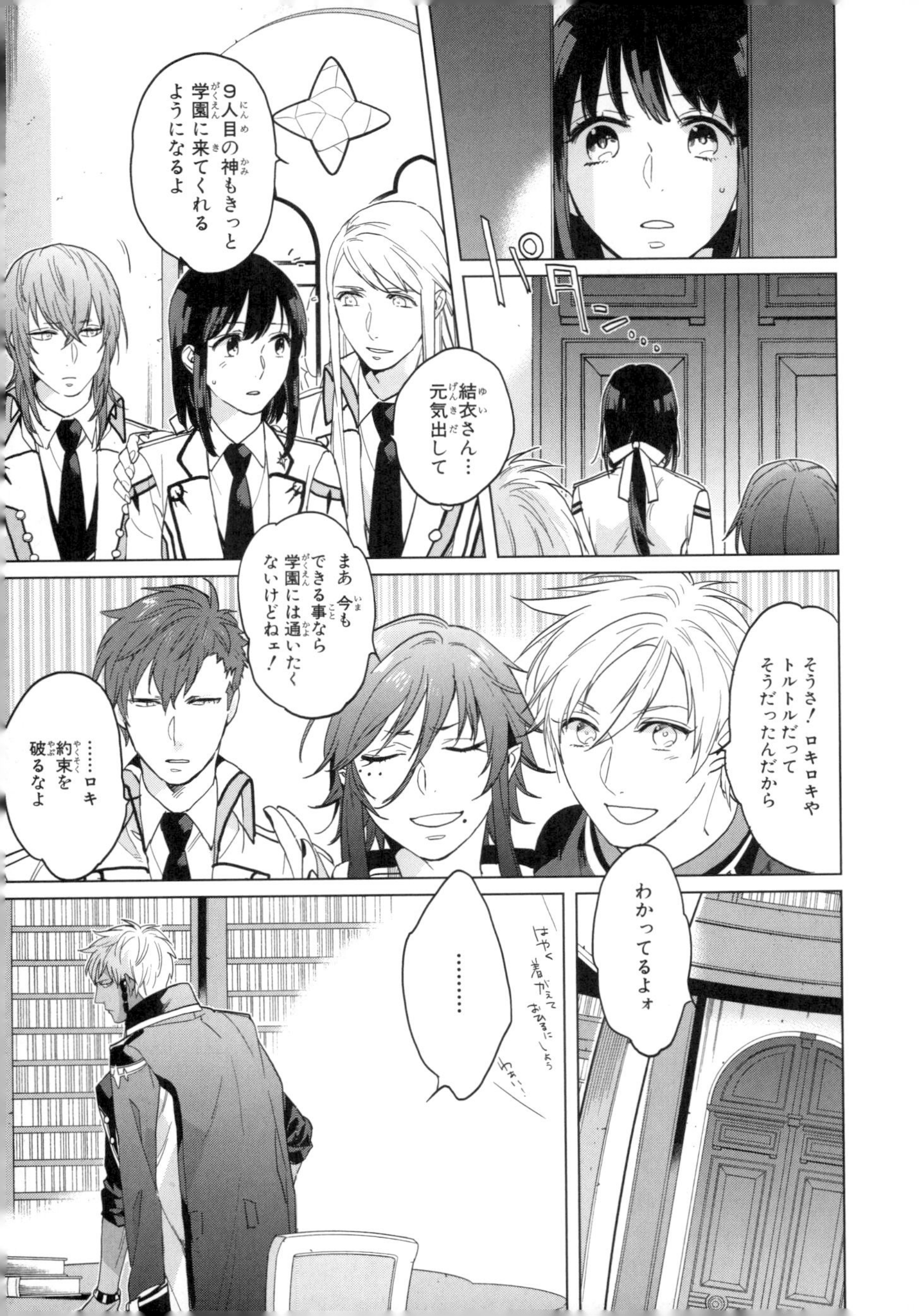
パタン…
結衣さん…元気出して
9人目の神もきっと学園に来てくれるようになるよ
そうさ！ロキロキやトルトルだってそうだったんだから
まあ 今もできる事なら学園には通いたくないけどねェ！
……ロキ 約束を破るなよ
わかってるよォ
はやく着がえておひるにしよう
わぁ…！
……

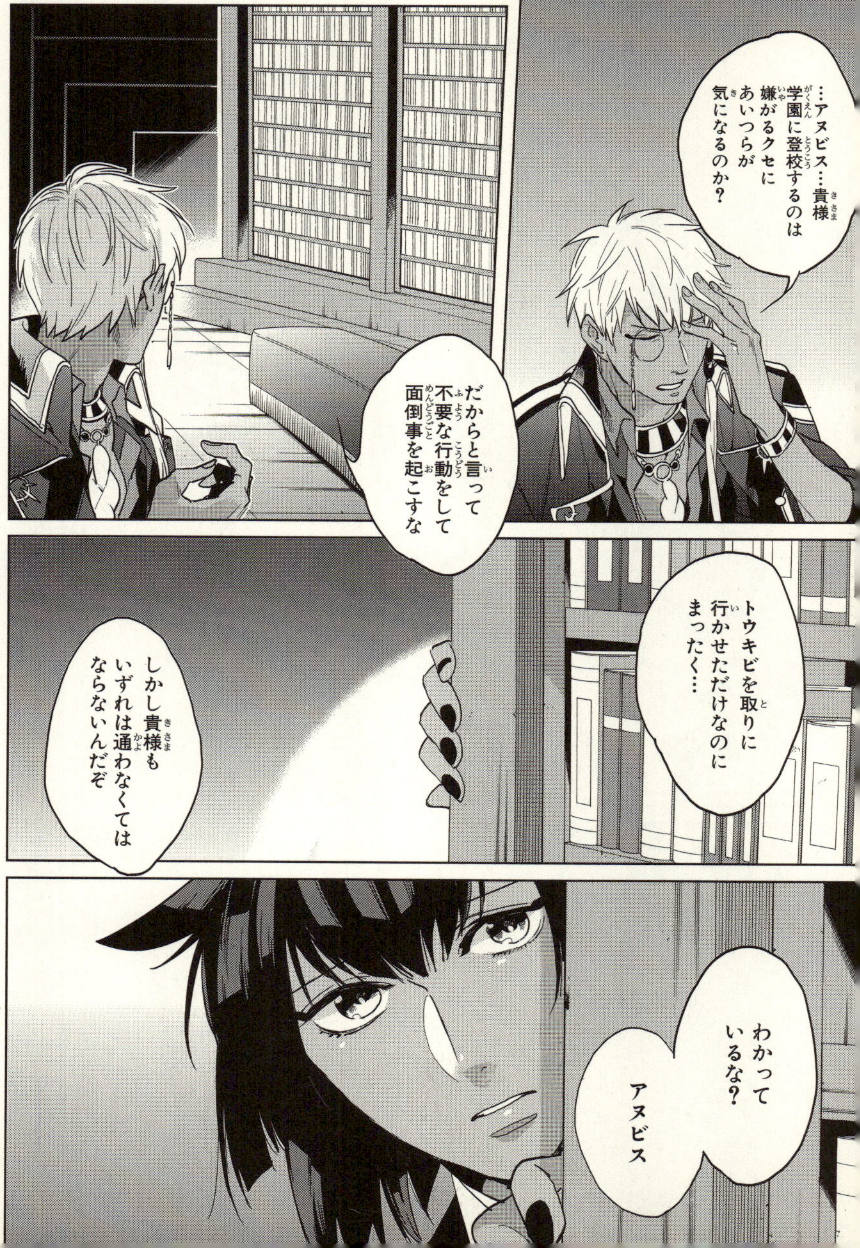
…アヌビス…貴様学園に登校するのは嫌がるクセにあいつらが気になるのか？
だからと言って不要な行動をして面倒事を起こすな
トウキビを取りに行かせただけなのにまったく…
しかし貴様もいずれは通わなくてはならないんだぞ
わかっているな？
アヌビス

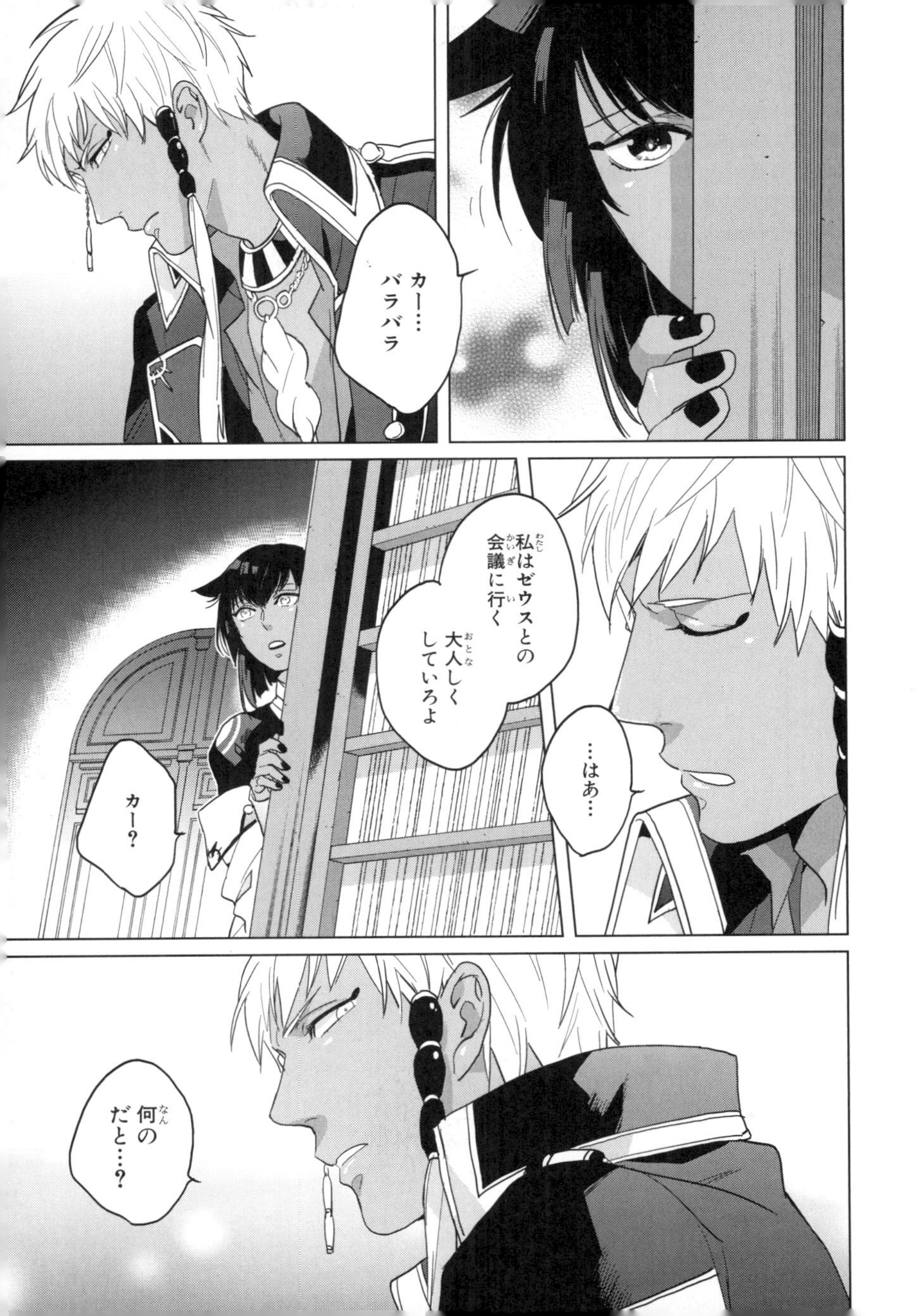

カー…
バラバラ
私はゼウスとの会議に行く
大人しくしていろよ
…はあ…
カー？
何のだと…？

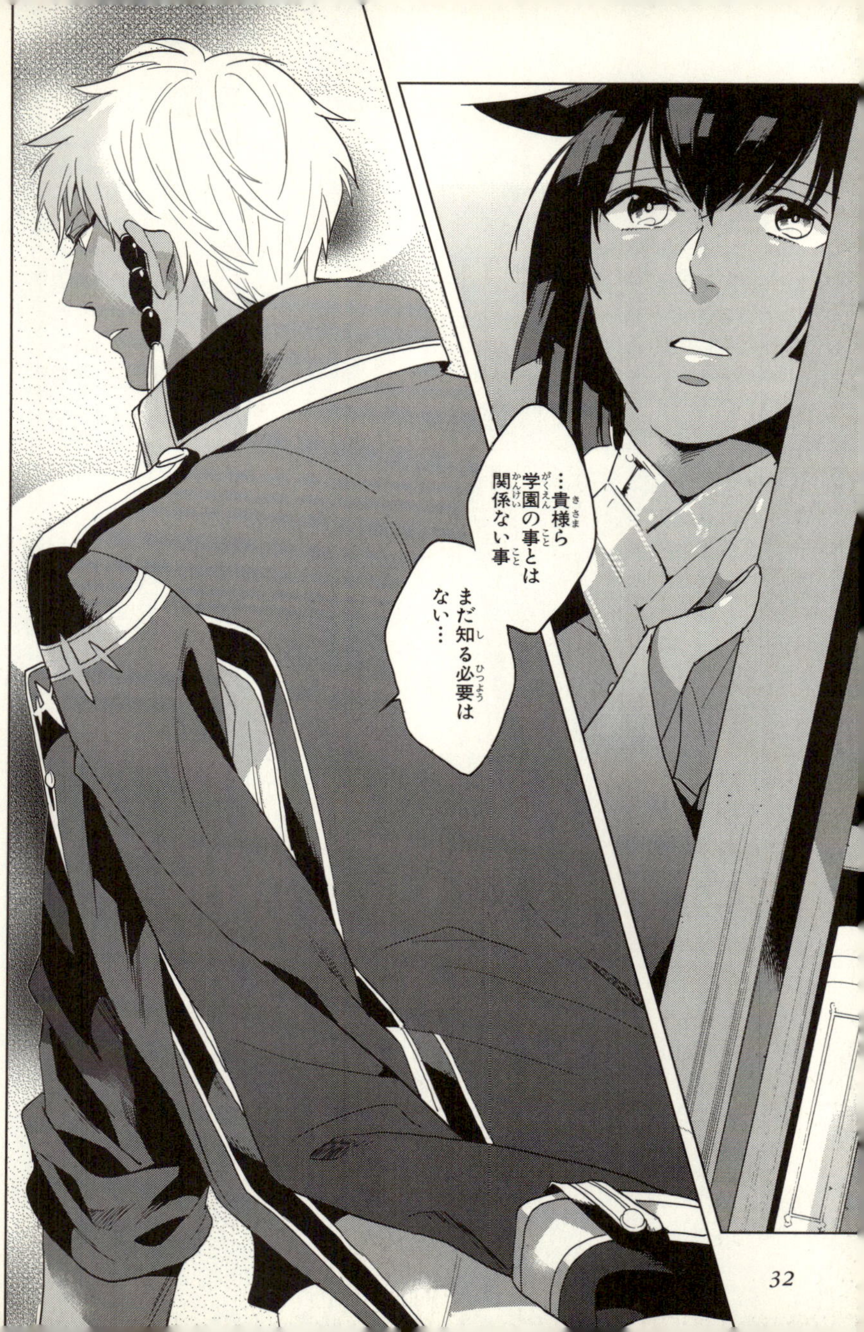
…貴様ら
学園の事とは
関係ない事
まだ知る必要は
ない…

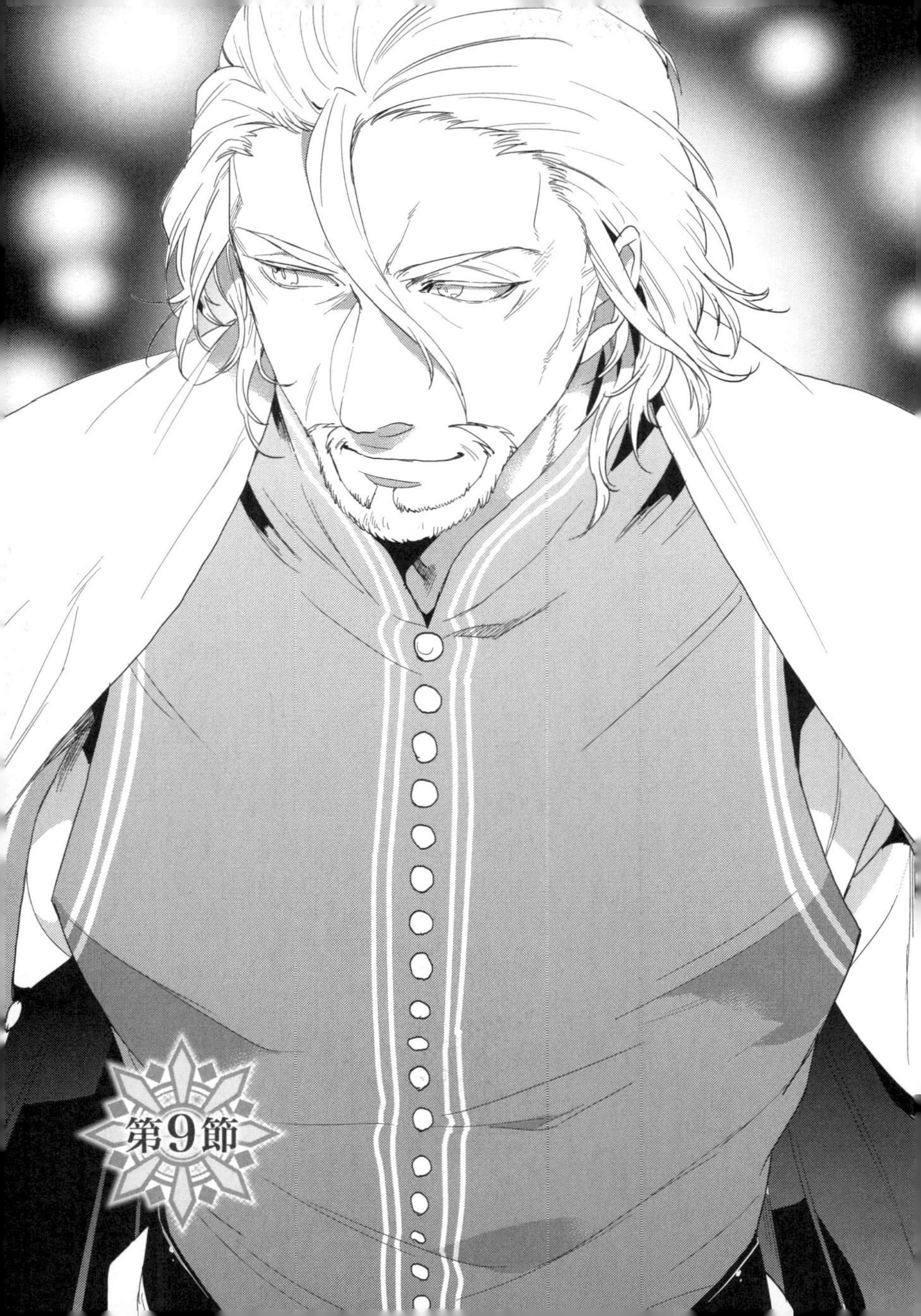
第9節

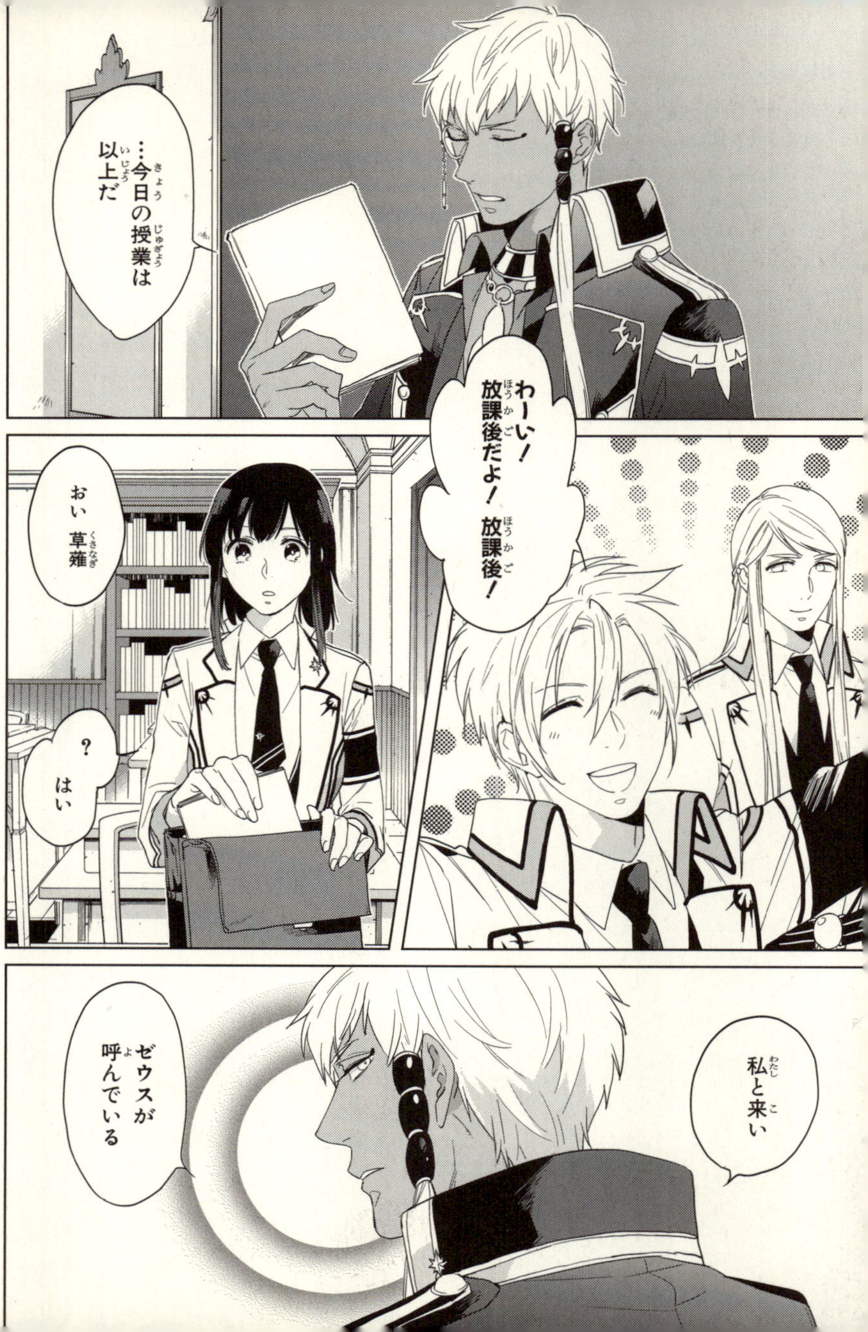
…今日の授業は以上だ
わーい！放課後だよ！放課後！
おい 草薙
？はい
私と来い
ゼウスが呼んでいる

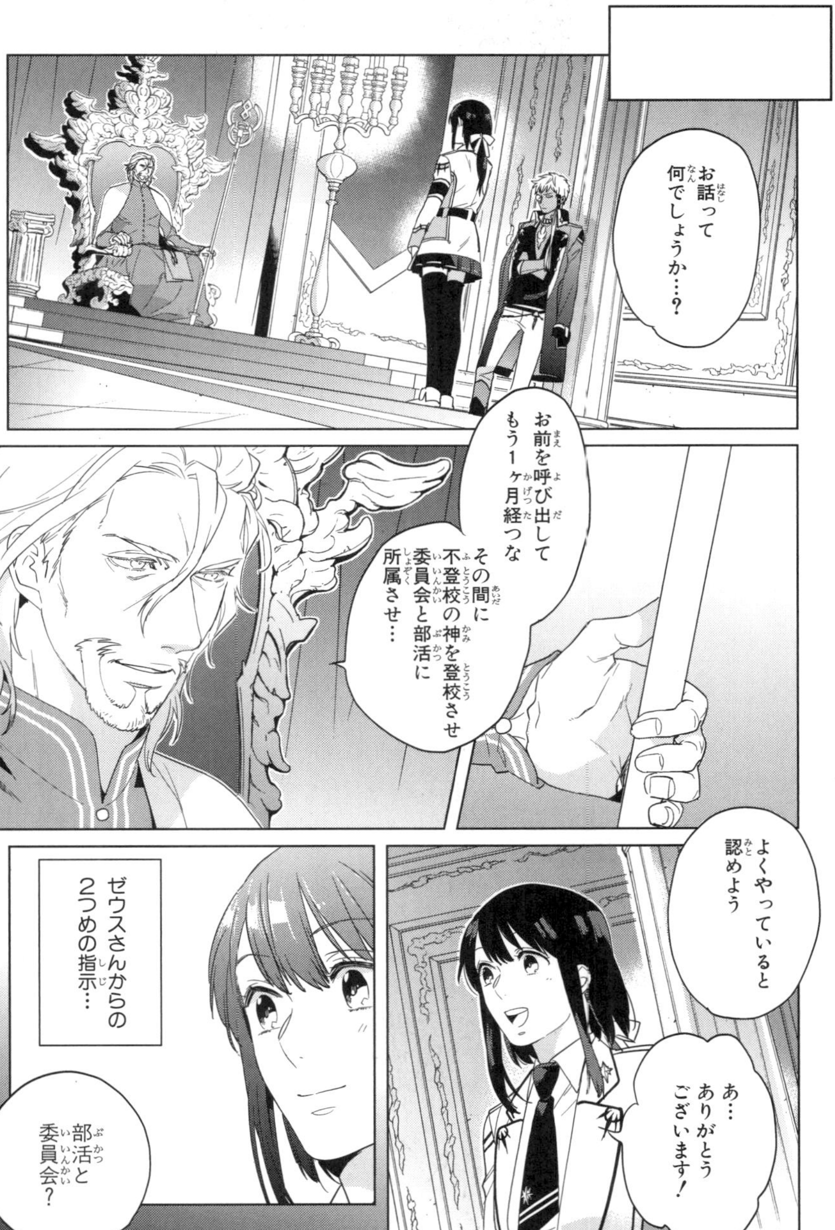

お話って何でしょうか…？
お前を呼び出してもう1ヶ月経つな
その間に不登校の神を登校させ委員会と部活に所属させ…
よくやっていると認めよう
あ…ありがとうございます！
ゼウスさんからの2つめの指示…
部活と委員会？

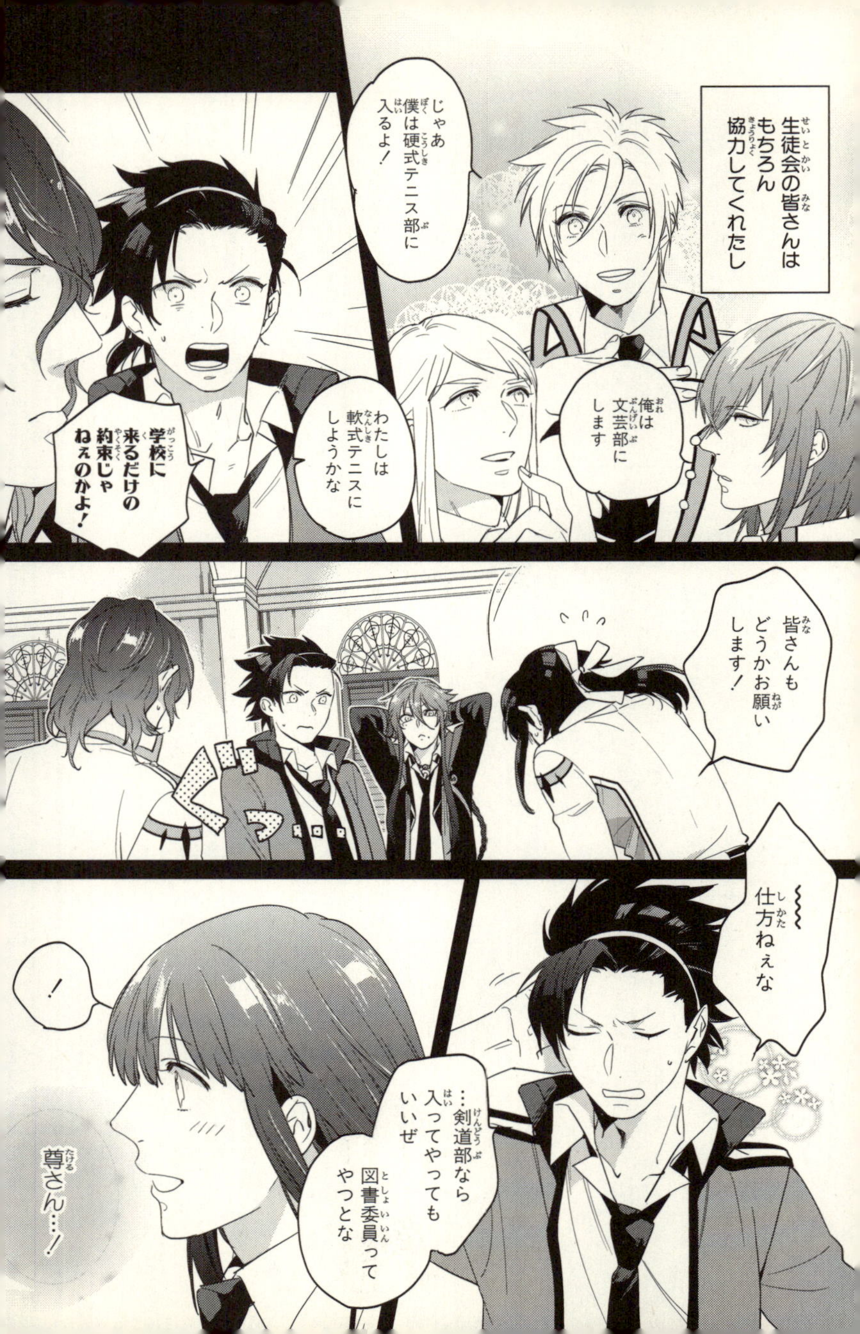
生徒会の皆さんは
もちろん
協力してくれたし
俺は文芸部にします
わたしは軟式テニスにしようかな
じゃあ僕は硬式テニス部に入るよ！
学校に来るだけの約束じゃねぇのかよ！
皆さんもどうかお願いします！
〜〜〜仕方ねぇな
…剣道部なら入ってやってもいいぜ
図書委員ってやつとな
！
尊さん…！

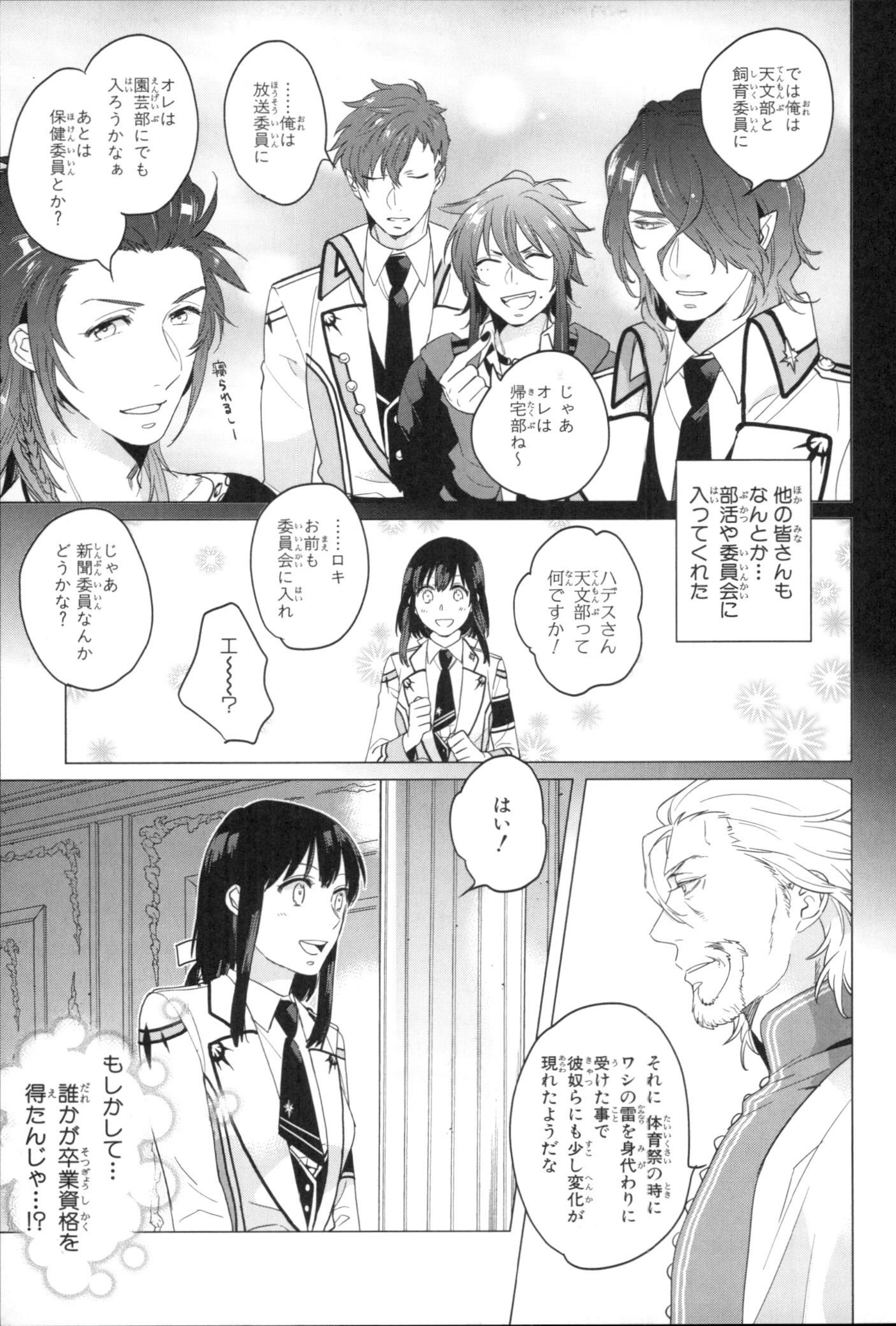

では俺は天文部と飼育委員に
……俺は放送委員に
オレは園芸部にでも入ろうかなぁ あとは保健委員とか？
寝られるしー
じゃあオレは帰宅部ね～
他の皆さんもなんとか…部活や委員会に入ってくれた
ハデスさん天文部って何ですか！
……ロキお前も委員会に入れ
じゃあ新聞委員なんかどうかな？
エ～～～？
はい！
それに体育祭の時にワシの雷を身代わりに受けた事で彼奴らにも少し変化が現れたようだな
もしかして…誰かが卒業資格を得たんじゃ…!?

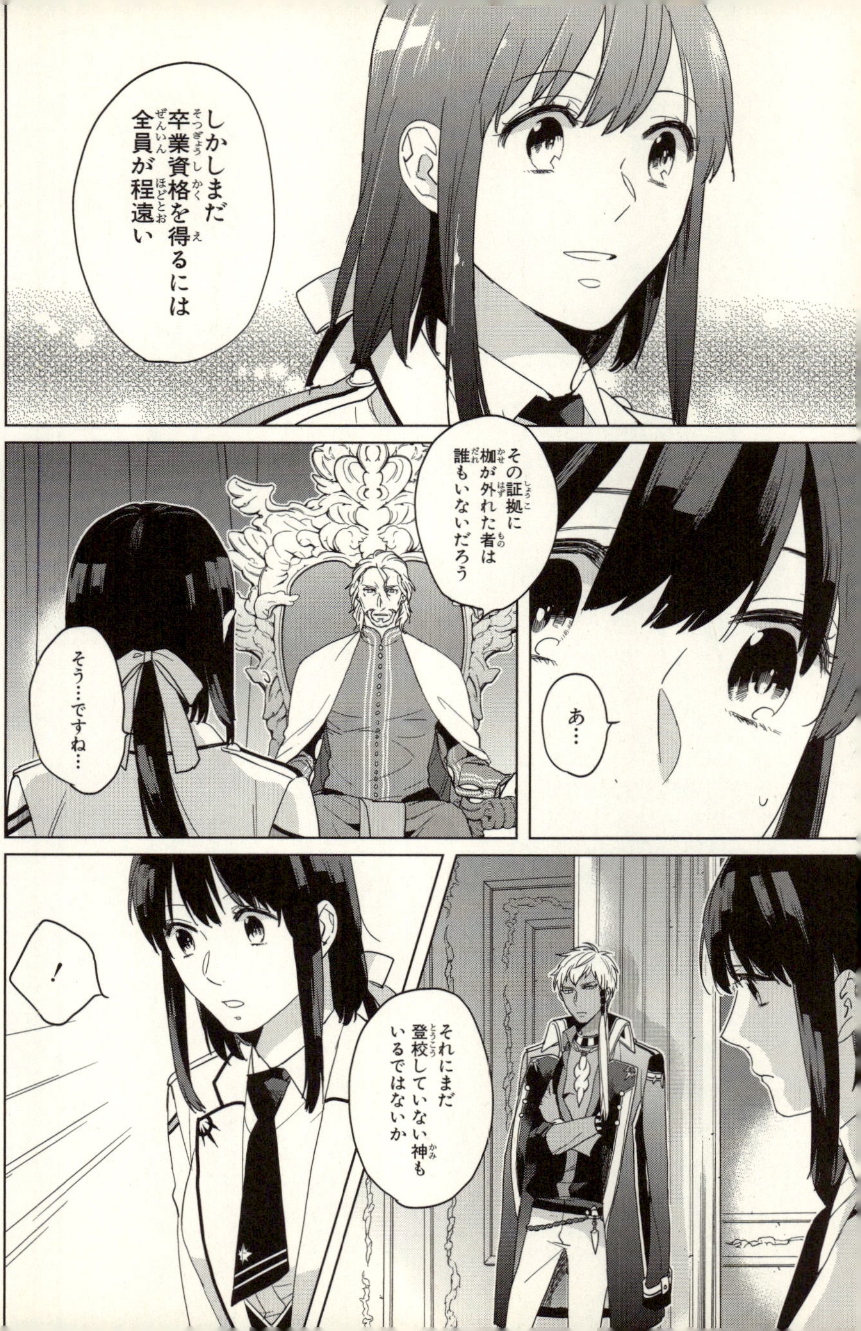
しかしまだ卒業資格を得るには全員が程遠い
その証拠に枷が外れた者は誰もいないだろう
あ…
そう…ですね…
それにまだ登校していない神もいるではないか
!

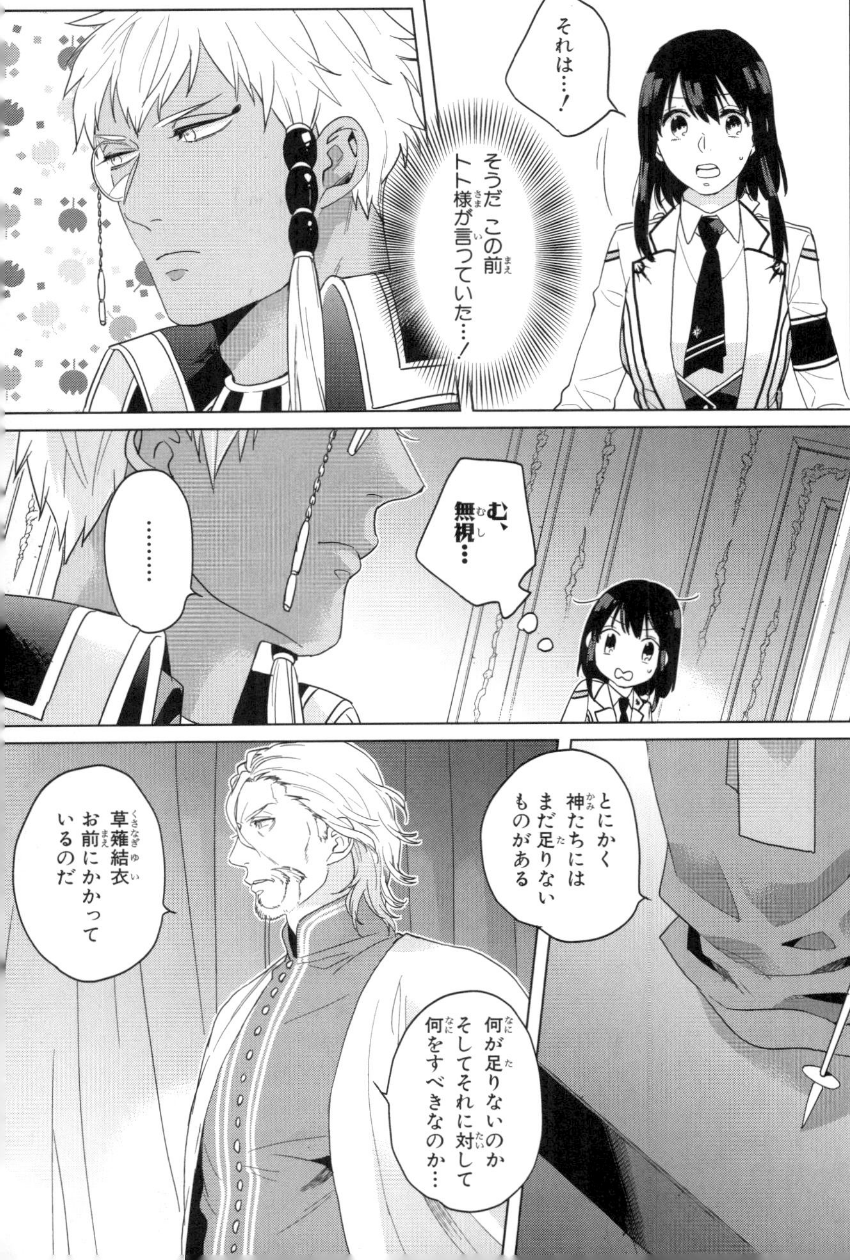
それは…！
そうだ この前 トト様が言っていた…！
………
む、無視…
とにかく 神たちには まだ足りない ものがある
何が足りないのか そしてそれに対して 何をすべきなのか…
草薙結衣 お前にかかって いるのだ

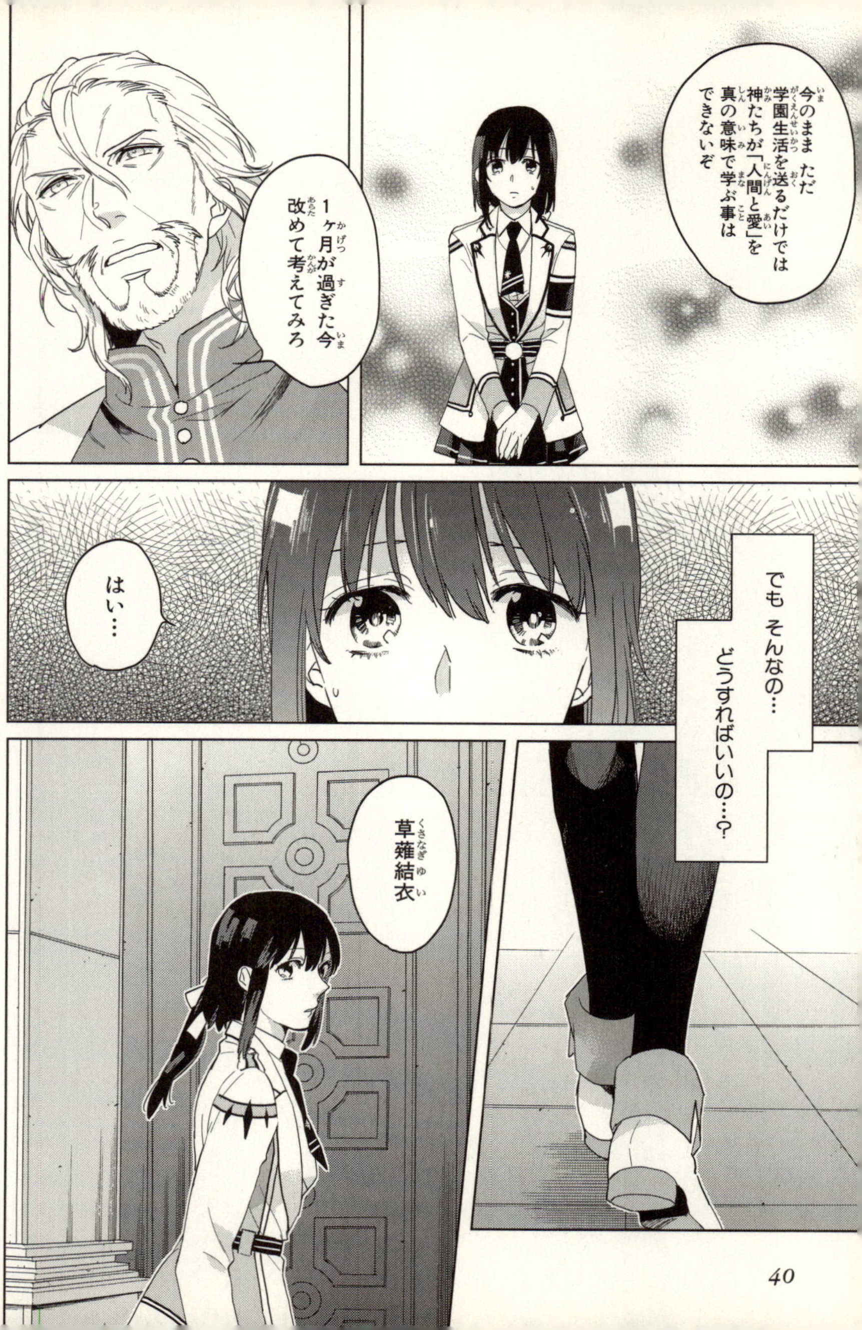
今のまま ただ学園生活を送るだけでは神たちが「人間と愛」を真の意味で学ぶ事はできないぞ
1ヶ月が過ぎた今改めて考えてみろ
でも そんなの…どうすればいいの…？
はい…
草薙結衣

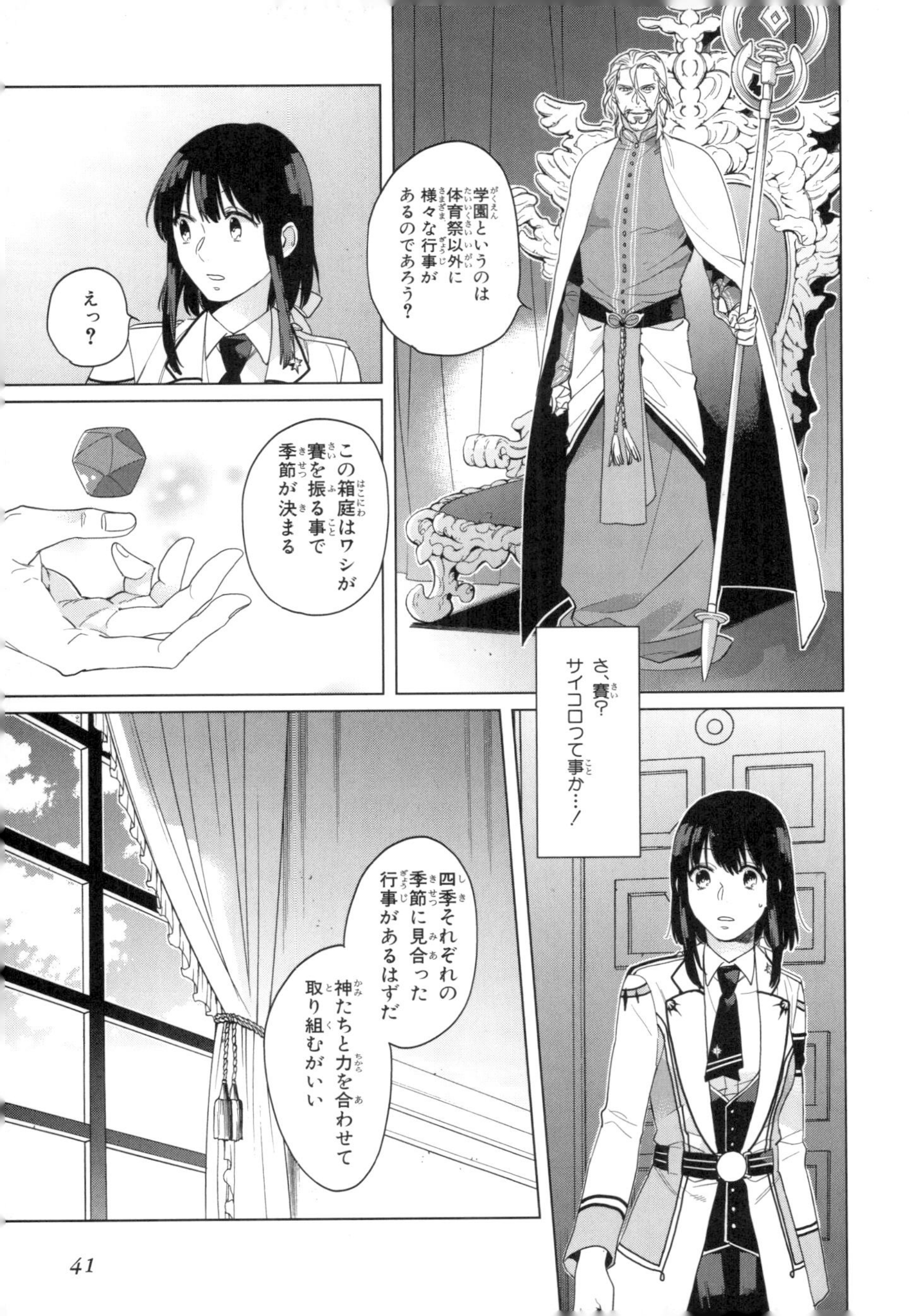

学園というのは体育祭以外に様々な行事があるのであろう？
えっ？
この箱庭はワシが賽を振る事で季節が決まる
さ、賽？サイコロって事か…！
四季それぞれの季節に見合った行事があるはずだ
神たちと力を合わせて取り組むがいい

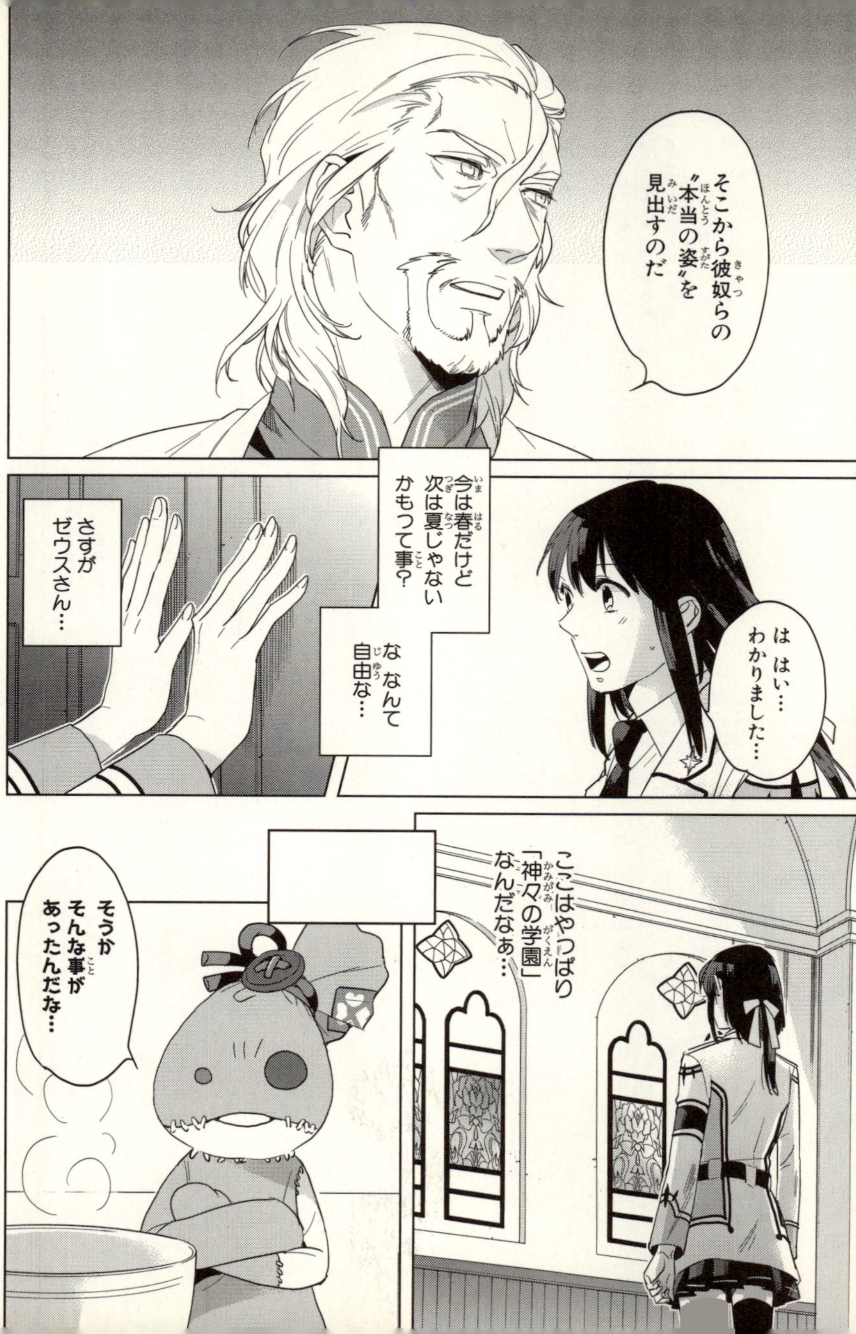
そこから彼奴らの″本当の姿″を見出すのだ
はっ はい…わかりました…
今は春だけど次は夏じゃないかもって事？
な なんて自由な…
さすがゼウスさん…
ここはやっぱり「神々の学園」なんだなぁ…
そうかそんな事があったんだな…

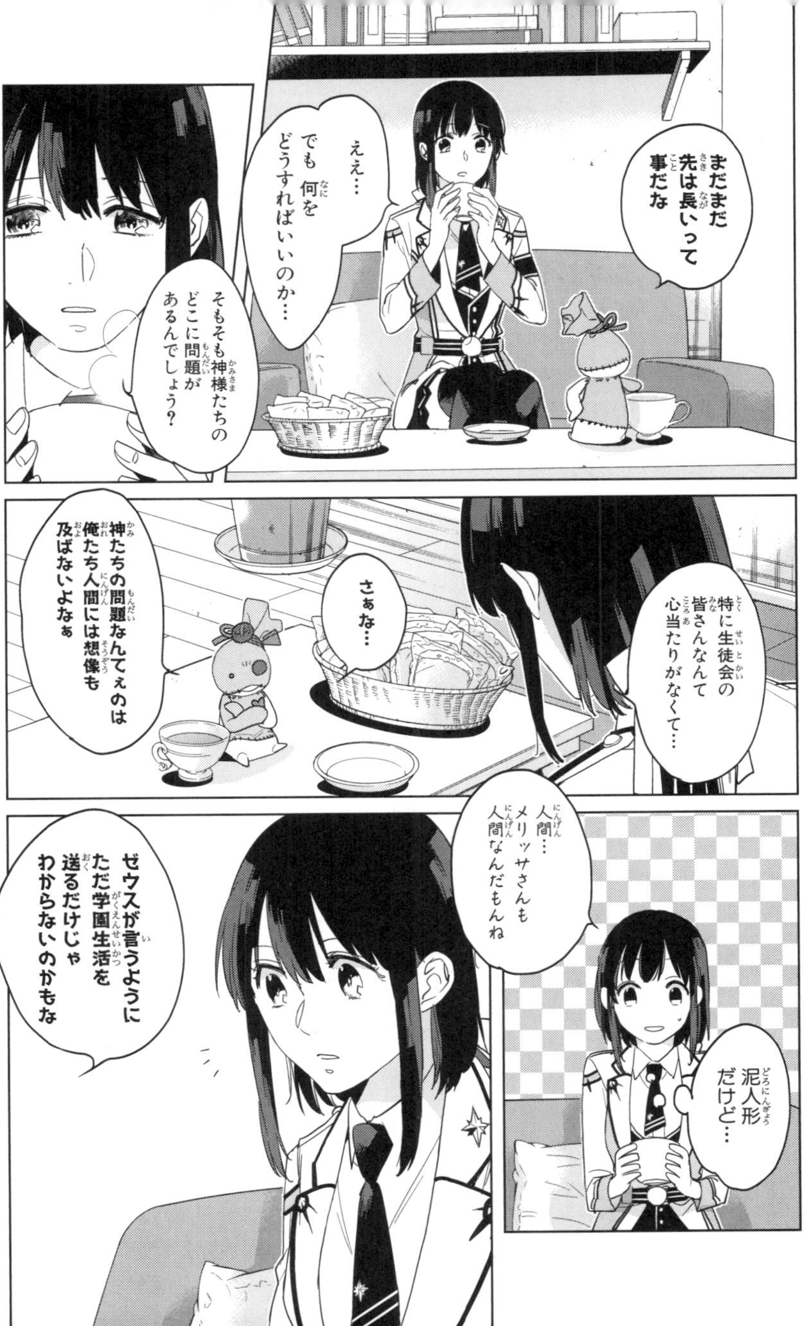
まだまだ先は長いって事だな
ええ…でも 何をどうすればいいのか…
そもそも神様たちのどこに問題があるんでしょう？
特に生徒会の皆さんなんて心当たりがなくて…
さぁな…
神たちの問題なんてぇのは俺たち人間には想像も及ばないよなぁ
人間…メリッサさんも人間なんだもんね
泥人形だけど…
ゼウスが言うようにただ学園生活を送るだけじゃわからないのかもな

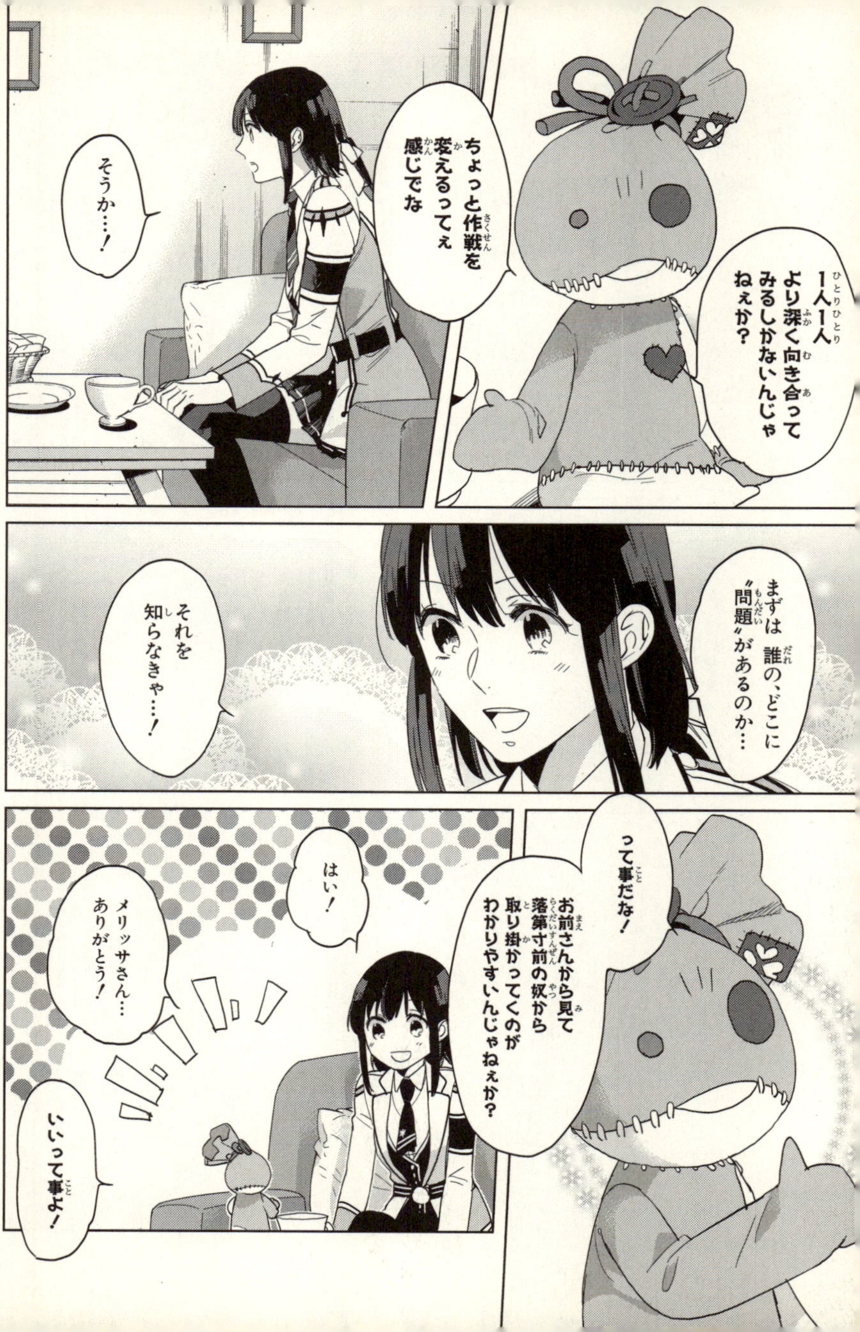
1人1人より深く向き合ってみるしかないんじゃねぇか？
ちょっと作戦を変えるってぇ感じでな
そうか…！
まずは誰の、どこに〝問題〟があるのか…
それを知らなきゃ…！
って事だな！
お前さんから見て落第寸前の奴から取り掛かってくのがわかりやすいんじゃねぇか？
はい！
メリッサさん…ありがとう！
いいって事よ！

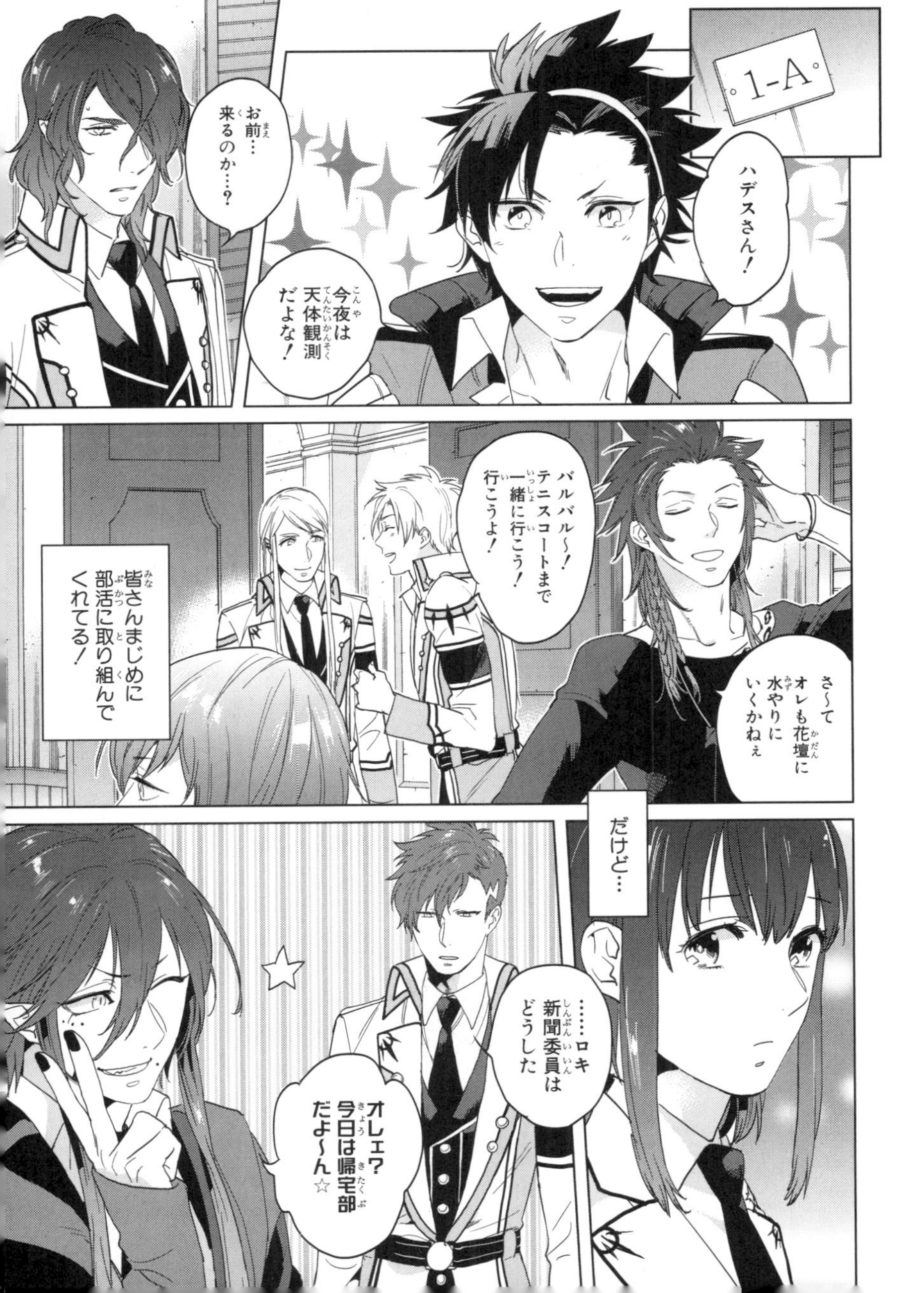
1-A
ハデスさん！
今夜は天体観測だよな！
お前…来るのか…？
さ～てオレも花壇に水やりにいくかねぇ
バルバル～！テニスコートまで一緒に行こうよ！行こう！
皆さんまじめに部活に取り組んでくれてる！
だけど…
……ロキ新聞委員はどうした
オレェ？今日は帰宅部だよ～ん☆

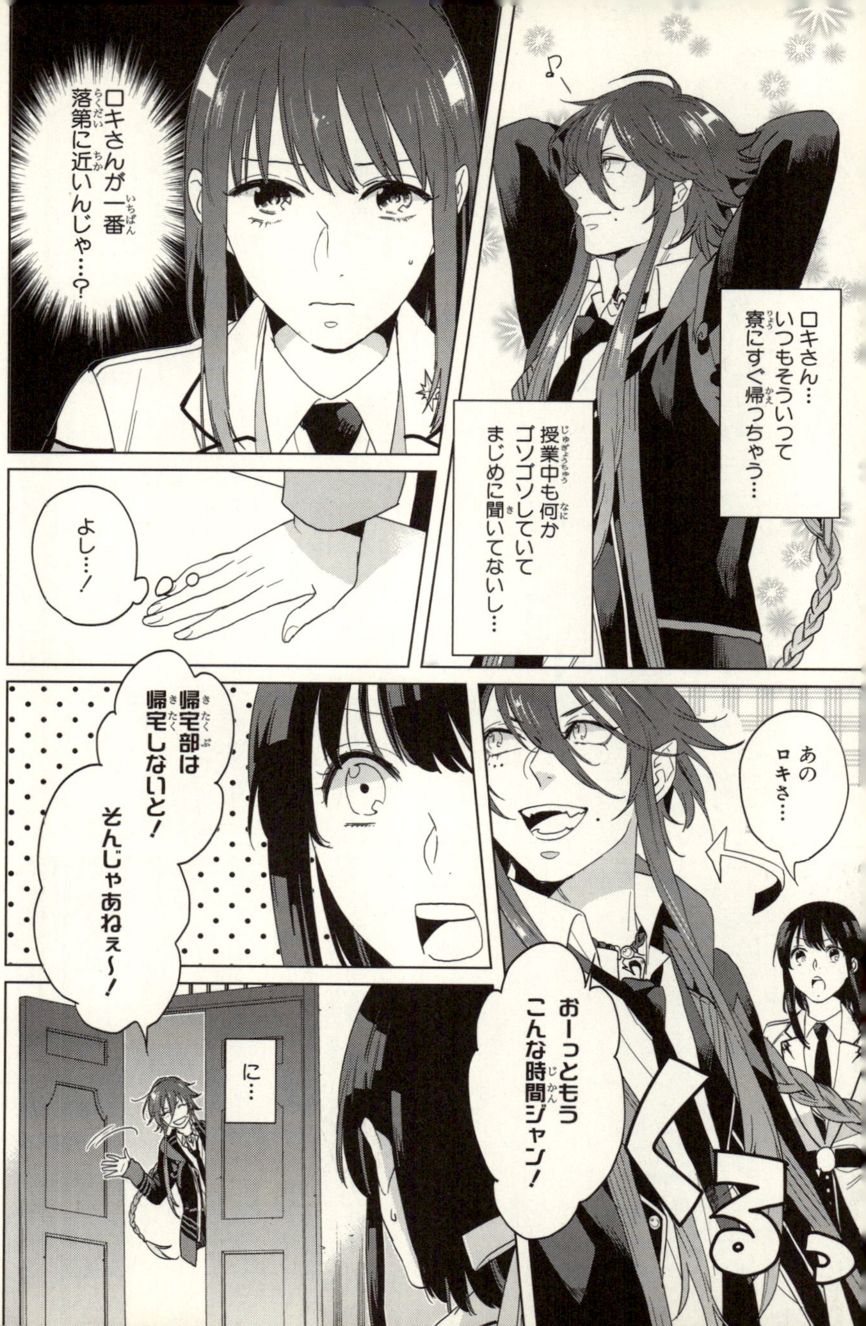
ロキさん…いつもそういって寮にすぐ帰っちゃう…
授業中も何かゴソゴソしていてまじめに聞いてないし…
ロキさんが一番落第に近いんじゃ…？
よし…！
あのロキさ…
おーっともうこんな時間ジャン！
くるっ
帰宅部は帰宅しないと！
そんじゃあねぇ～！
に…

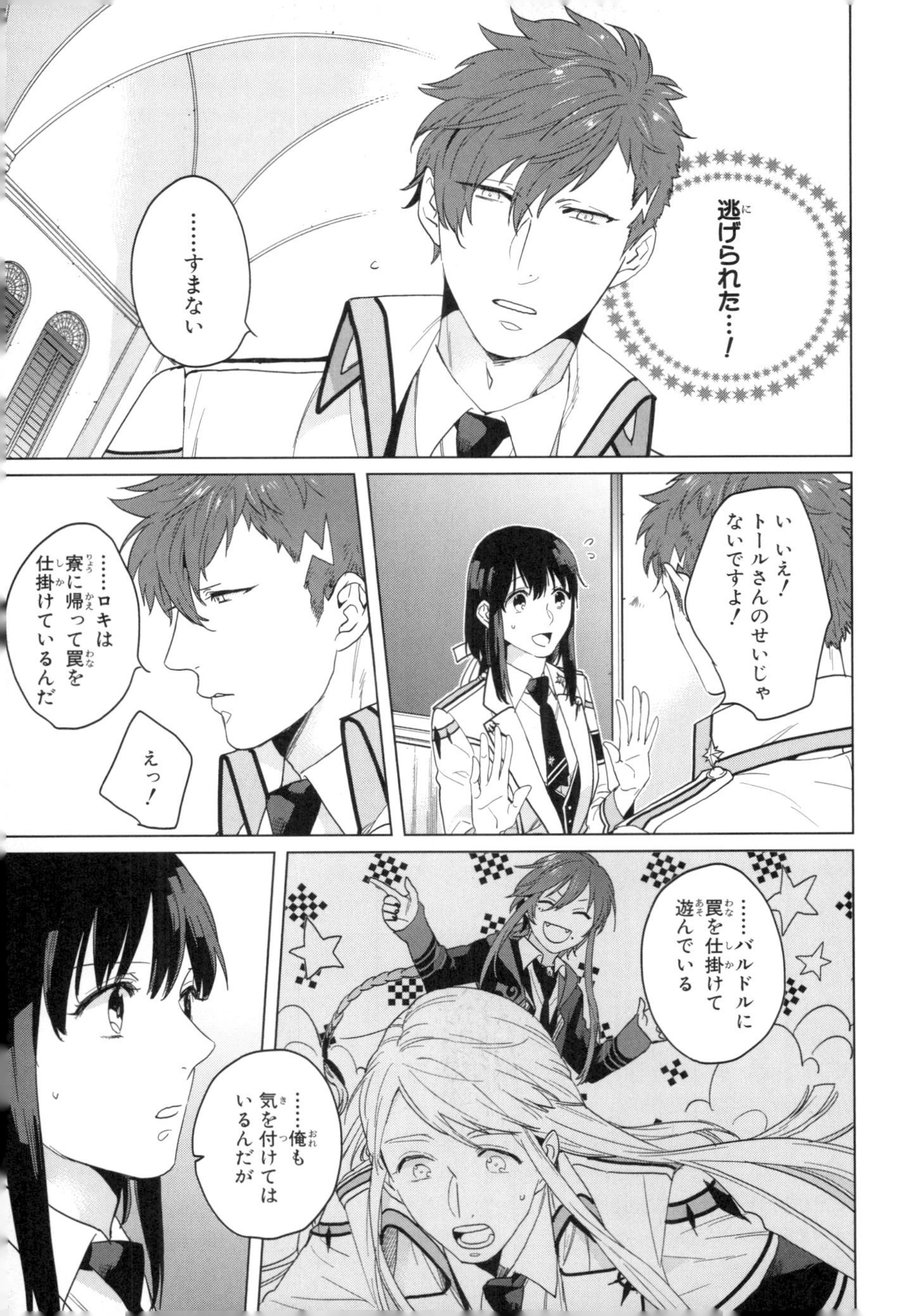
逃げられた…!
……すまない
いいえ! トールさんのせいじゃないですよ!
……ロキは寮に帰って罠を仕掛けているんだ
えっ!
……バルドルに罠を仕掛けて遊んでいる
……俺も気を付けてはいるんだが

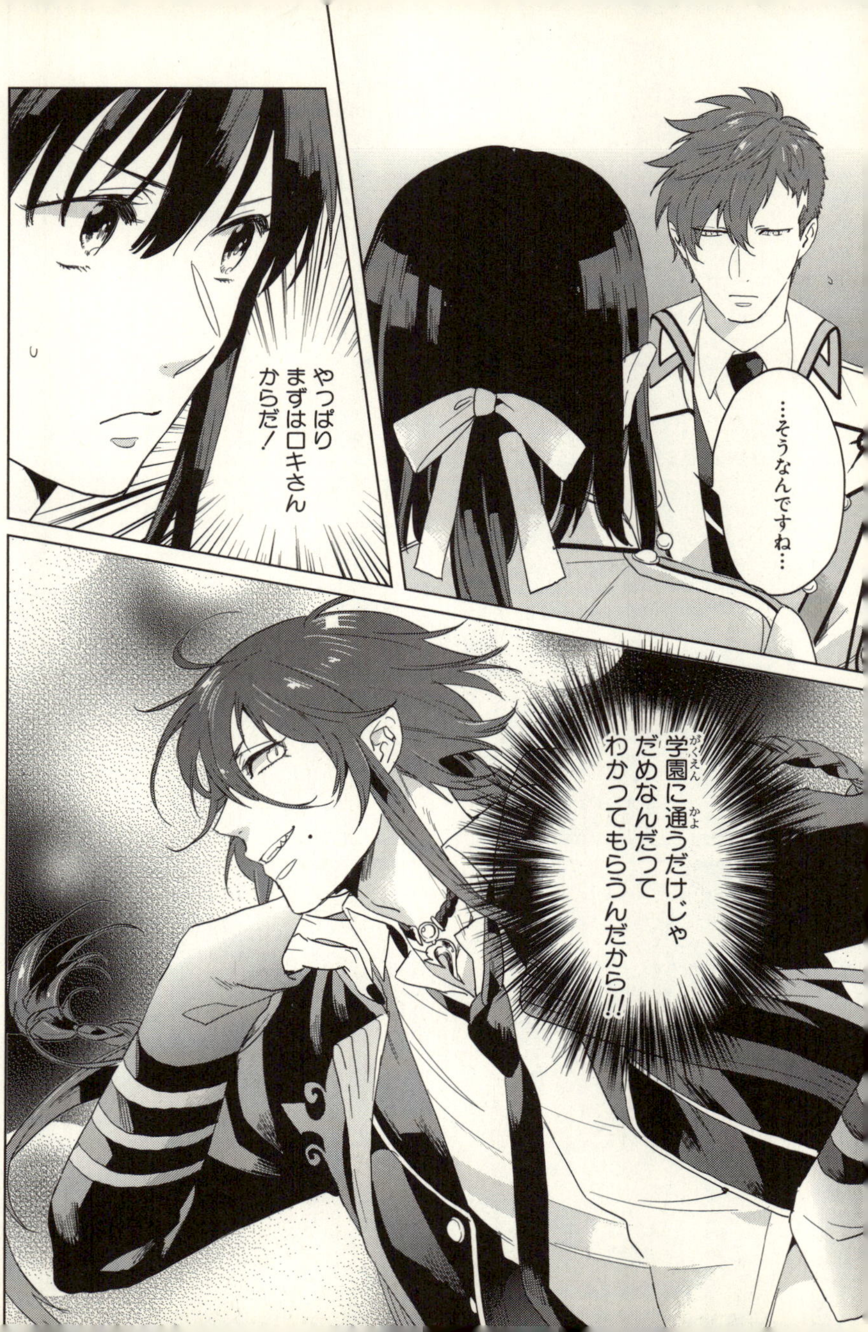
…そうなんですね…
やっぱりまずはロキさんからだ！
学園に通うだけじゃだめなんだってわかってもらうんだから!!

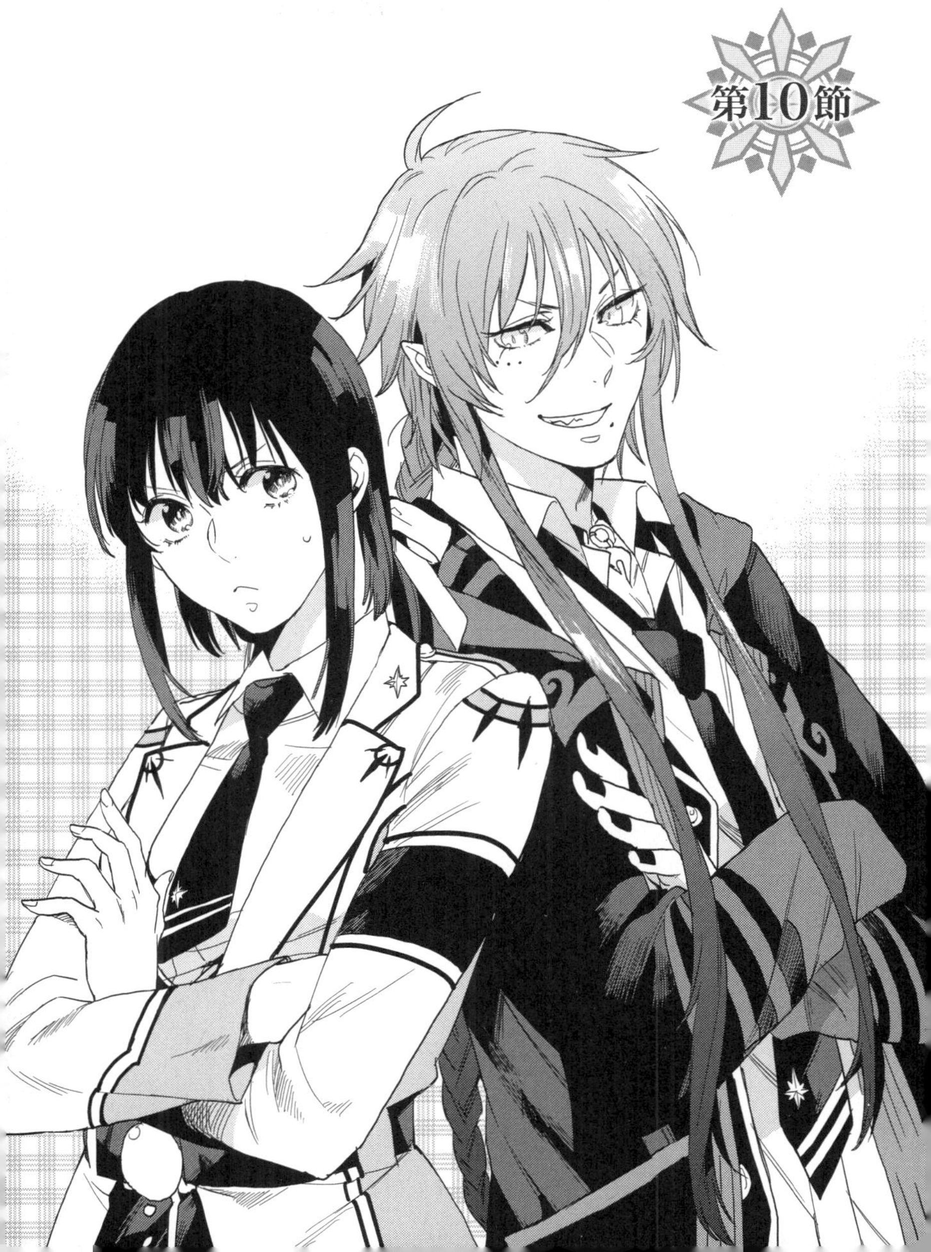
第10節

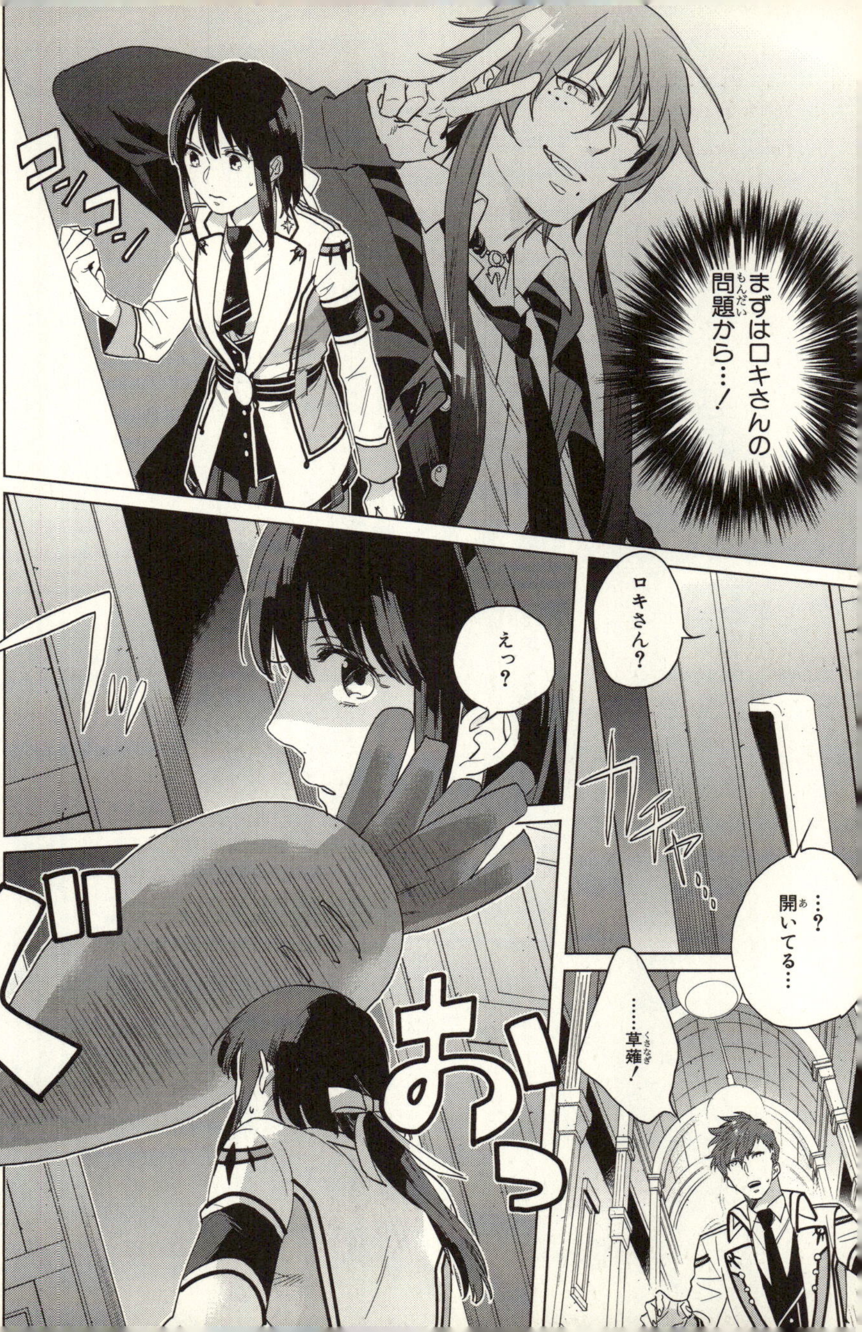

コンコン
まずは問題から…ロキさんの！
ロキさん？
えっ？
カチャ…
…？開いてる…
フッ
……草薙！
ぐいっ
おっ

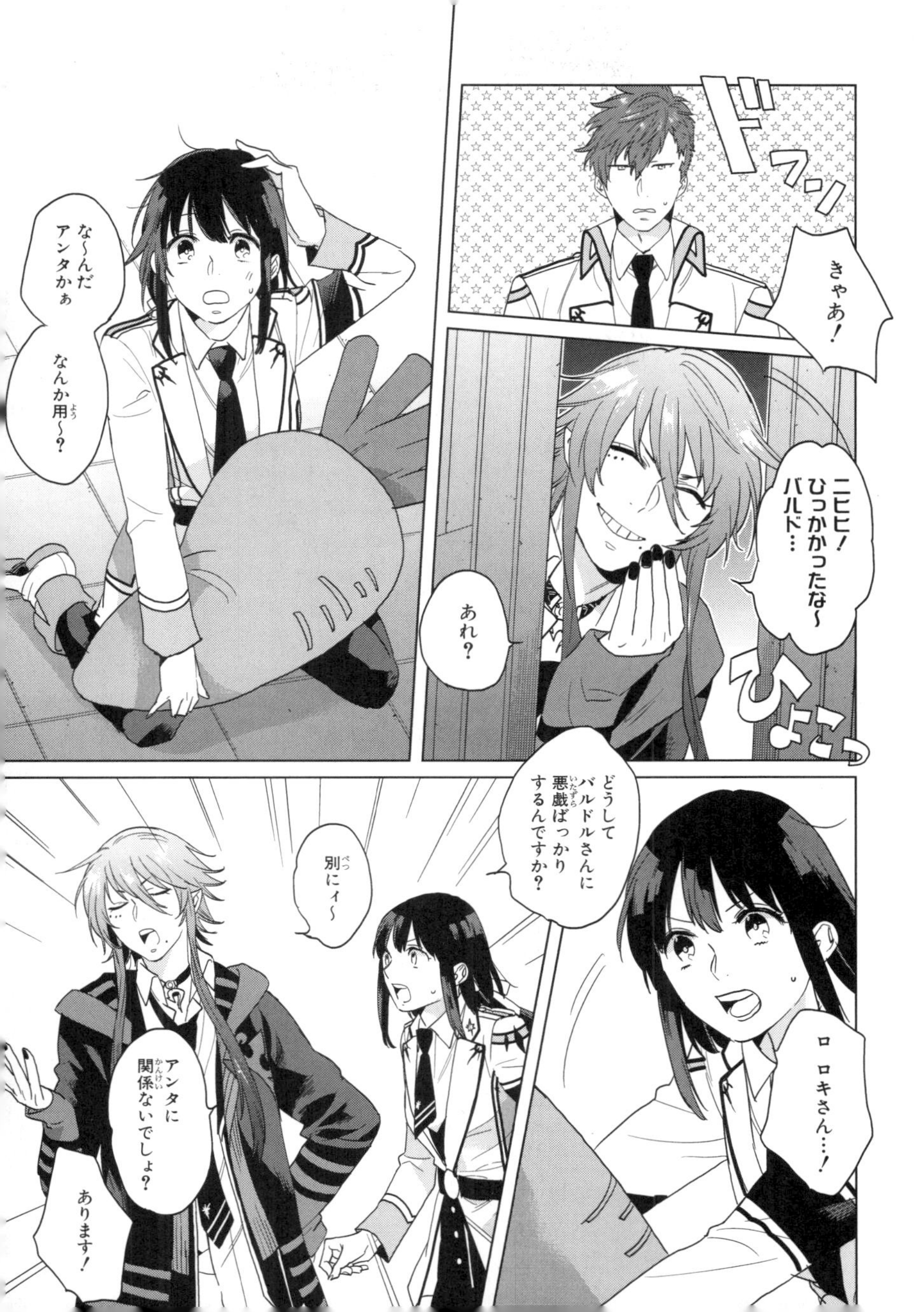

ドフンッ
きゃあ！
ニヒヒ！ひっかかったな～ バルド…
ひょこっ
あれ？
な～んだ アンタかぁ
なんか用～？
ロ ロキさん…！
どうして バルドルさんに 悪戯ばっかり するんですか？
別にィ～
アンタに 関係ないでしょ？
あります！

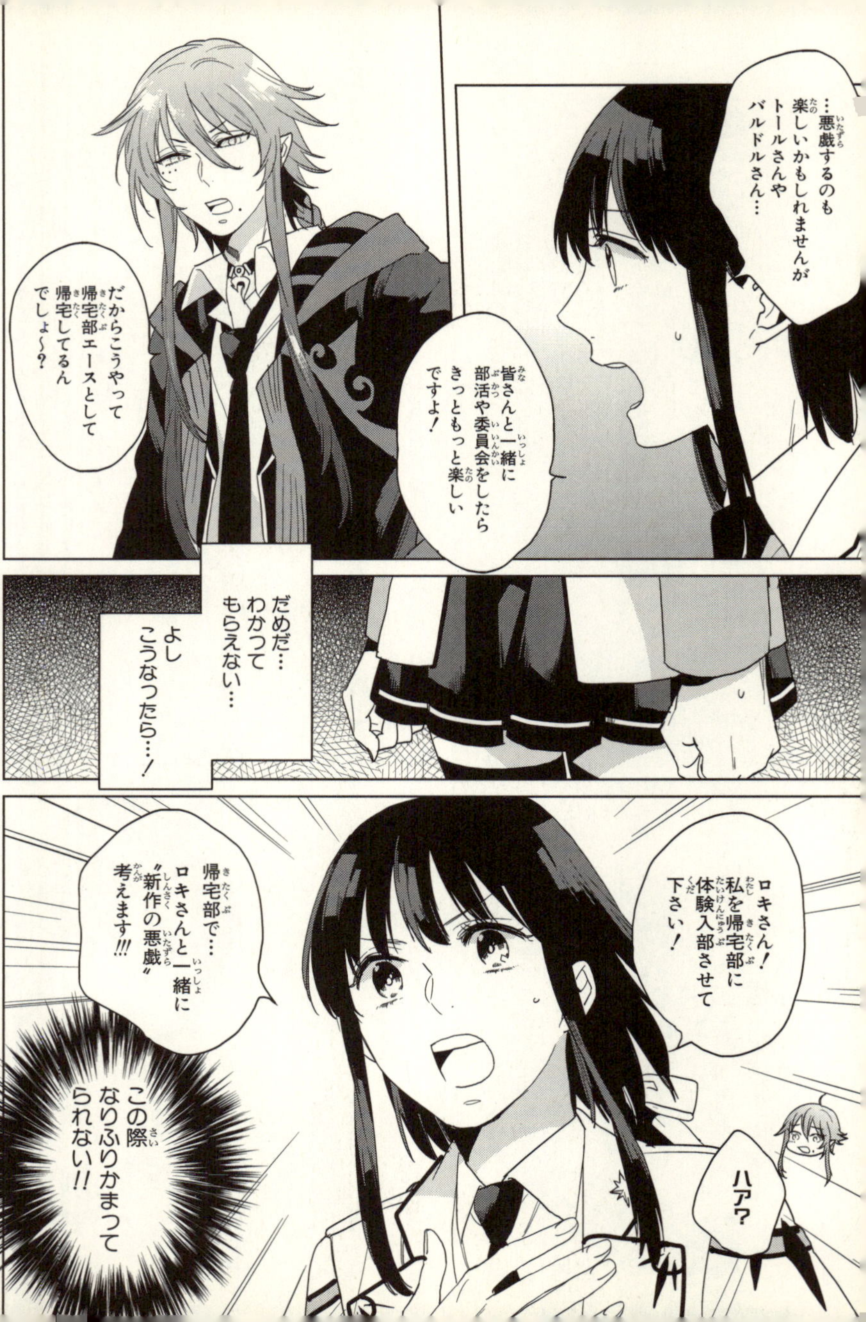
…悪戯するのも楽しいかもしれませんが トールさんやバルドルさん…
皆さんと一緒に部活や委員会をしたらきっともっと楽しいですよ！
だからこうやって帰宅部エースとして帰宅してるんでしょ〜？
だめだ…わかってもらえない…
よし こうなったら…！
ロキさん！私を帰宅部に体験入部させて下さい！
帰宅部で…ロキさんと一緒に〝新作の悪戯〟考えます!!!
ハア？
この際なりふりかまってられない!!

…ふーん
ニッ
面白そうじゃん？
トールも強制参加
で何をすんのォ？
…知らないかもしれませんがロキさんがサボってるあの授業…

新しい悪戯を思いつくのにとっても役に立つ事満載なんです!!!
ロキさんに興味を持ってもらうにはやっぱりこれしかない!
!?
……
…マジィ? じゃあやってみてもいいけどォ
……
どんっ
では早速これ…やりましょう!
やった!
1時間後

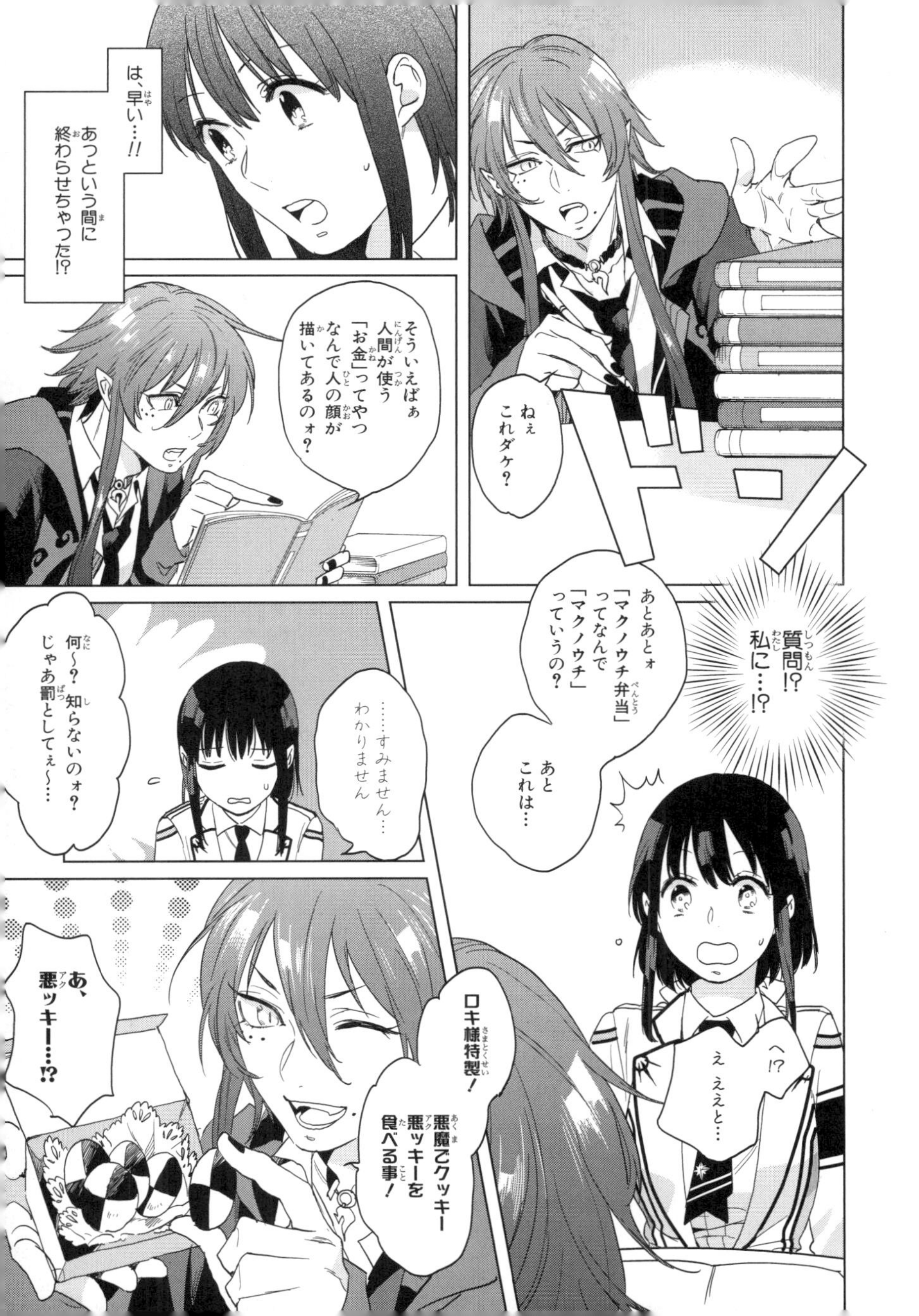
ねぇ これダケ？
ドン
は、早い…!!
あっという間に終わらせちゃった!?
そういえばぁ 人間が使う「お金」ってやつ なんで人の顔が描いてあるのぉ？
あとあとぉ「マクノウチ弁当」ってなんで「マクノウチ」っていうの？
あと これは…
質問!? 私に…!?
……すみません わかりません……
何～？ 知らないのぉ？ じゃあ罰としてぇ～……
へ!? え えええと…
ロキ様特製！ 悪魔でクッキー 悪ッキーを食べる事！
あ、悪ッキー…!?

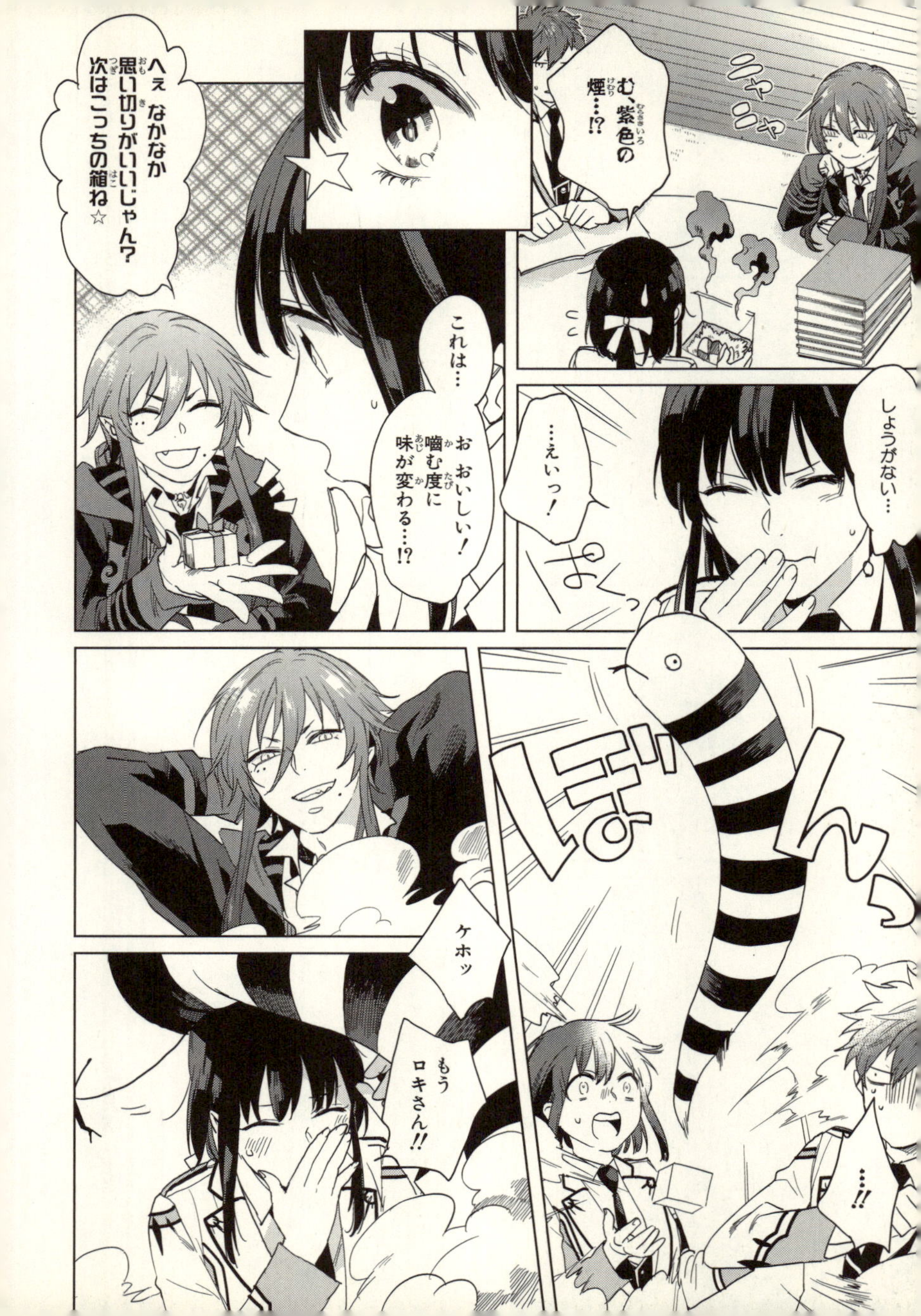
シャシャ
む、紫色の煙…!?
へぇ なかなか思い切りがいいじゃん? 次はこっちの箱ね☆
しょうがない…
…えいっ!
ぱくっ
これは…
お おいしい! 噛む度に味が変わる…!?
ケホッ
もう ロキさん!!
…!!

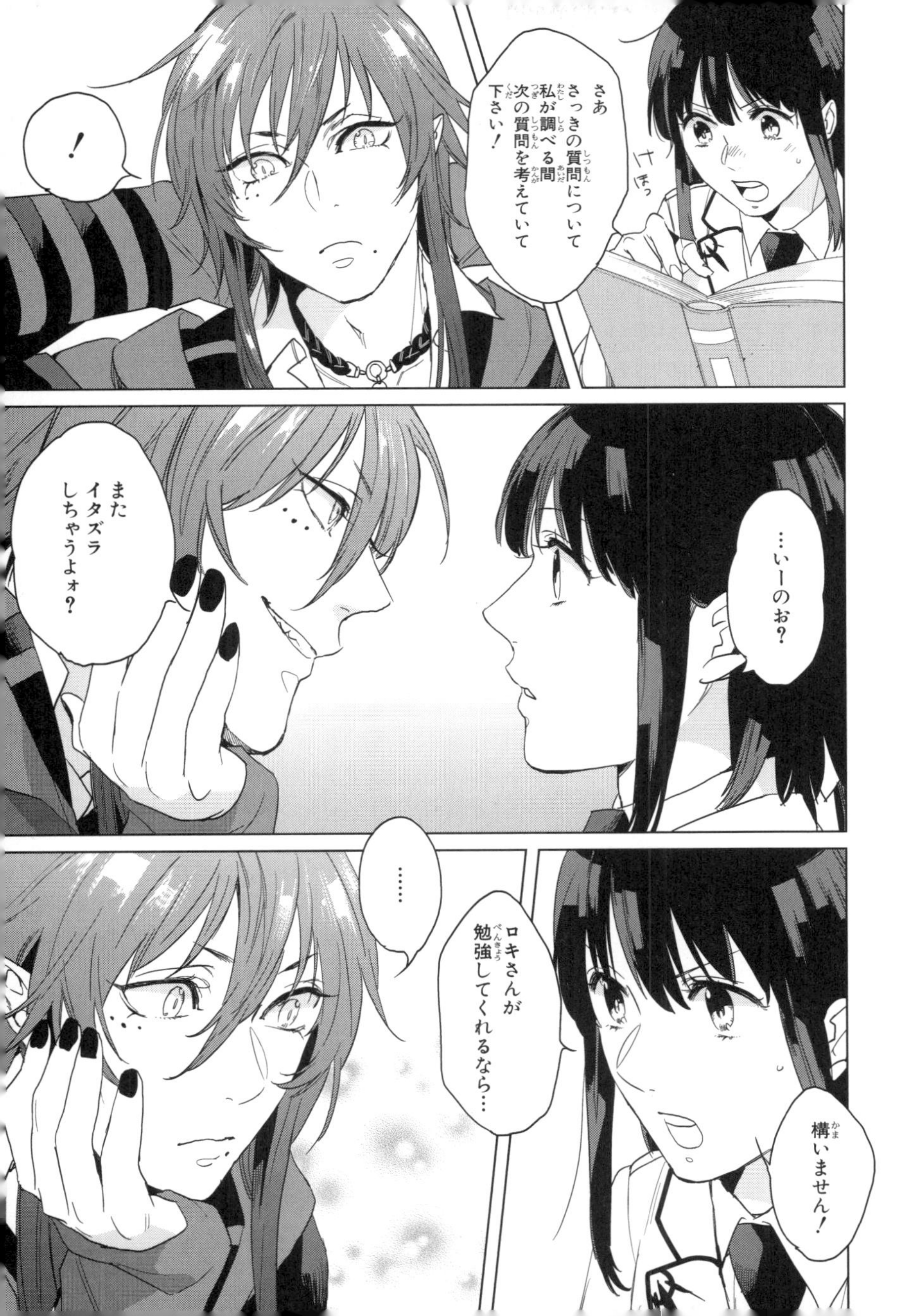
さあ さっきの質問について 私が調べる間 次の質問を考えていて 下さい！
！
…いーのお？
また イタズラ しちゃうよォ？
……
ロキさんが 勉強してくれるなら…
構いません！

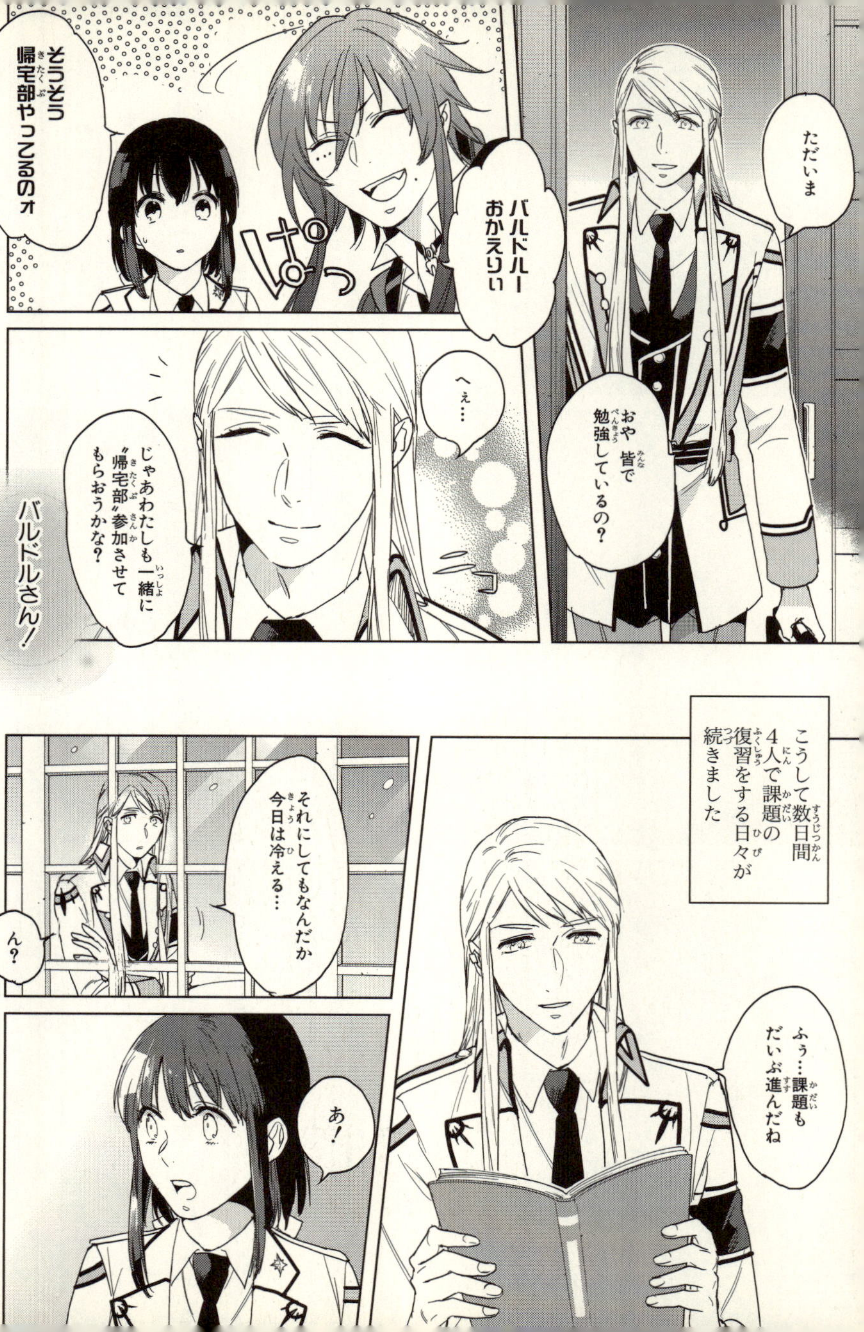
ただいま
バルドルー
おかえりぃ
そうそう
帰宅部やってるのォ
ぱっ
おや 皆で
勉強しているの？
へぇ…
ニコ
じゃあわたしも一緒に
〝帰宅部〟参加させて
もらおうかな？
バルドルさん！
こうして数日間
4人で課題の
復習をする日々が
続きました
それにしてもなんだか
今日は冷える…
ん？
ふぅ…課題も
だいぶ進んだね
あ！

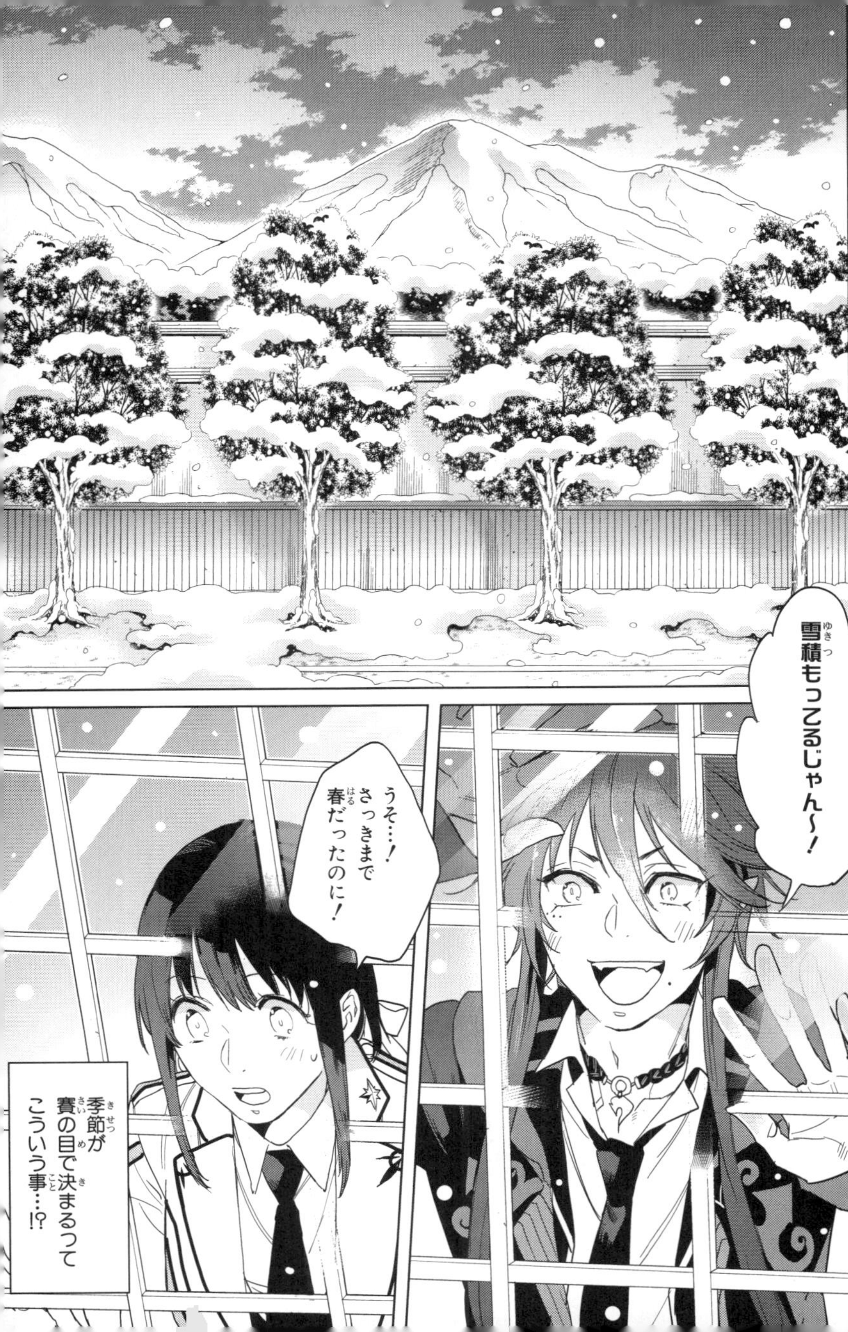

雪積もってるじゃん〜〜！
うそ…！さっきまで春だったのに！
季節が賽の目で決まるってこういう事…!?

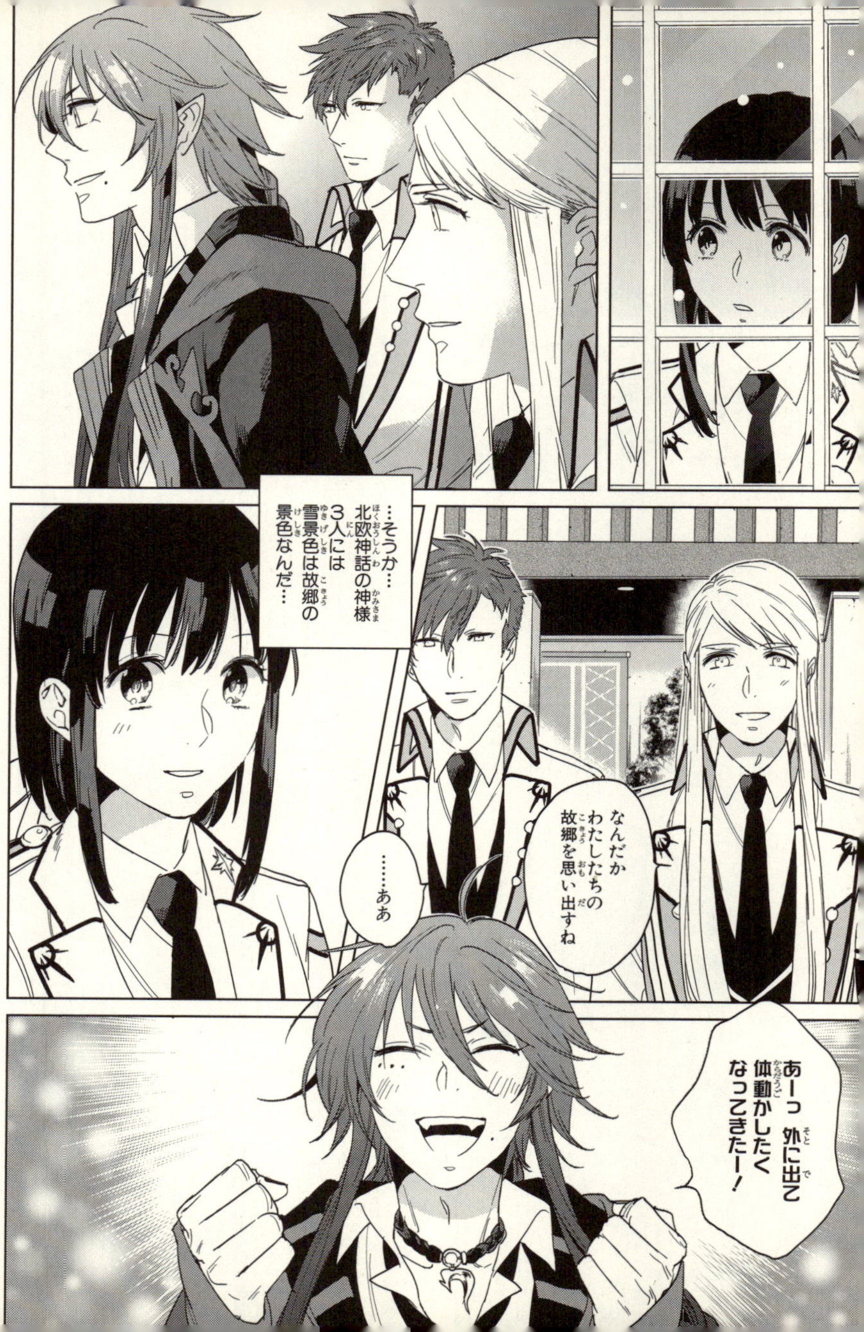
…そうか… 北欧神話の神様3人には雪景色は故郷の景色なんだ…
なんだかわたしたちの故郷を思い出すね
……ああ
あーっ 外に出て体動かしたくなってきたー！

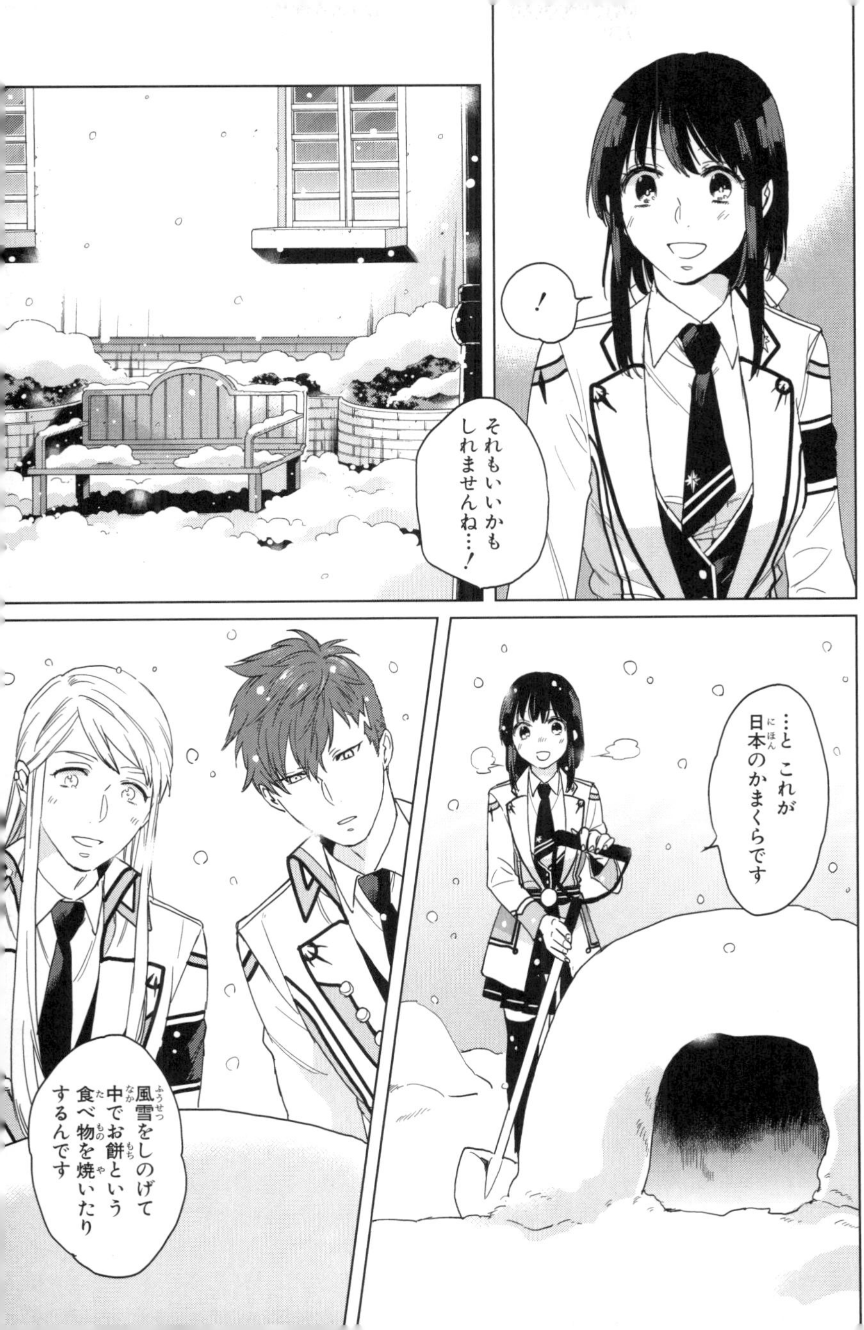
！
それもいいかもしれませんね…！
…と これが日本のかまくらです
風雪をしのげて中でお餅という食べ物を焼いたりするんです

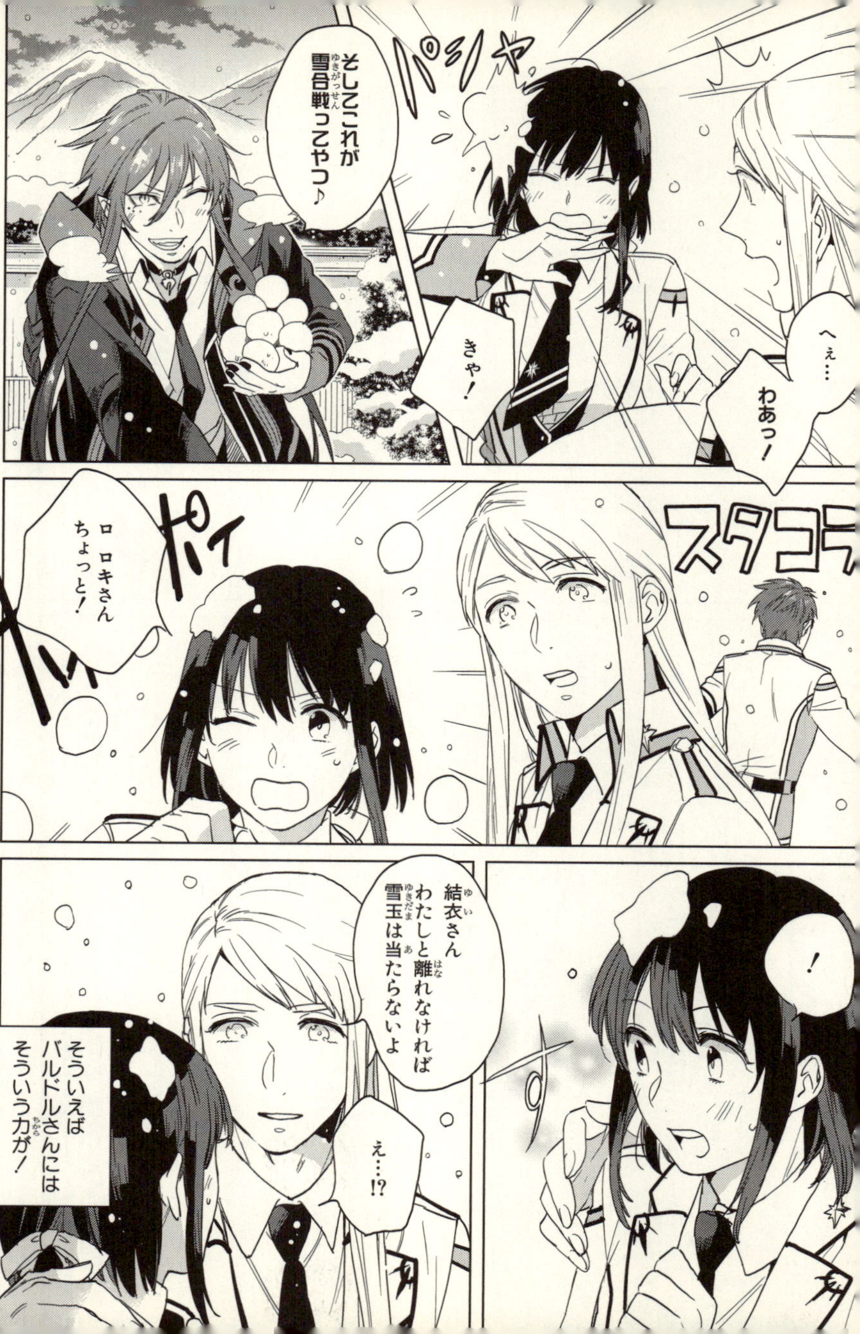
へぇ…
わあっ!
パシャ
きゃ!
そしてこれが雪合戦ってやつ♪
スタコラ
ポイ
ロロキさん ちょっと!
!
結衣さん わたしと離れなければ 雪玉は当たらないよ
え…!?
そういえば バルドルさんには そういう力が!

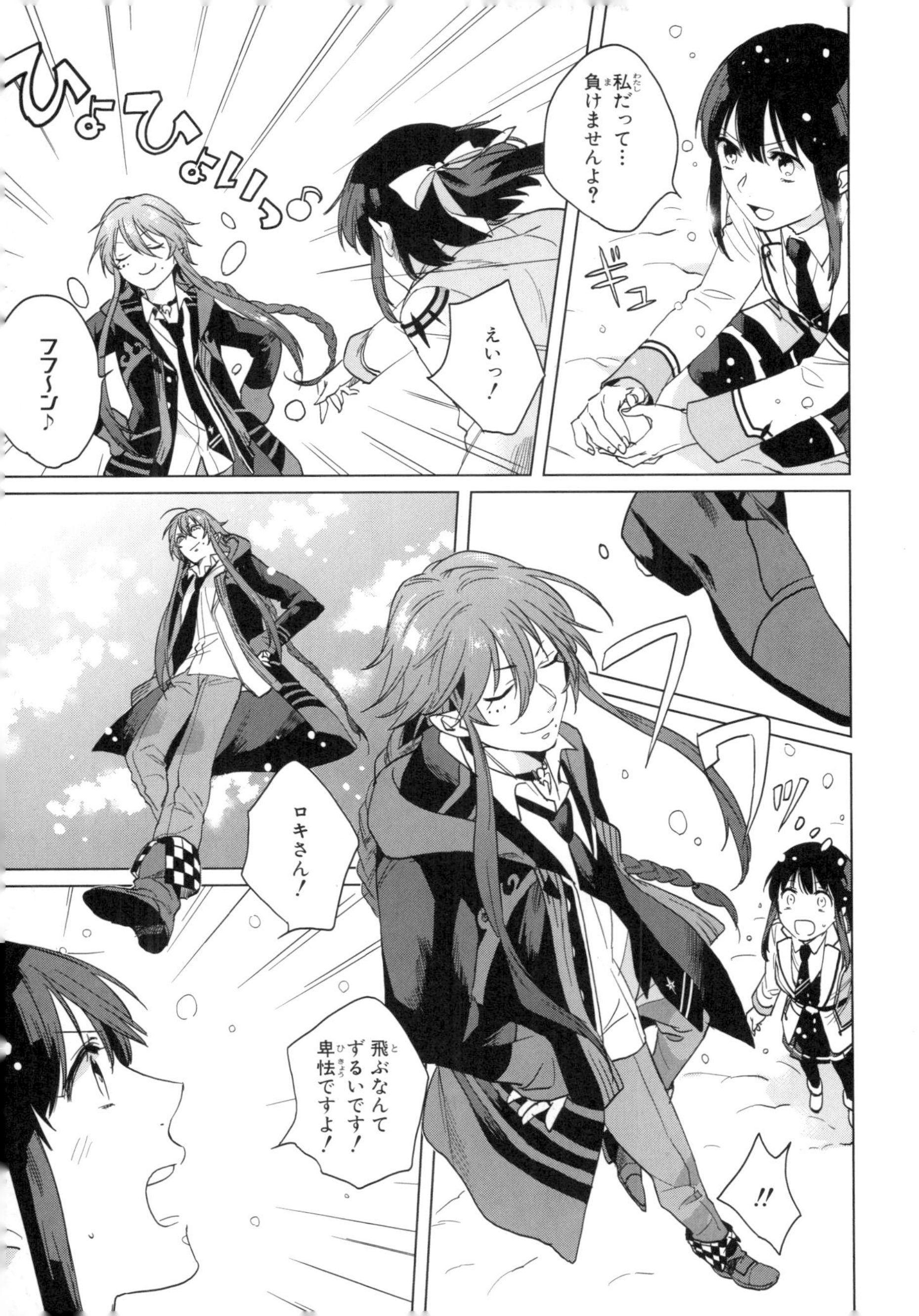
私だって…負けませんよ？
ギュ
えいっ！
ひょひょいっ♪
フフ～ン♪
ロキさん！
!!
ツ
飛ぶなんてずるいです！卑怯ですよ！

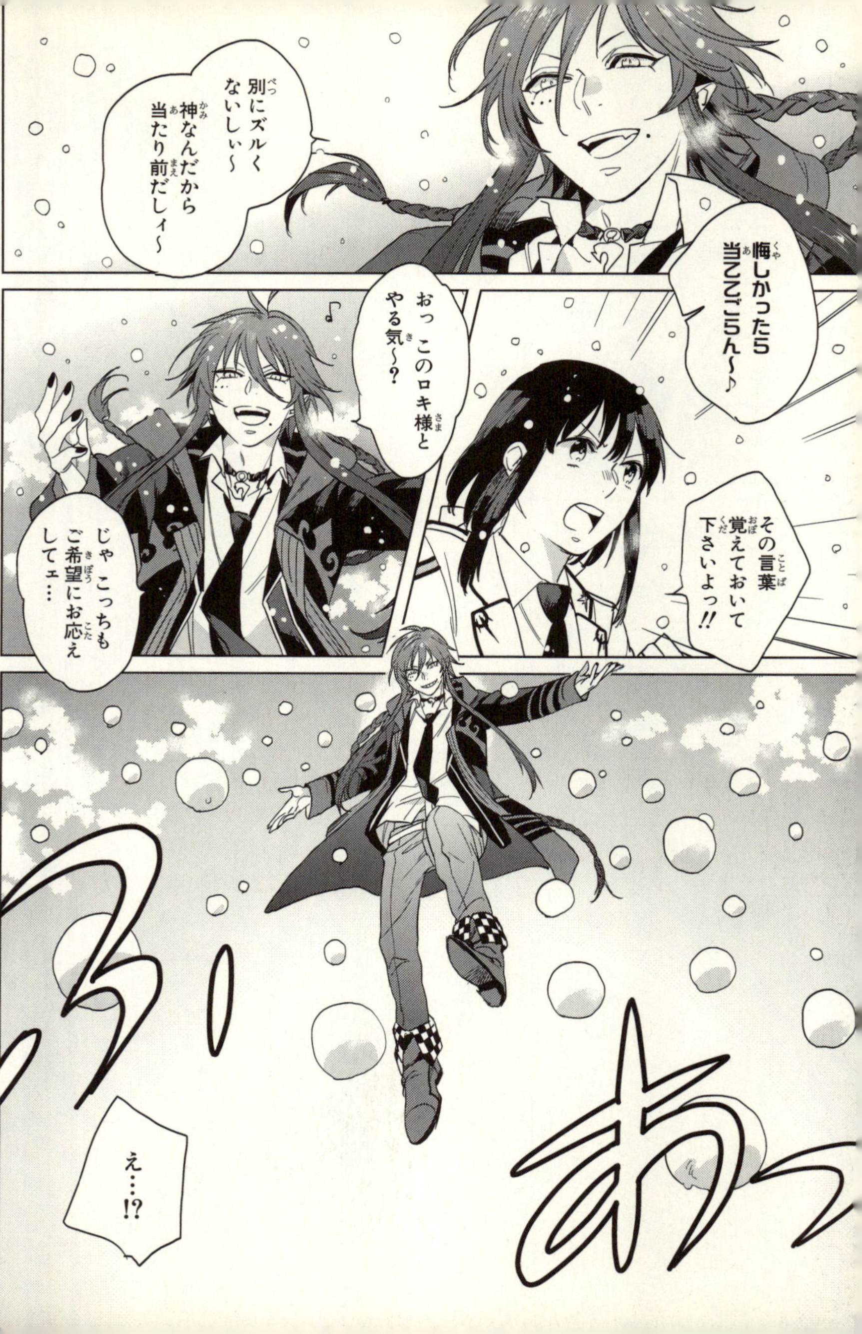
悔しかったら当ててごらん～♪
別にズルくないしぃ～
神なんだから当たり前だしィ～
その言葉覚えておいて下さいよっ!!
おっ このロキ様とやる気～?
じゃ こっちもご希望にお応えしてェ…
え…!?

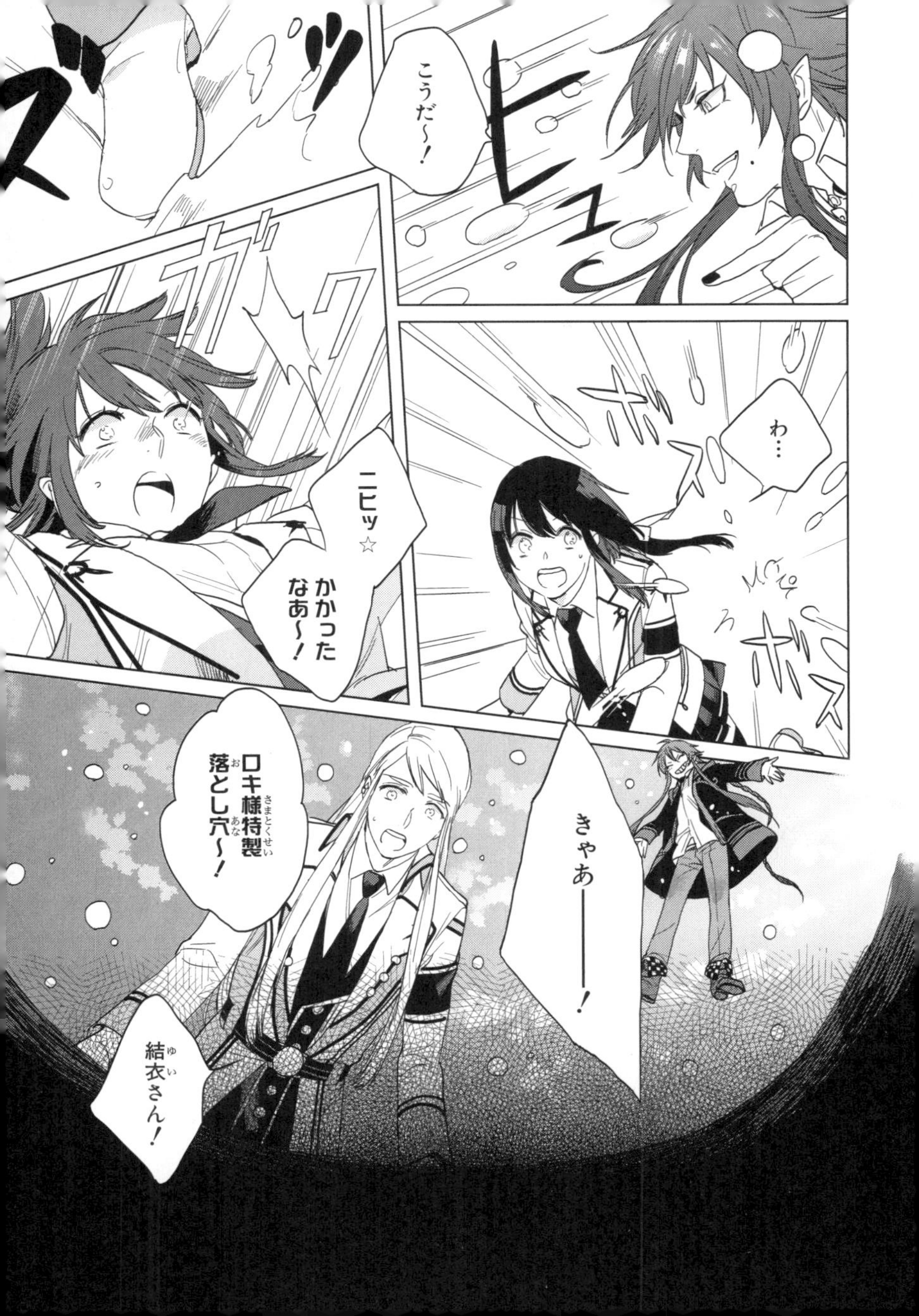
ヒュ
こうだ〜!
ズッ
ボス
わ…
ボスボス
ガク
ニヒッ☆
かかったなあ〜!
きゃあ——!
ロキ様特製落とし穴〜!
結衣さん!

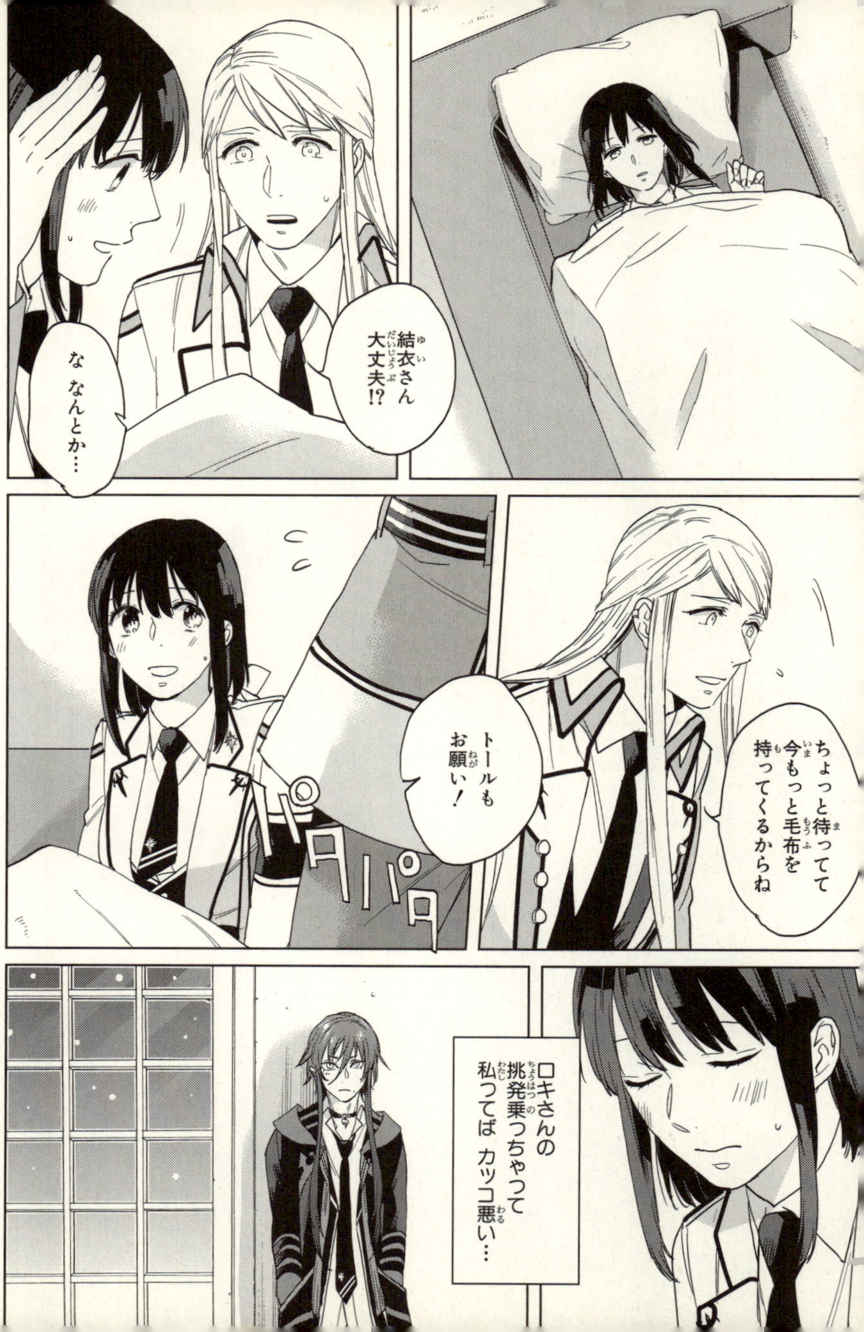
結衣さん大丈夫!?
な なんとか…
ちょっと待ってて今もっと毛布を持ってくるからね
トールもお願い!
パタパタ
ロキさんの挑発乗っちゃって私ってば カッコ悪い…

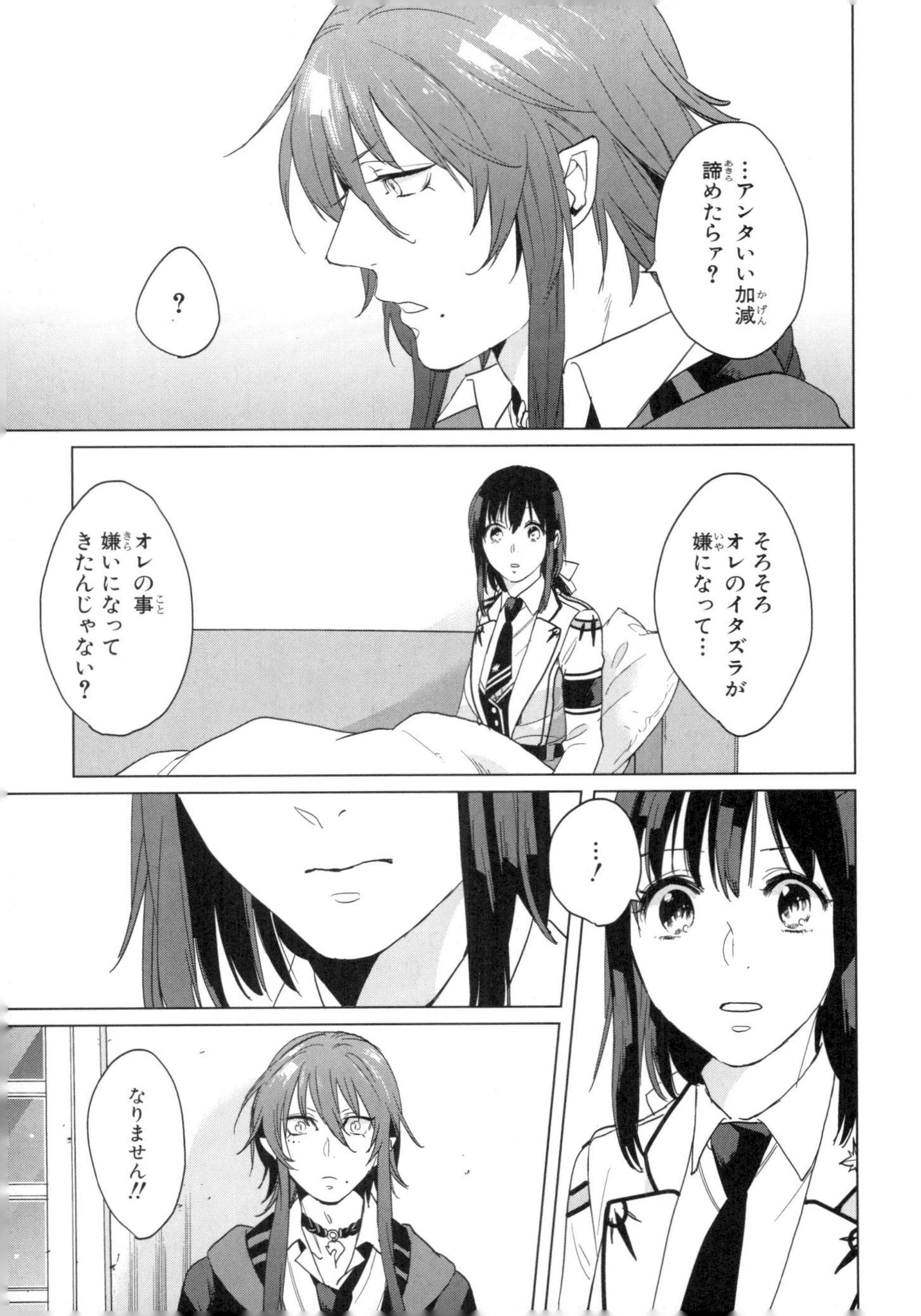
…アンタいい加減諦めたらァ？
？
そろそろオレのイタズラが嫌になって…
オレの事嫌いになってきたんじゃない？
…！
なりません!!

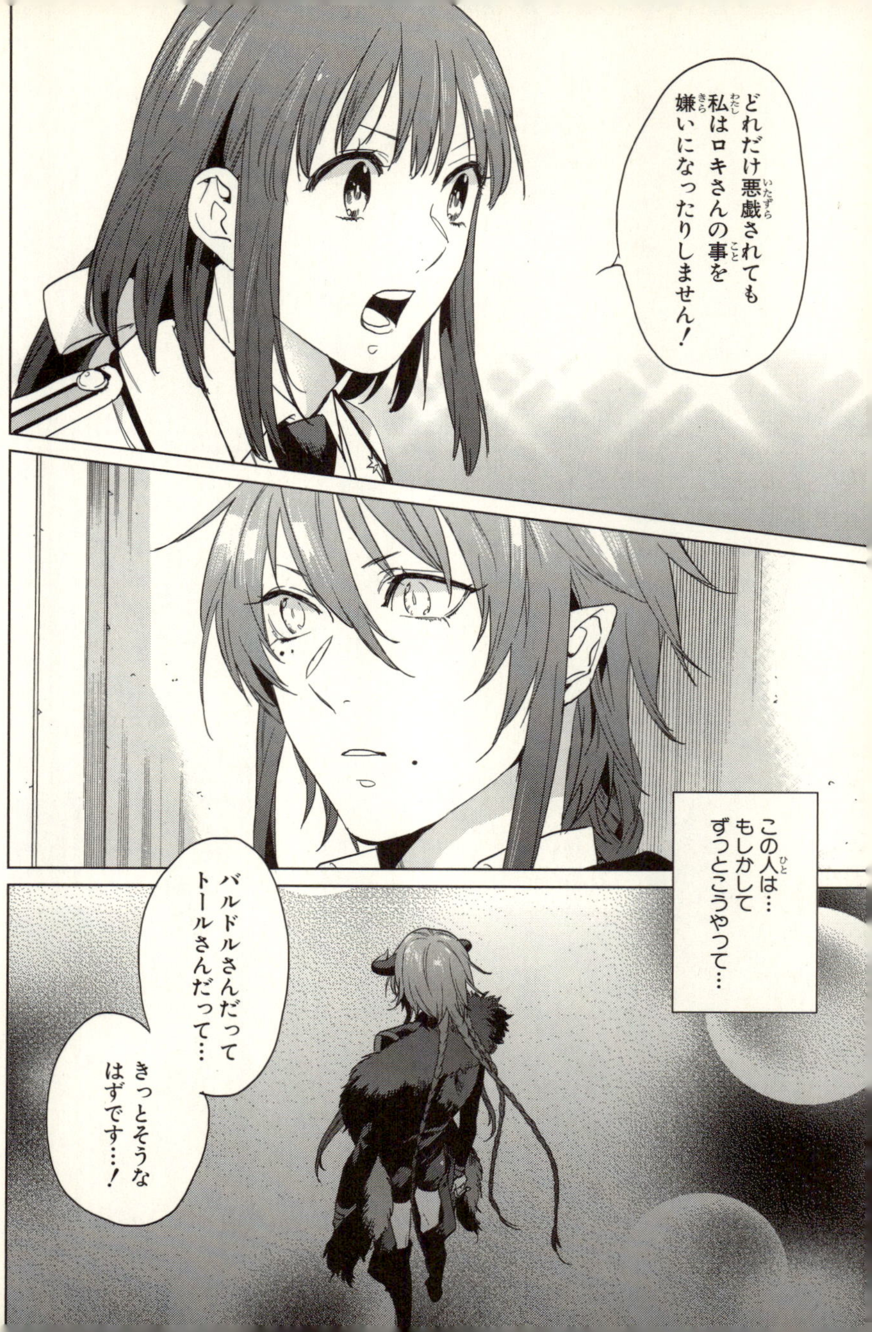
どれだけ悪戯されても私はロキさんの事を嫌いになったりしません!
この人は…もしかしてずっとこうやって…
バルドルさんだってトールさんだって…
きっとそうなはずです…!

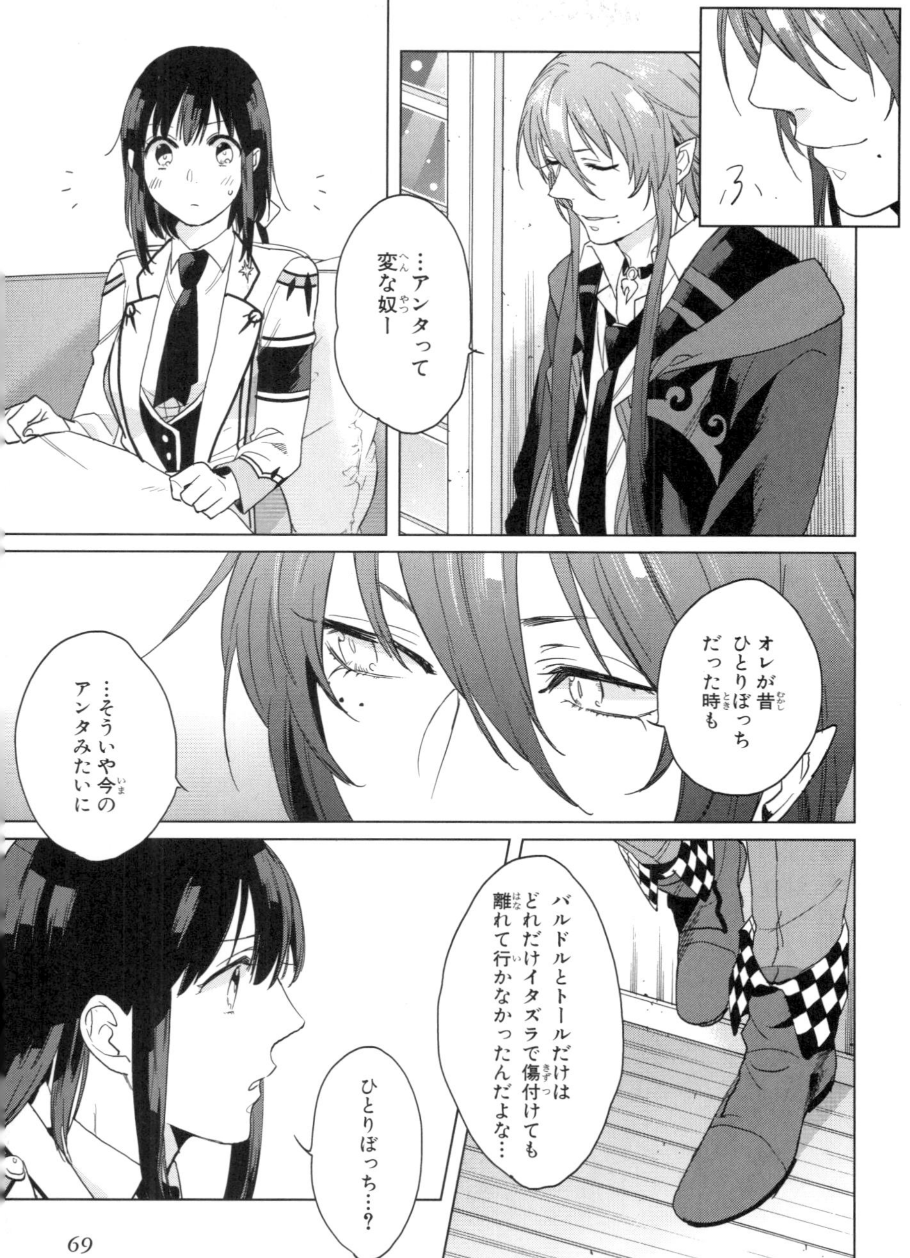
ふ
…アンタって変な奴ー
オレが昔ひとりぼっちだった時も
…そういや今のアンタみたいに
バルドルとトールだけはどれだけイタズラで傷付けても離れて行かなかったんだよな…
ひとりぼっち…？

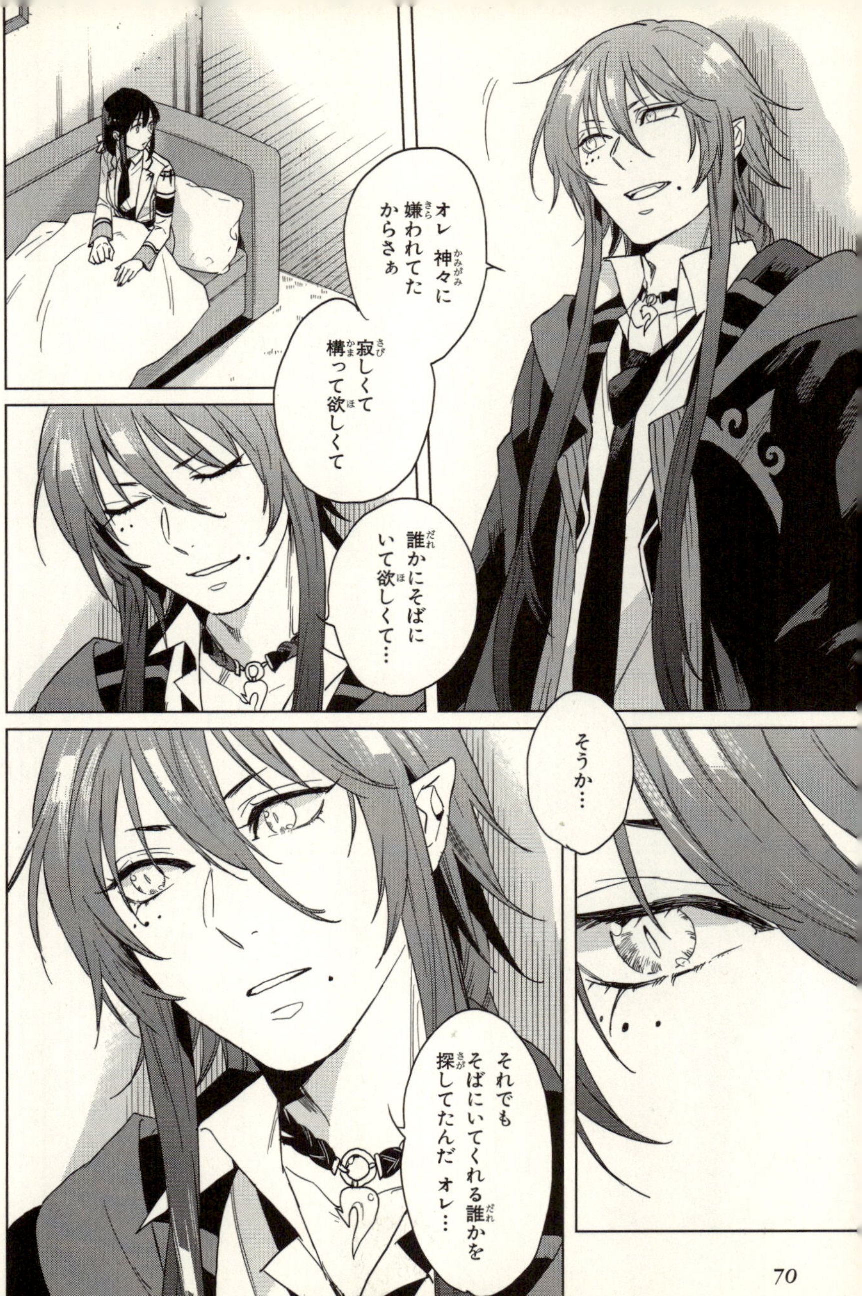
オレ 神々に嫌われてたからさぁ
寂しくて構って欲しくて
誰かにそばにいて欲しくて…
そうか…
それでもそばにいてくれる誰かを探してたんだ オレ…

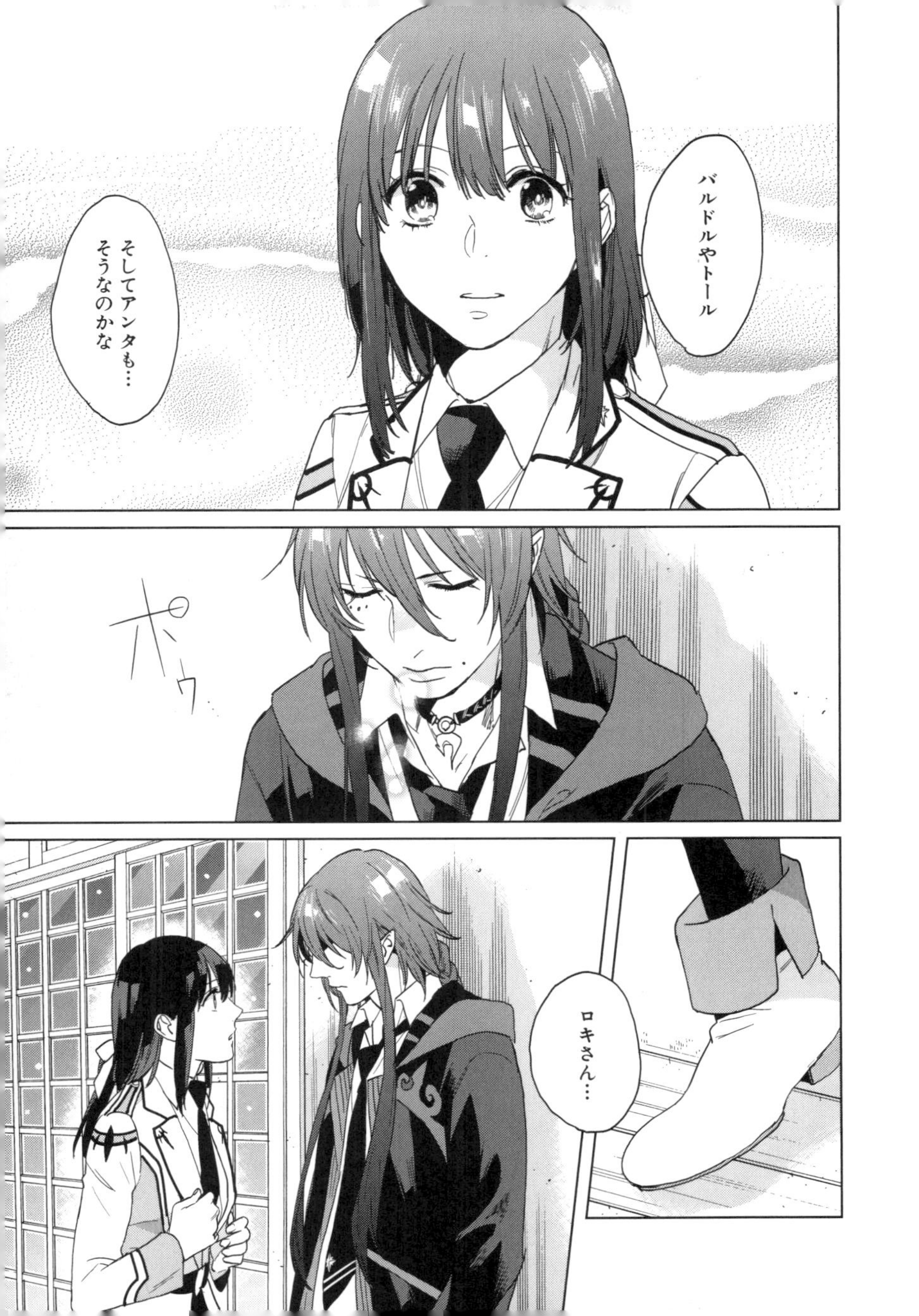
バルドルやトール
そしてアンタも…
そうなのかな
ポウ…
ロキさん…

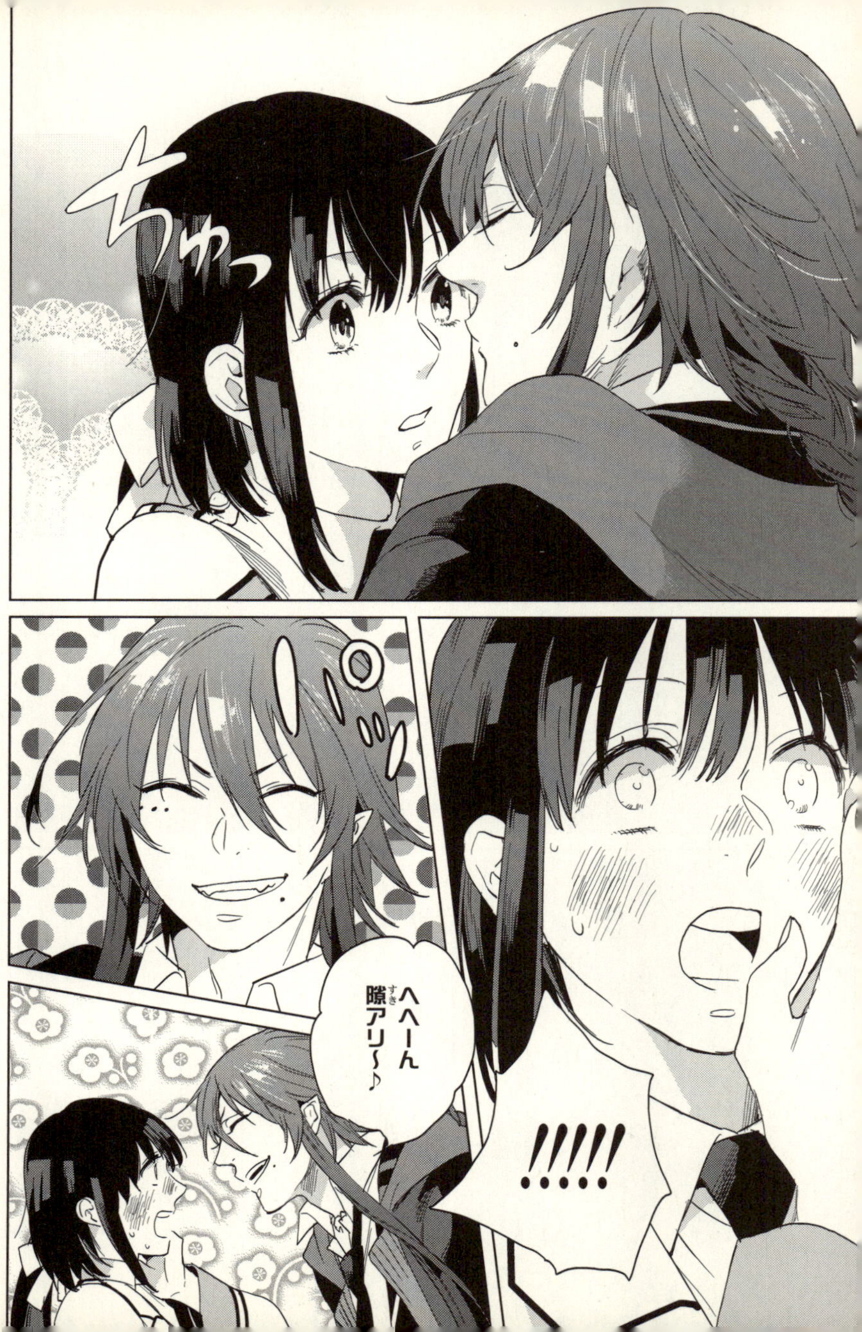
ちゅっ
へへーん
隙アリ～♪
!!!!!

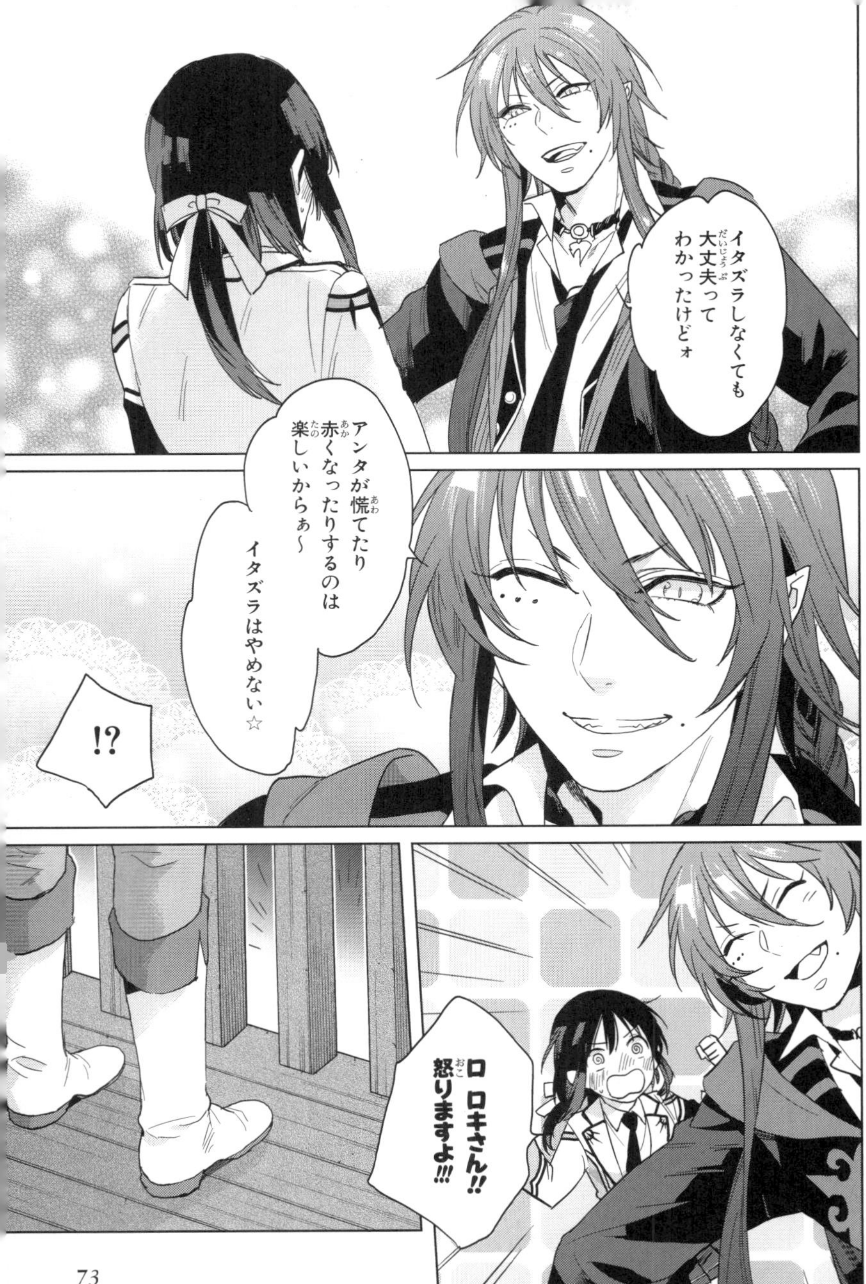
イタズラしなくても大丈夫ってわかったけどぉ
アンタが慌てたり赤くなったりするのは楽しいからぁ～
イタズラはやめない☆
!?
ロロキさん!!怒りますよ!!!

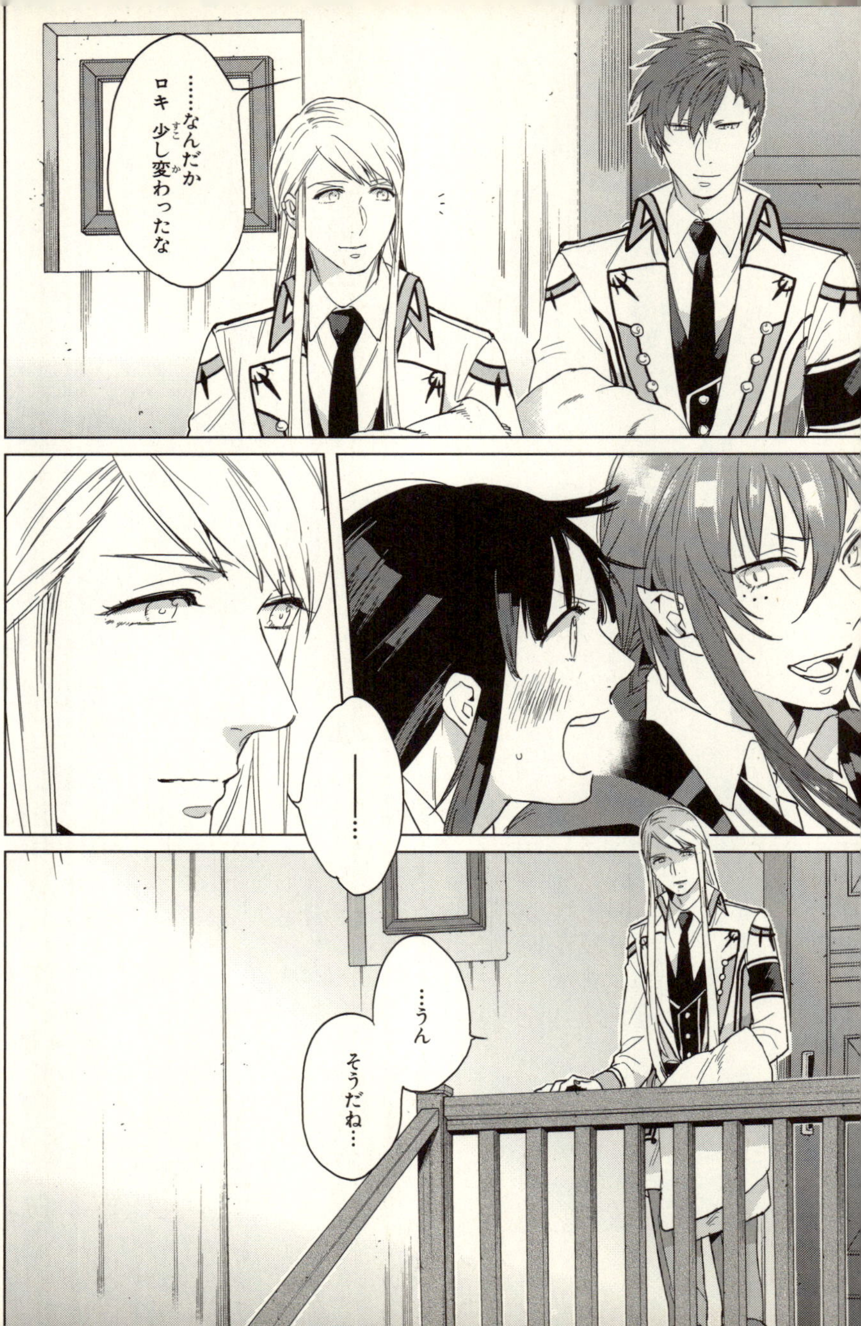
……なんだか
ロキ 少し変わったな
――……
…うん
そうだね…

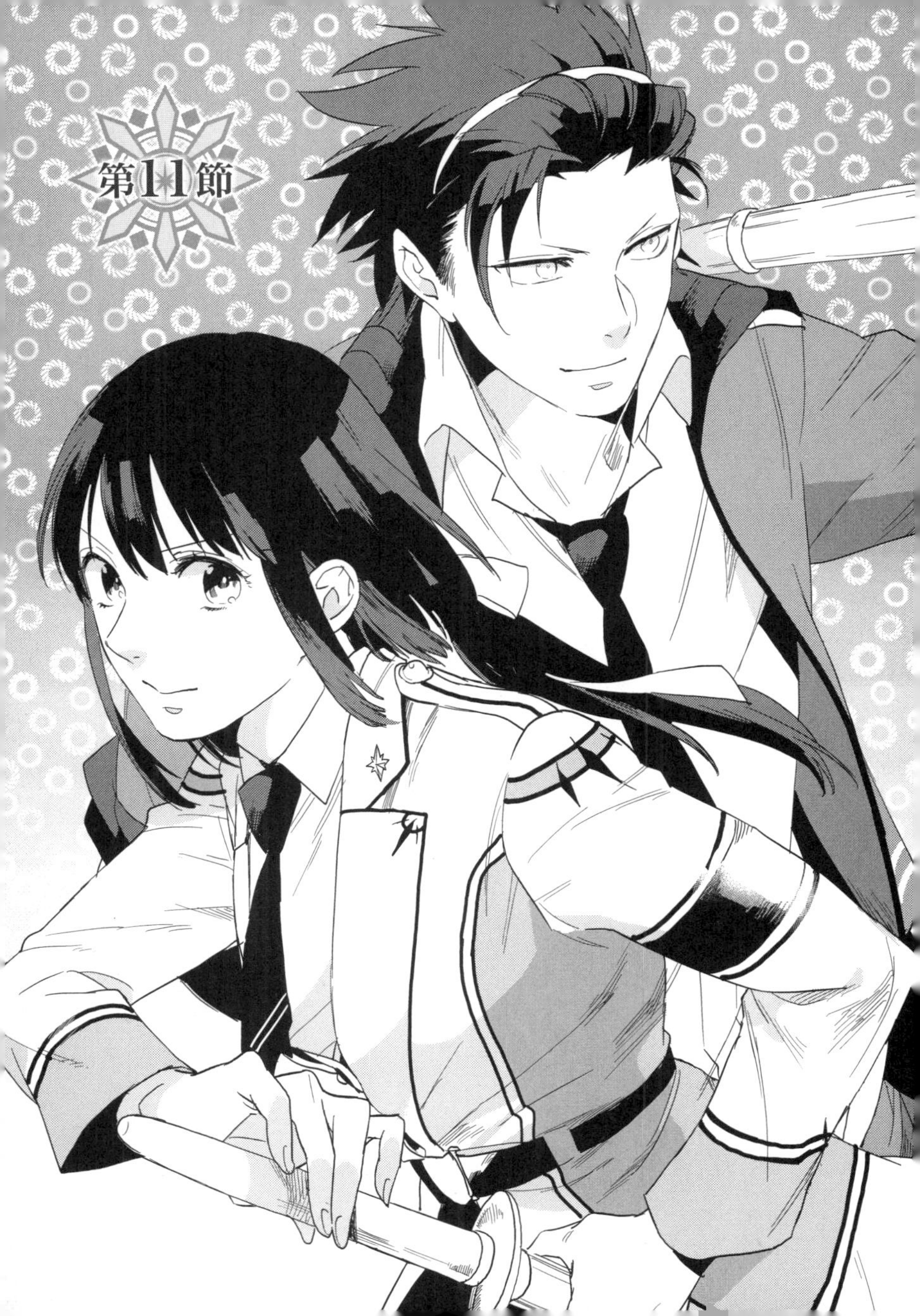
第11節

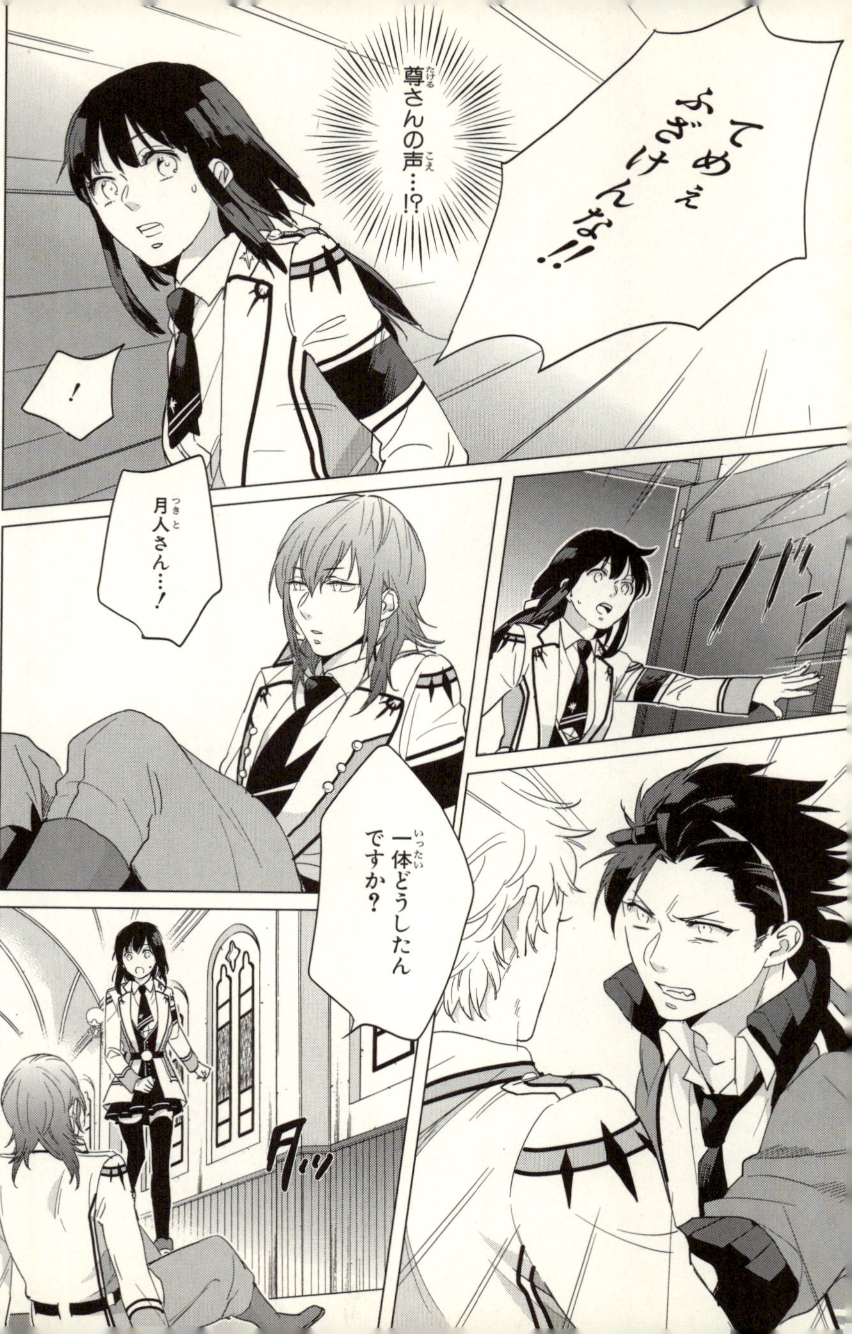
てめぇ ふざけんな!!
尊さんの声…!?
!
月人さん…!
一体どうしたんですか?

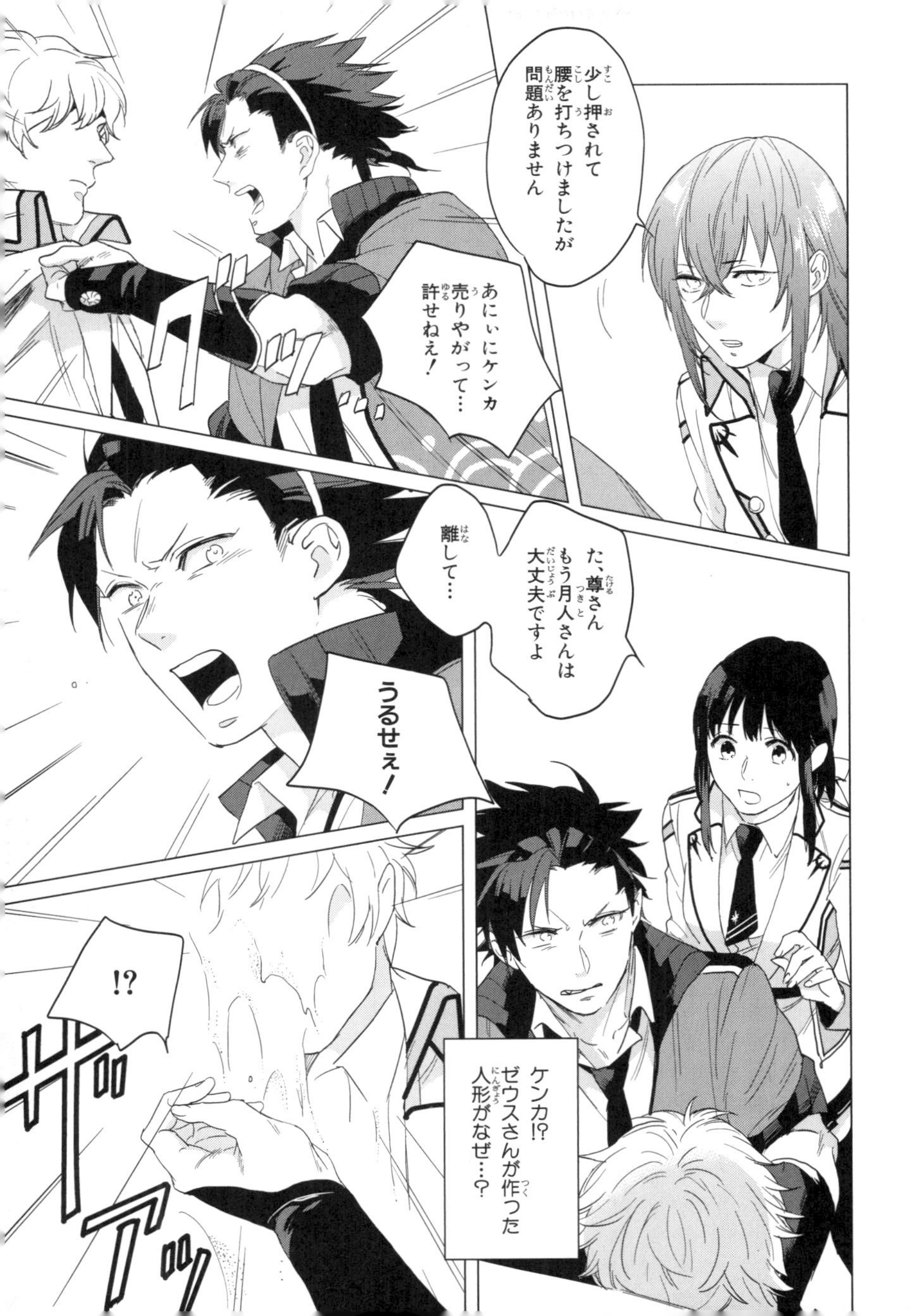

少し押されて
腰を打ちつけましたが
問題ありません
あにぃにケンカ
売りやがって…
許せねぇ!
グググ…
た、尊さん
もう月人さんは
大丈夫ですよ
離して…
うるせぇ!
ケンカ!?
ゼウスさんが作った
人形がなぜ…?
!?
ザアッ

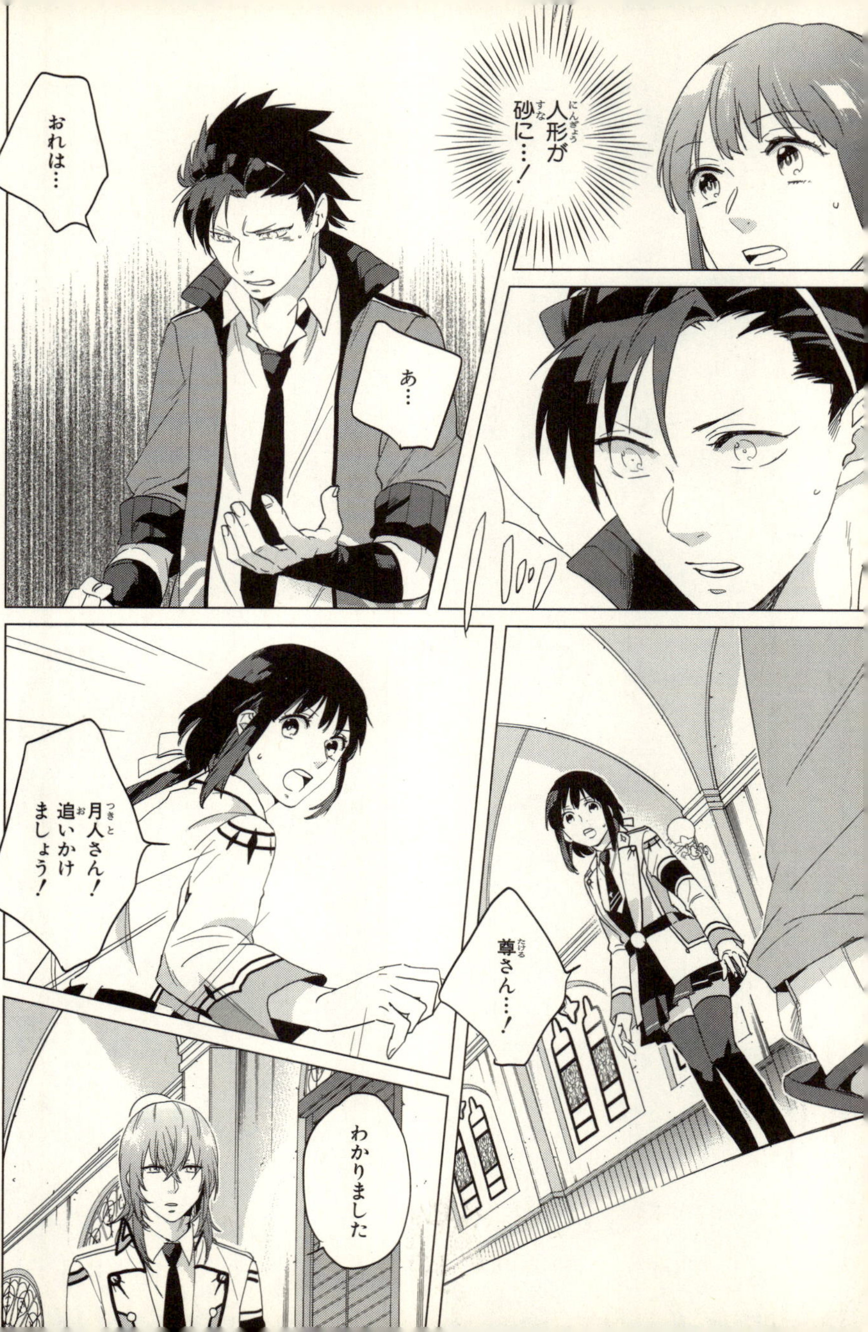
人形が砂に…！
あ…
おれは…
尊さん…！
月人さん！追いかけましょう！
わかりました

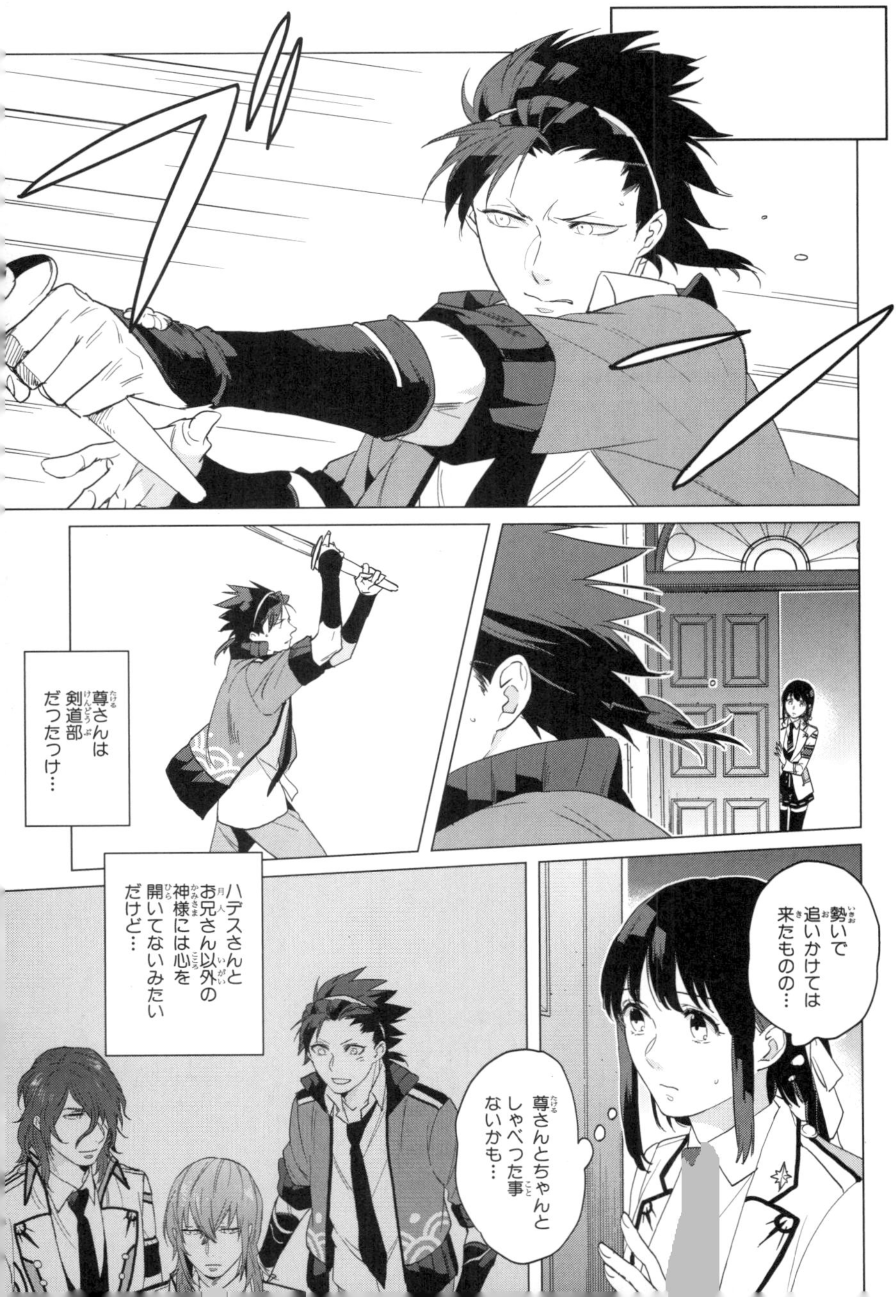

尊さんは剣道部だったっけ…
勢いで追いかけては来たものの…
ハデスさんとお兄さん以外の神様には心を開いてないみたいだけど…
尊さんとちゃんとしゃべった事ないかも…

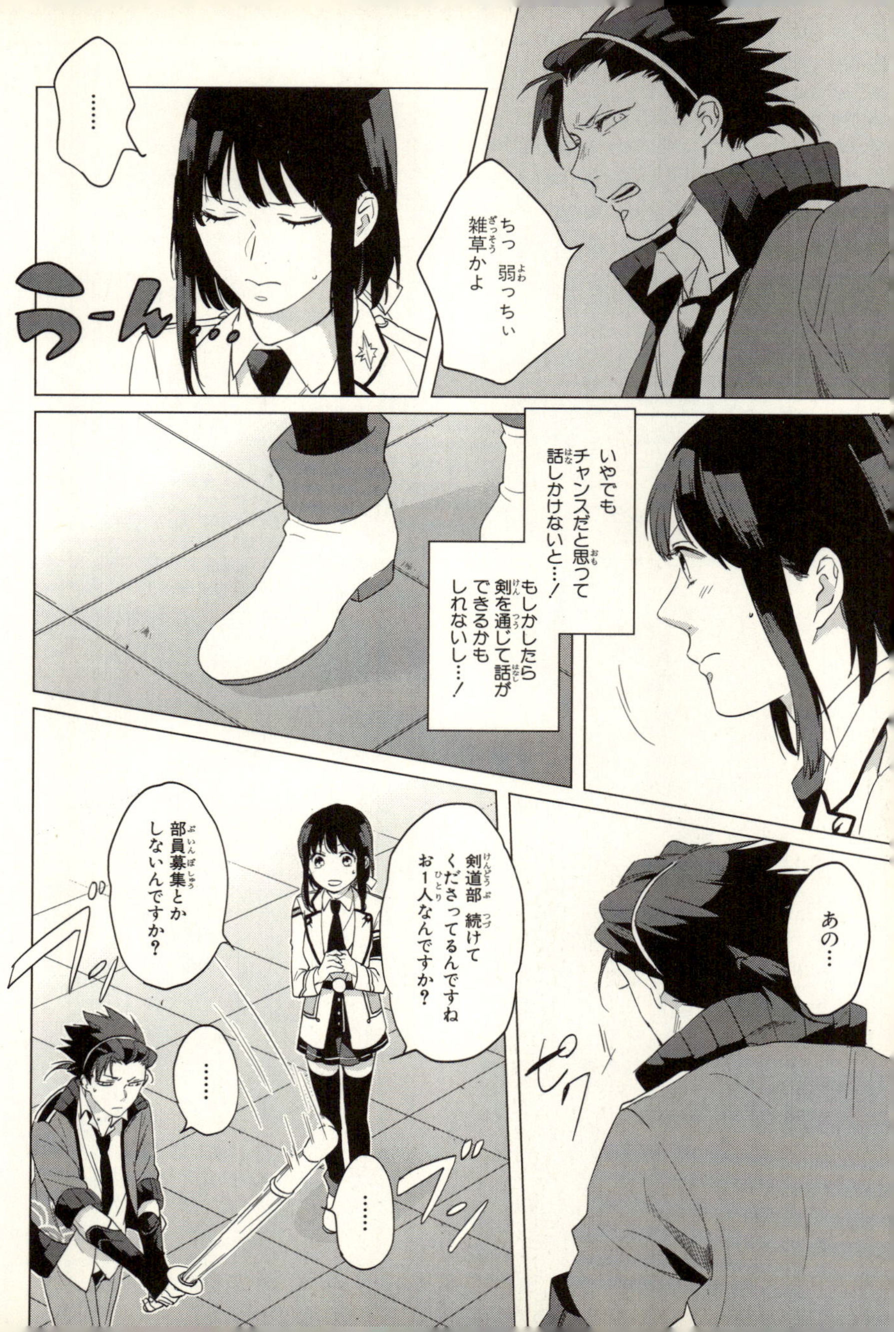

ちっ 弱っちぃ 雑草かよ
……
うーん…
いやでも チャンスだと思って 話しかけないと…！
もしかしたら 剣を通じて話が できるかも しれないし…！
あの…
ピク
剣道部 続けて くださってるんですね お1人なんですか？
部員募集とか しないんですか？
ブン
……
……
ブン

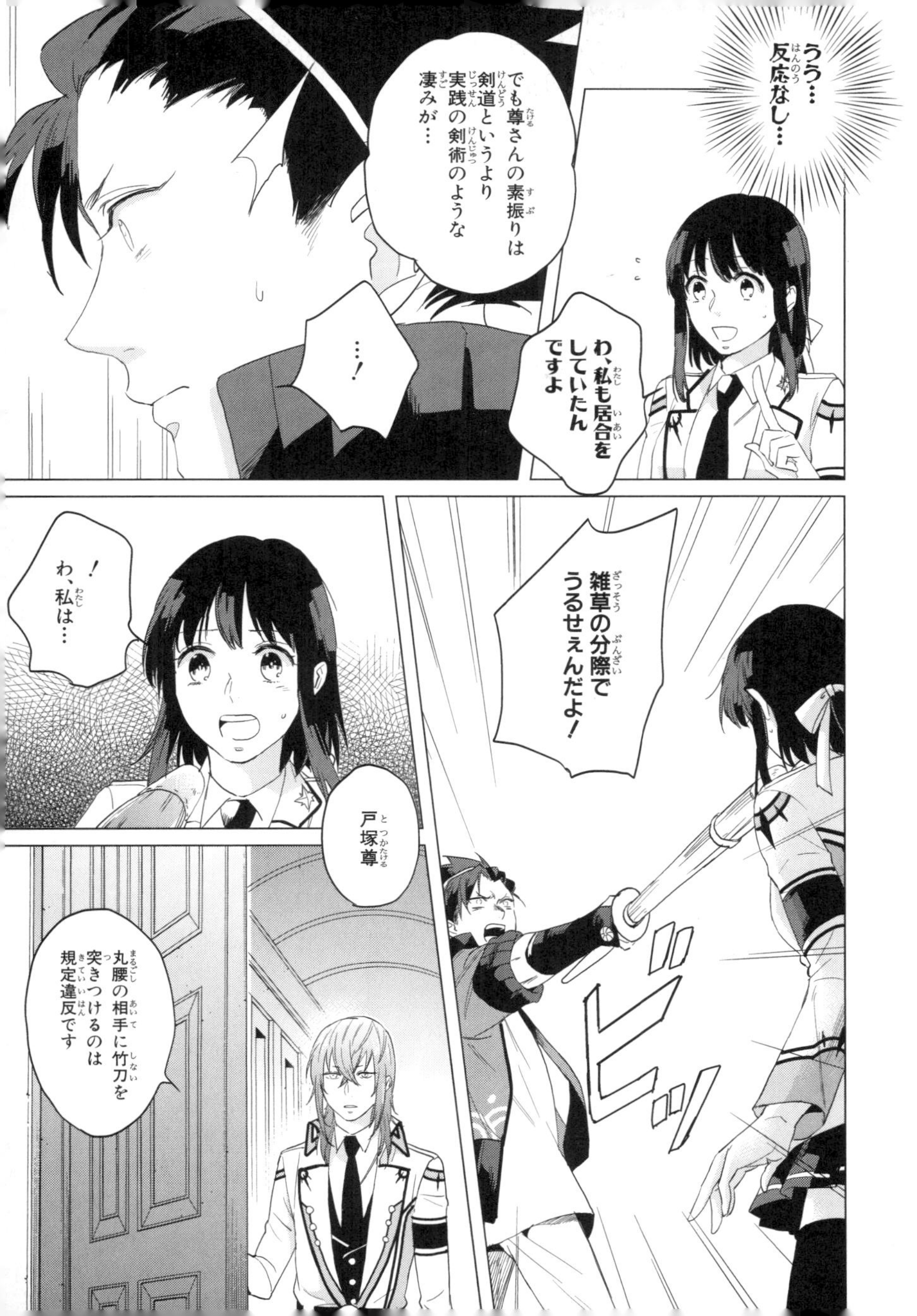
うう…反応なし…
わ、私も居合をしていたんですよ
でも尊さんの素振りは剣道というより実践の剣術のような凄みが…
…!
雑草の分際でうるせぇんだよ!
! わ、私は…
ビッ
戸塚尊
丸腰の相手に竹刀を突きつけるのは規定違反です

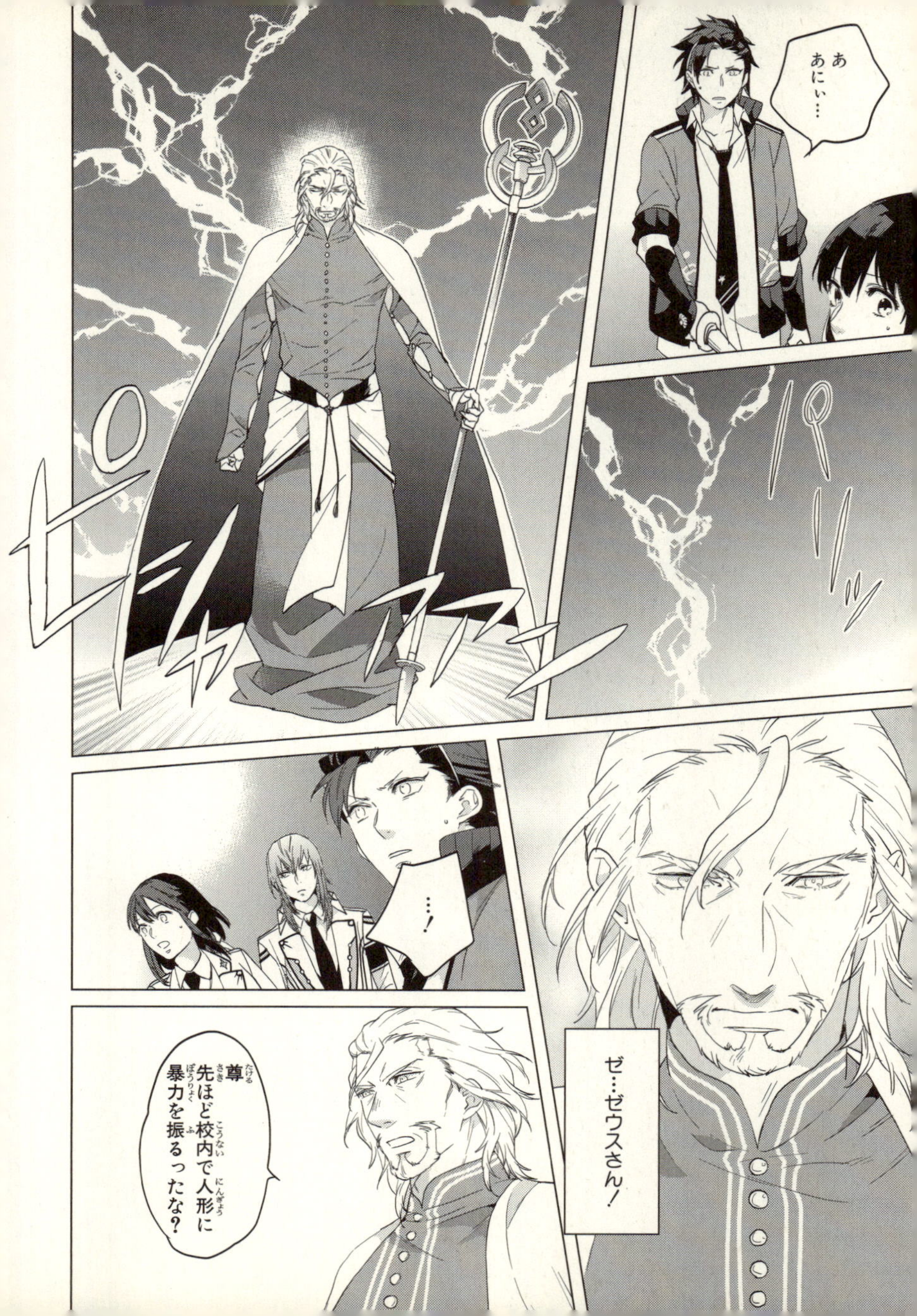
あ
あにぃ…
ピシャアアーン
パリリッ
ゼ…ゼウスさん!
…!
尊
先ほど校内で人形に
暴力を振るったな?

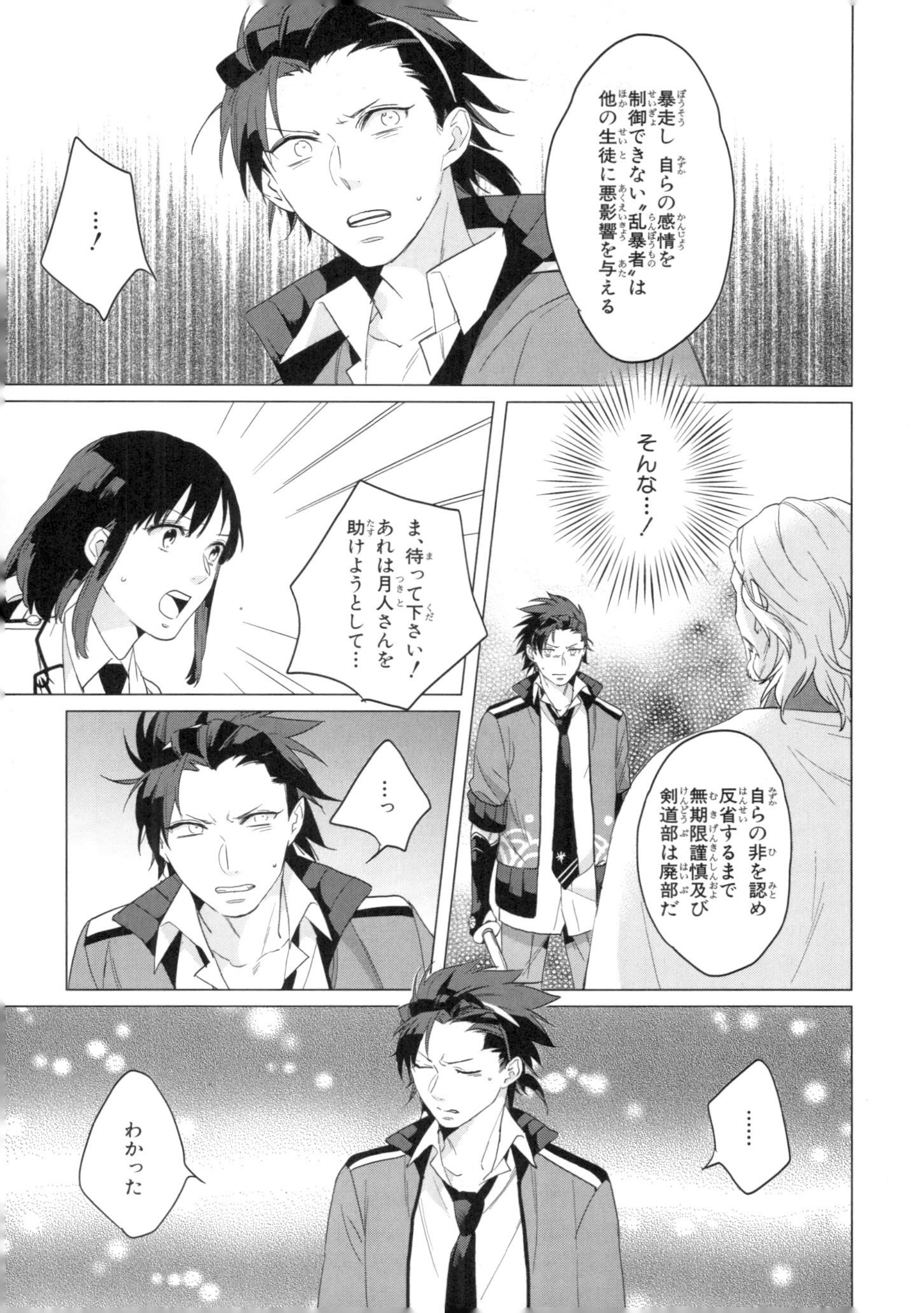
暴走し 自らの感情を制御できない〝乱暴者〟は他の生徒に悪影響を与える
…!
そんな…!
自らの非を認め反省するまで無期限謹慎及び剣道部は廃部だ
ま、待って下さい!あれは月人さんを助けようとして…
…っ
……
わかった

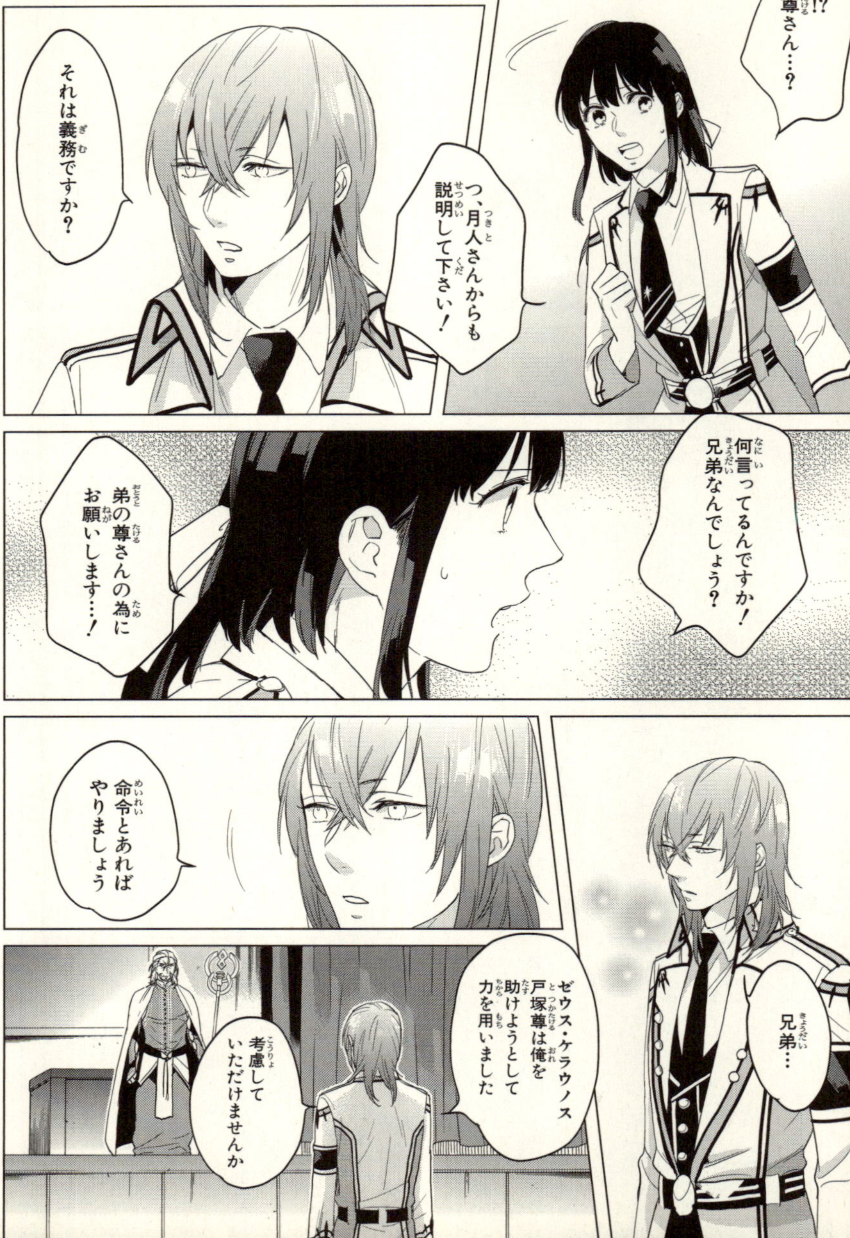
尊!?さん…?
つ、月人さんからも説明して下さい!
それは義務ですか?
何言ってるんですか!兄弟なんでしょう?
弟の尊さんの為にお願いします…!
兄弟…
命令とあればやりましょう
ゼウス・ケラウノス 戸塚尊は俺を助けようとして力を用いました
考慮していただけませんか

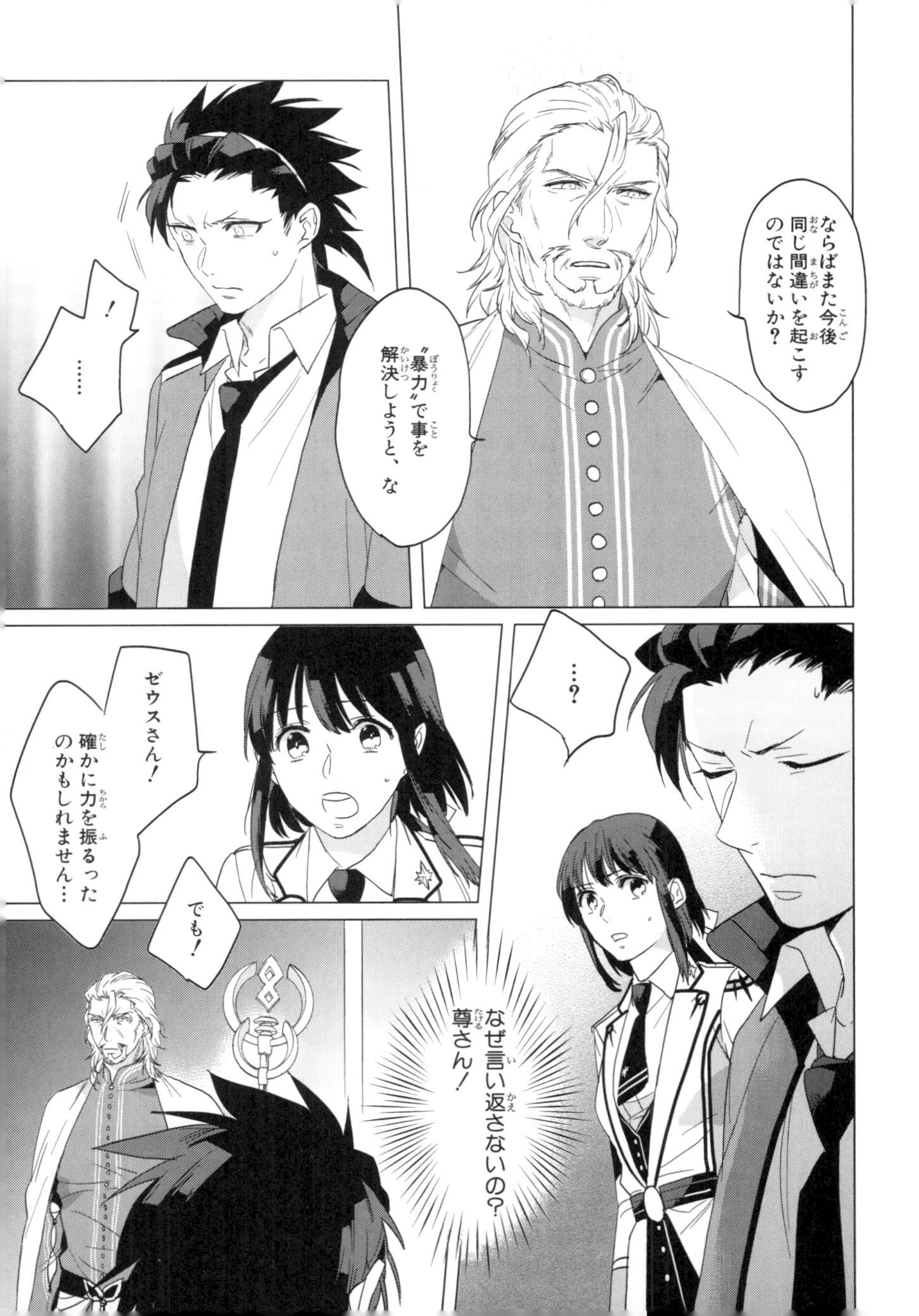
ならばまた今後同じ間違いを起こすのではないか？
〝暴力〟で事を解決しようと、な
！
……
…？
ゼウスさん！
確かに力を振るったのかもしれません…
でも！
なぜ言い返さないの？尊さん！

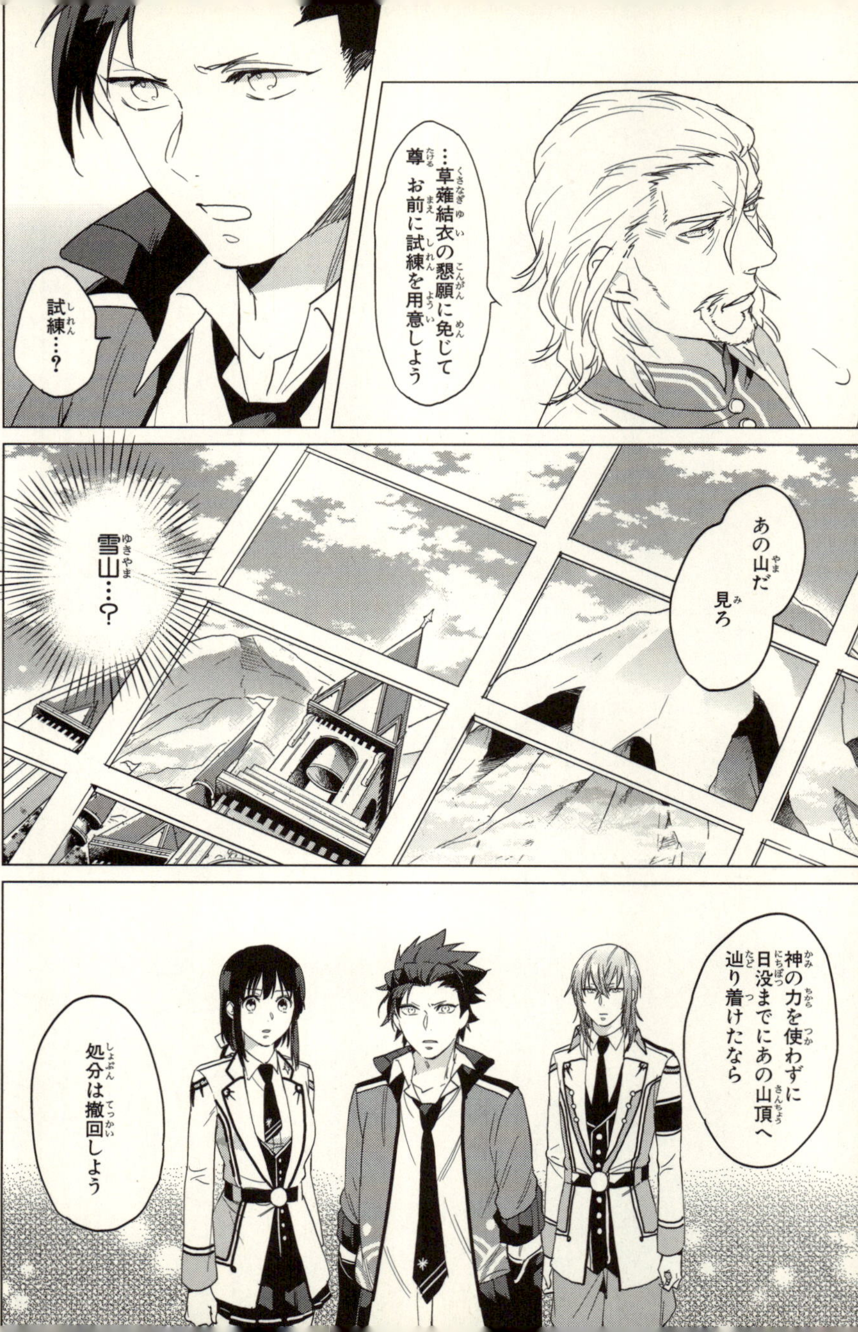
…草薙結衣の懇願に免じて尊 お前に試練を用意しよう
試練…？
あの山だ 見ろ
雪山…？
神の力を使わずに日没までにあの山頂へ辿り着けたなら
処分は撤回しよう

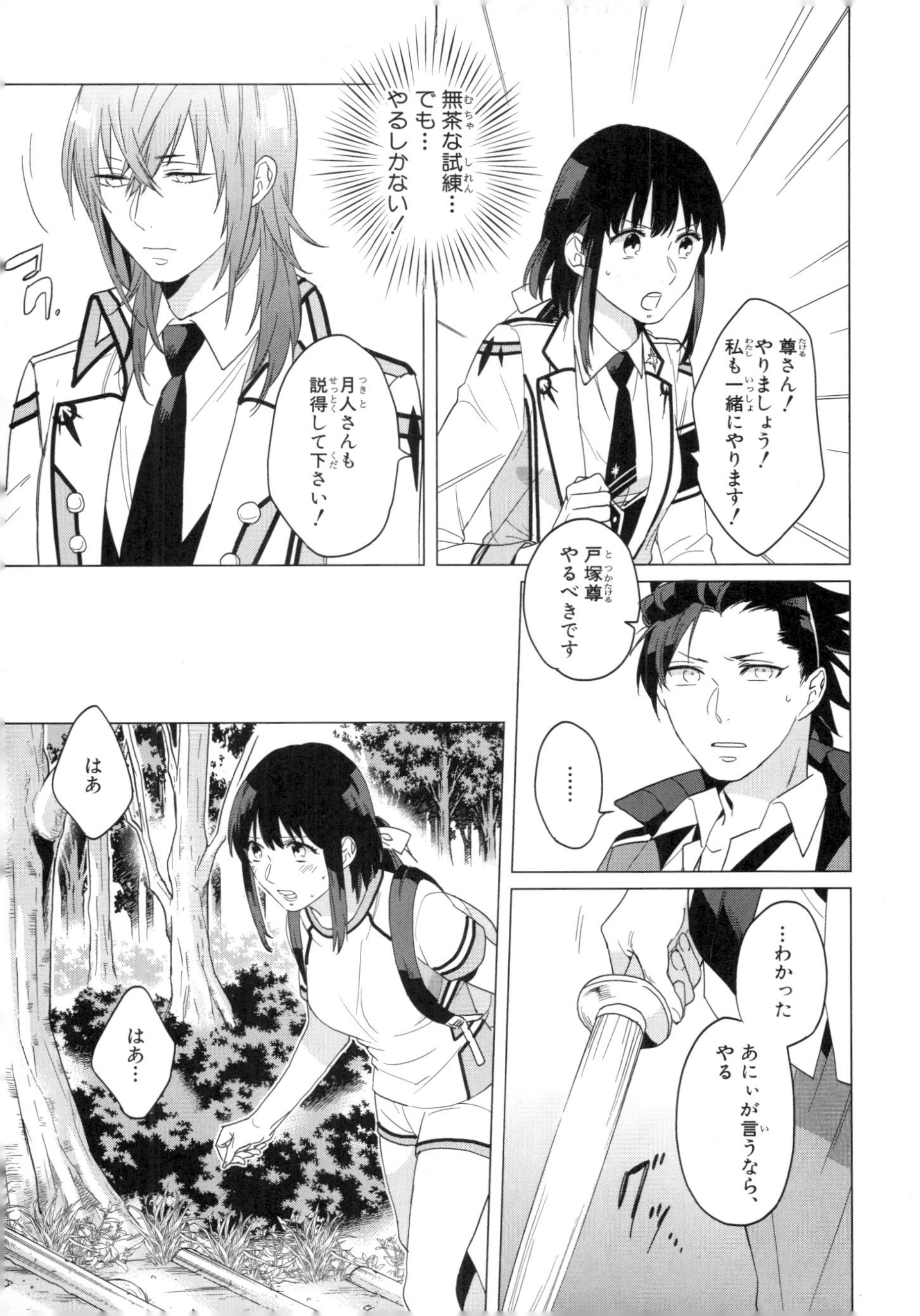

無茶な試練…
でも…
やるしかない！
尊さん！
やりましょう！
私も一緒にやります！
月人さんも
説得して下さい！
コク。
戸塚尊
やるべきです
……
…わかった
あにぃが言うなら、
やる
グッ…
はあ
はあ…

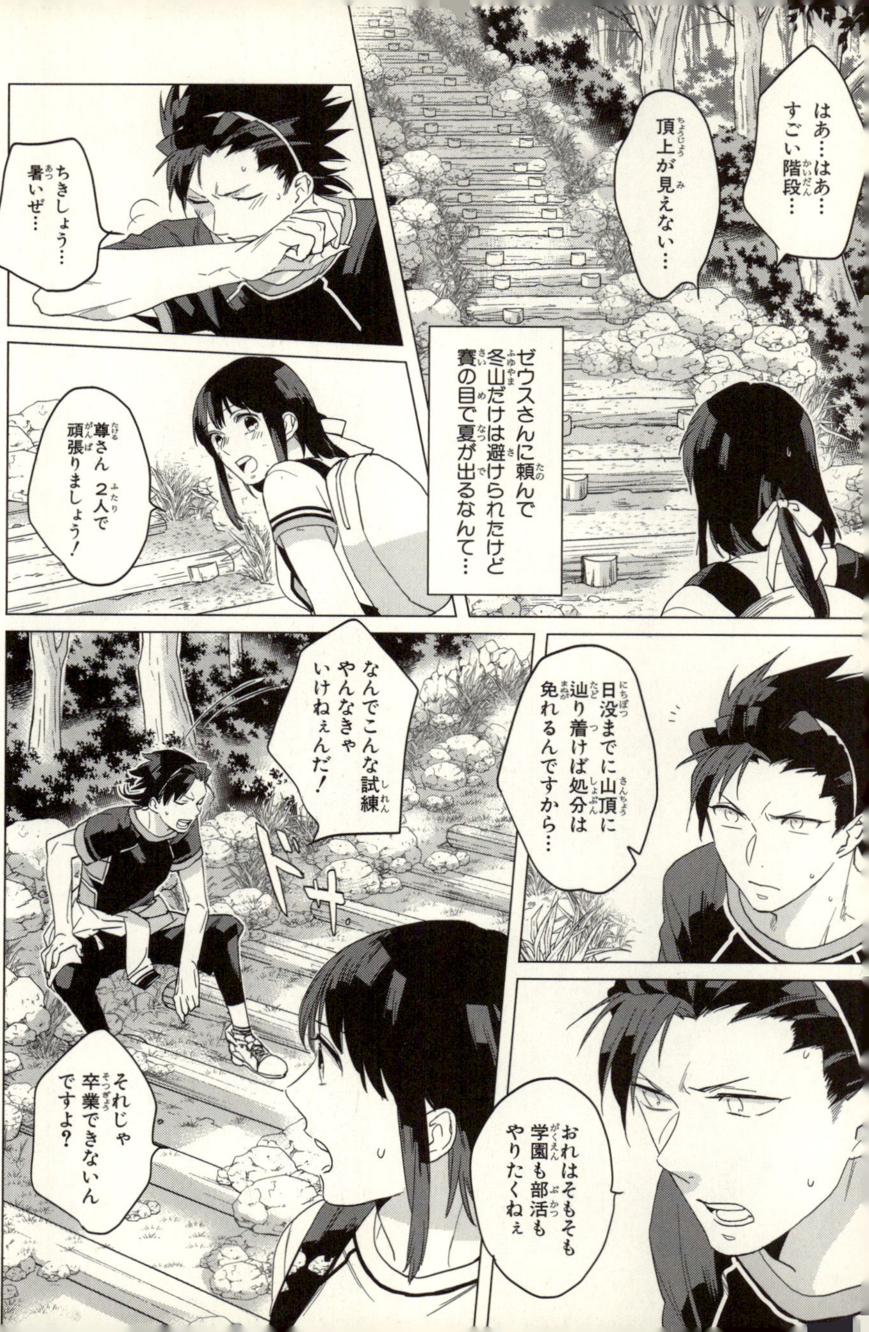

はあ…はあ… すごい階段…
頂上が見えない…
ちきしょう… 暑いぜ…
ゼウスさんに頼んで冬山だけは避けられたけど賽の目で夏が出るなんて…
尊さん 2人で頑張りましょう!
日没までに山頂に辿り着けば処分は免れるんですから…
なんでこんな試練やんなきゃいけねぇんだ!
ドサ
おれはそもそも学園も部活もやりたくねぇ
それじゃ卒業できないんですよ?

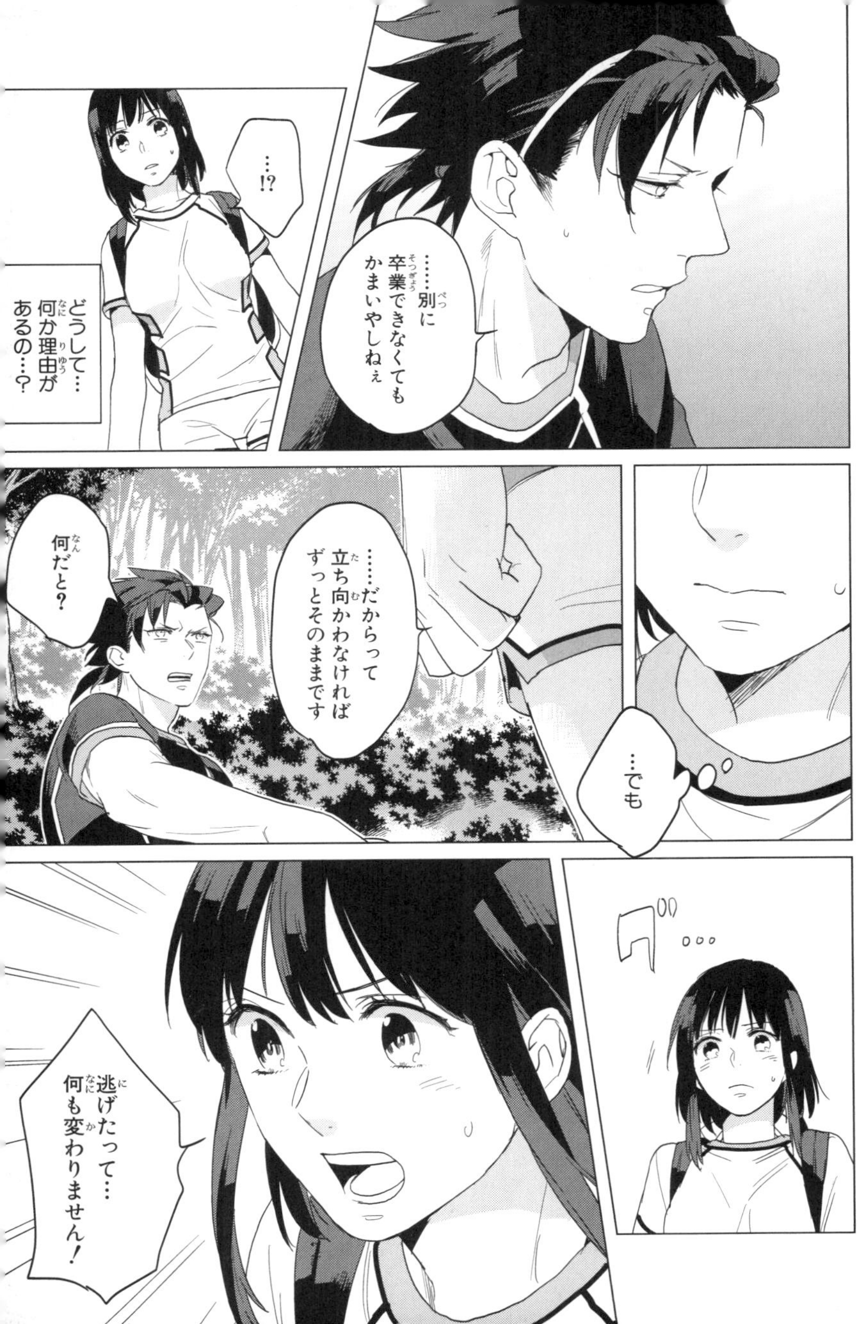
……別に卒業できなくてもかまいやしねぇ
…!?
どうして…何か理由があるの…?
…でも
……だからって立ち向かわなければずっとそのままです
何だと?
逃げたって…何も変わりません!

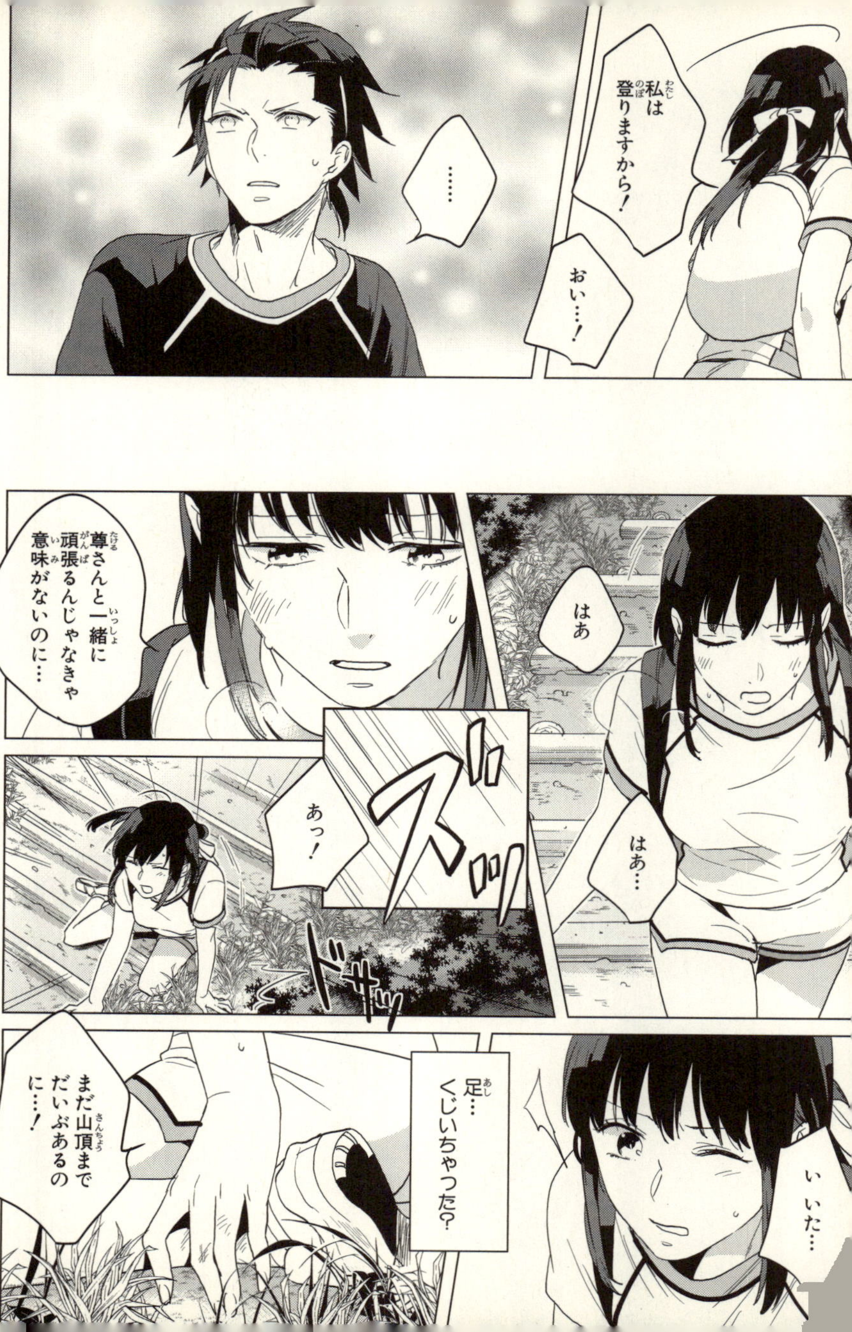
私は登りますから！
おい…！
……
はあ
はあ…
尊さんと一緒に頑張るんじゃなきゃ意味がないのに…
あっ！
ズッ
ドサッ
いいた…
足…くじいちゃった？
まだ山頂までだいぶあるのに…！

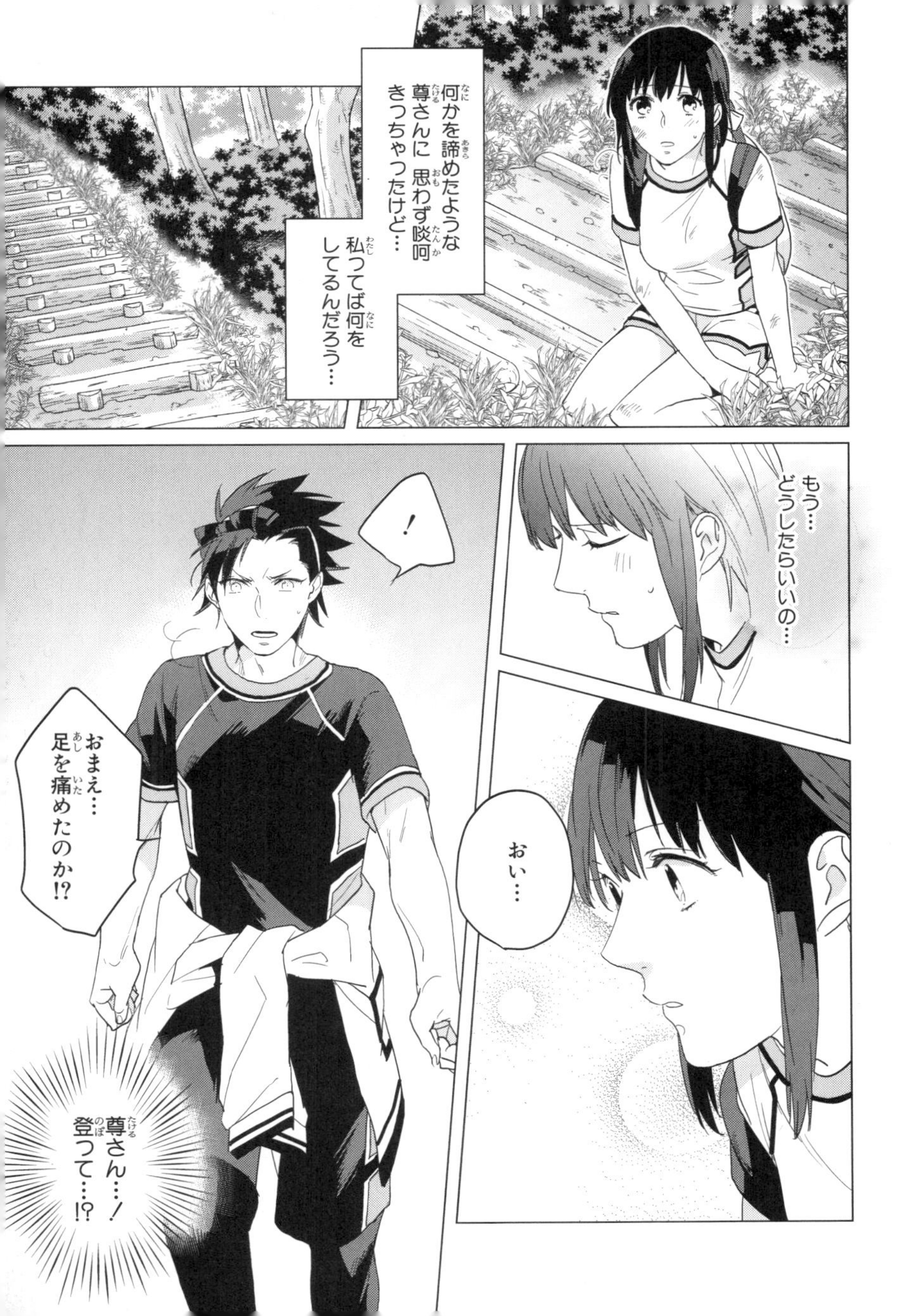
何かを諦めたような
尊さんに 思わず啖呵
きつちゃつたけど…
私つてば何を
してるんだろう…
もう…
どうしたらいいの…
おい…
！
おまえ…
足を痛めたのか!?
尊さん…！
登つて…!?

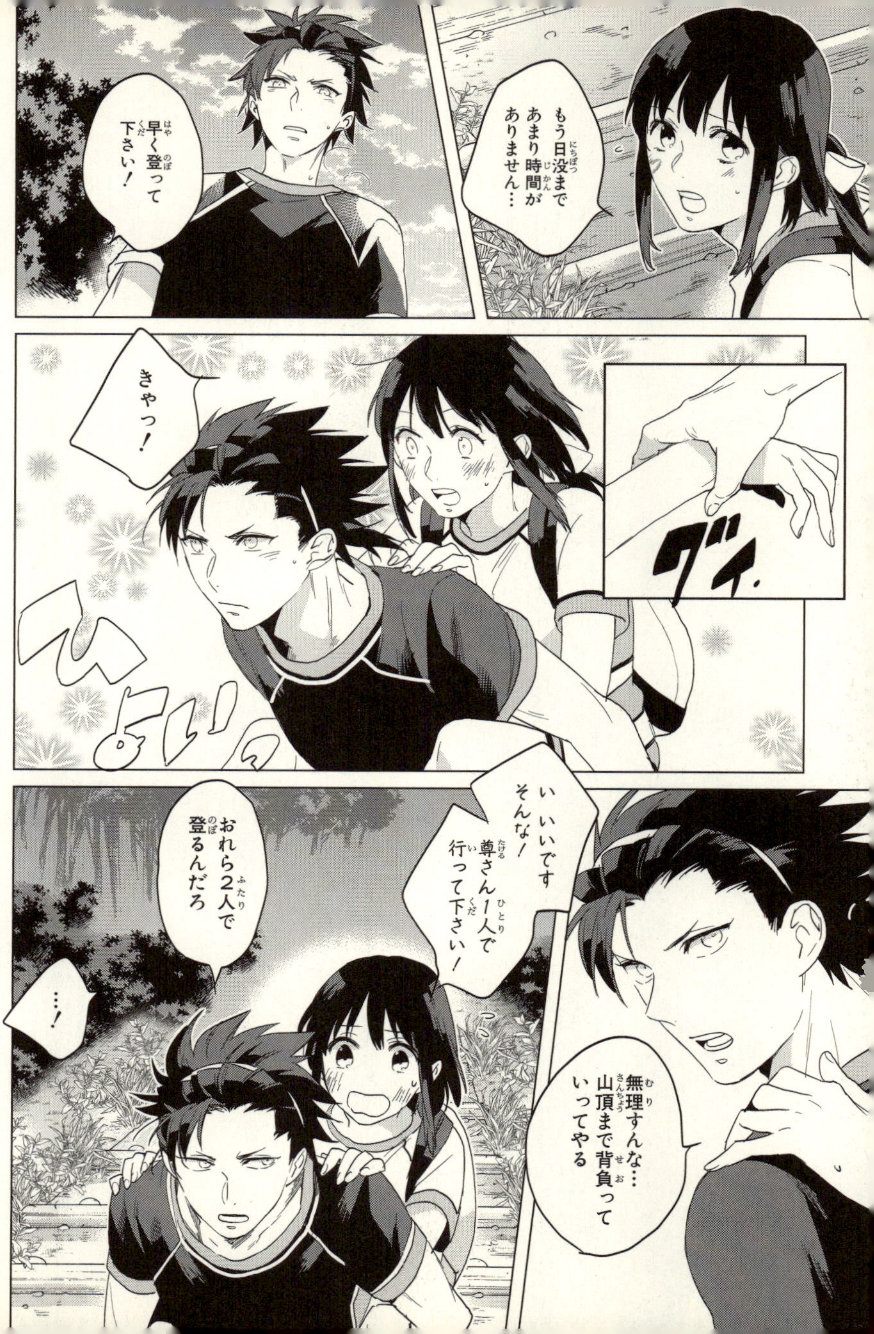
もう日没まであまり時間がありません…
早く登って下さい！
グイ.
きゃっ！
ひょいっ
無理すんな…山頂まで背負っていってやる
いいいいです そんな！ 尊さん1人で行って下さい！
おれら2人で登るんだろ
…！

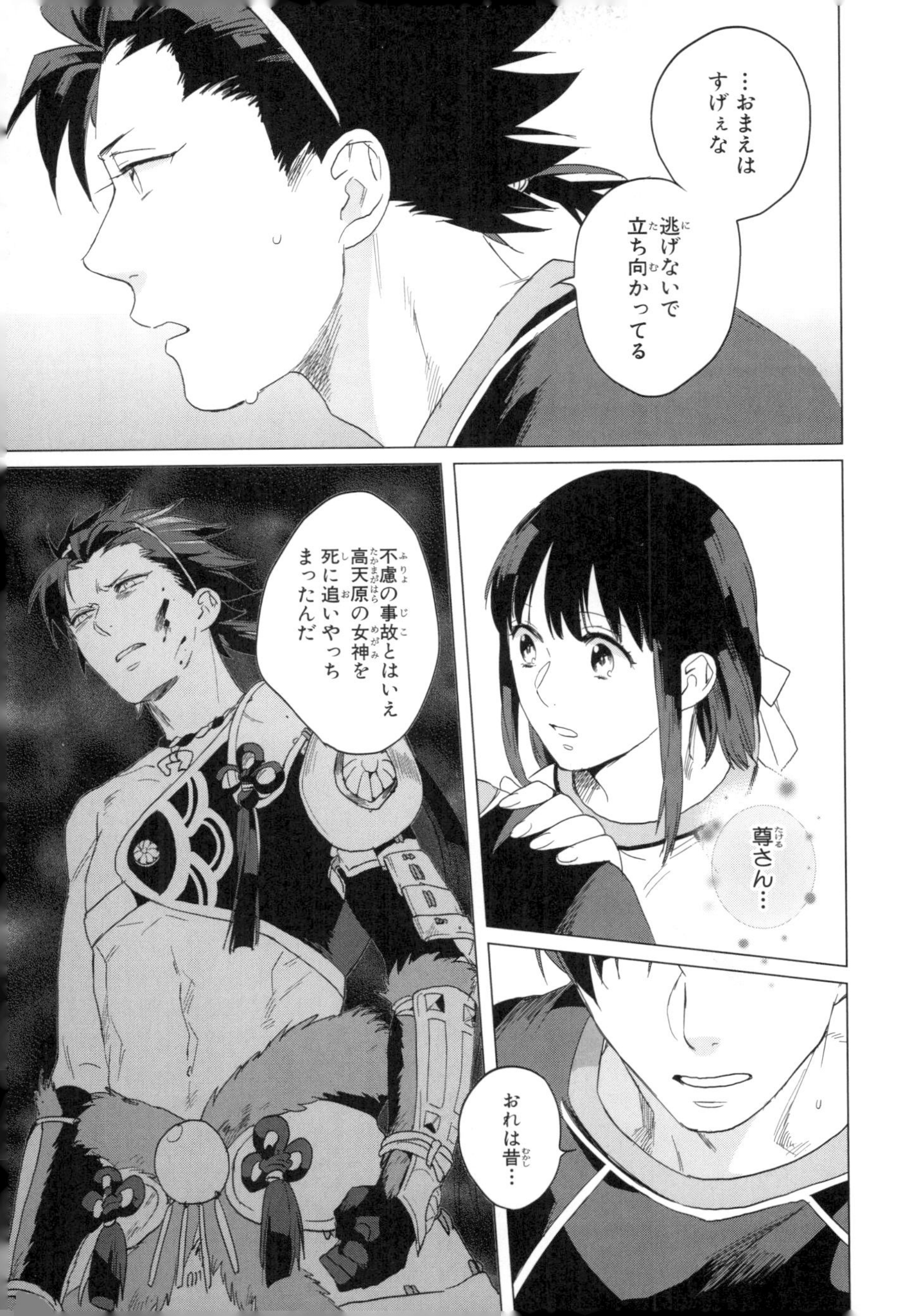
…おまえは
すげぇな
逃げないで
立ち向かってる
尊さん…
おれは昔…
不慮の事故とはいえ
高天原の女神を
死に追いやっちまったんだ

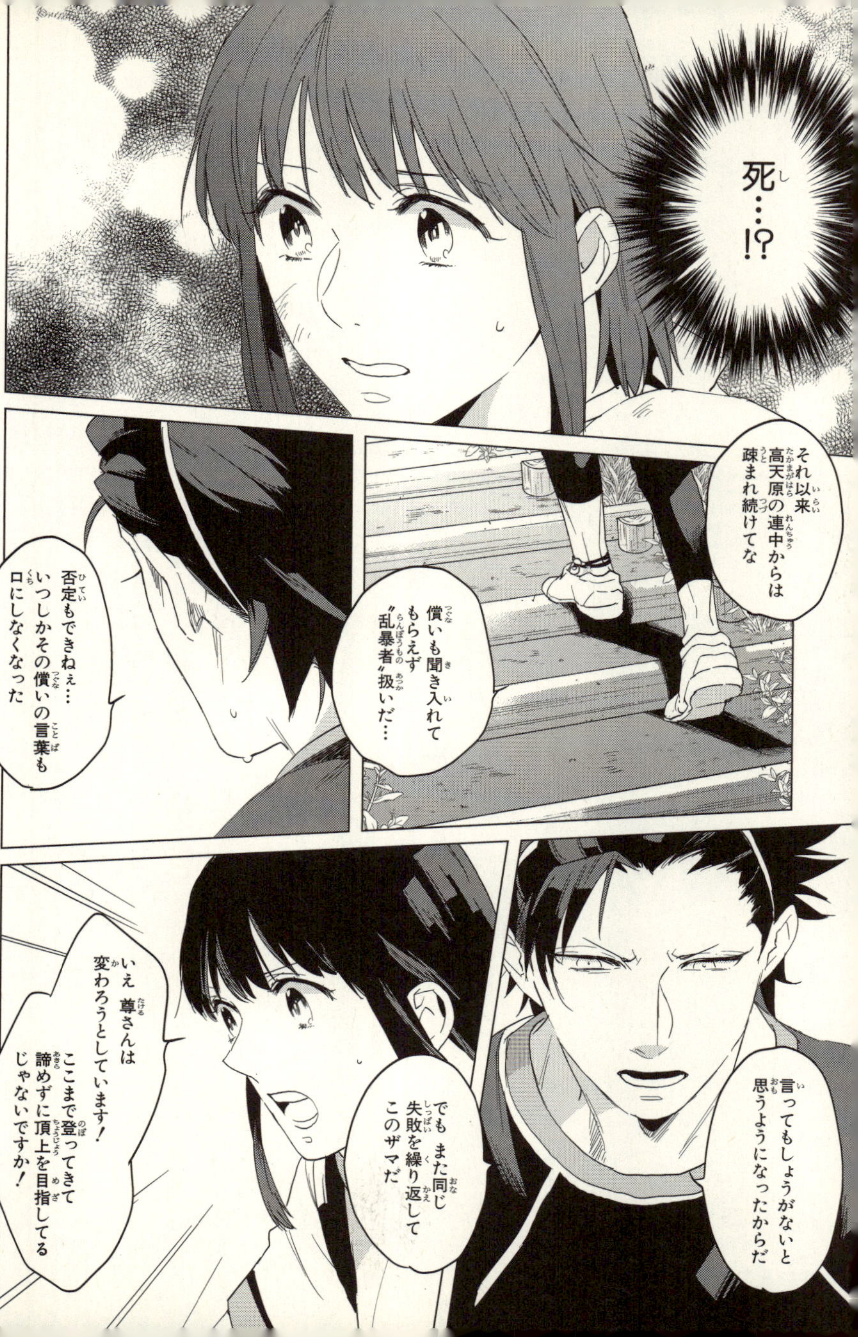
死…!?
それ以来 高天原の連中からは 疎まれ続けてな
償いも聞き入れて もらえず "乱暴者"扱いだ…
否定もできねぇ… いつしかその償いの言葉も 口にしなくなった
言ってもしょうがないと 思うようになったからだ
でも また同じ 失敗を繰り返して このザマだ
いえ 尊さんは 変わろうとしています!
ここまで登ってきて 諦めずに頂上を目指してる じゃないですか!

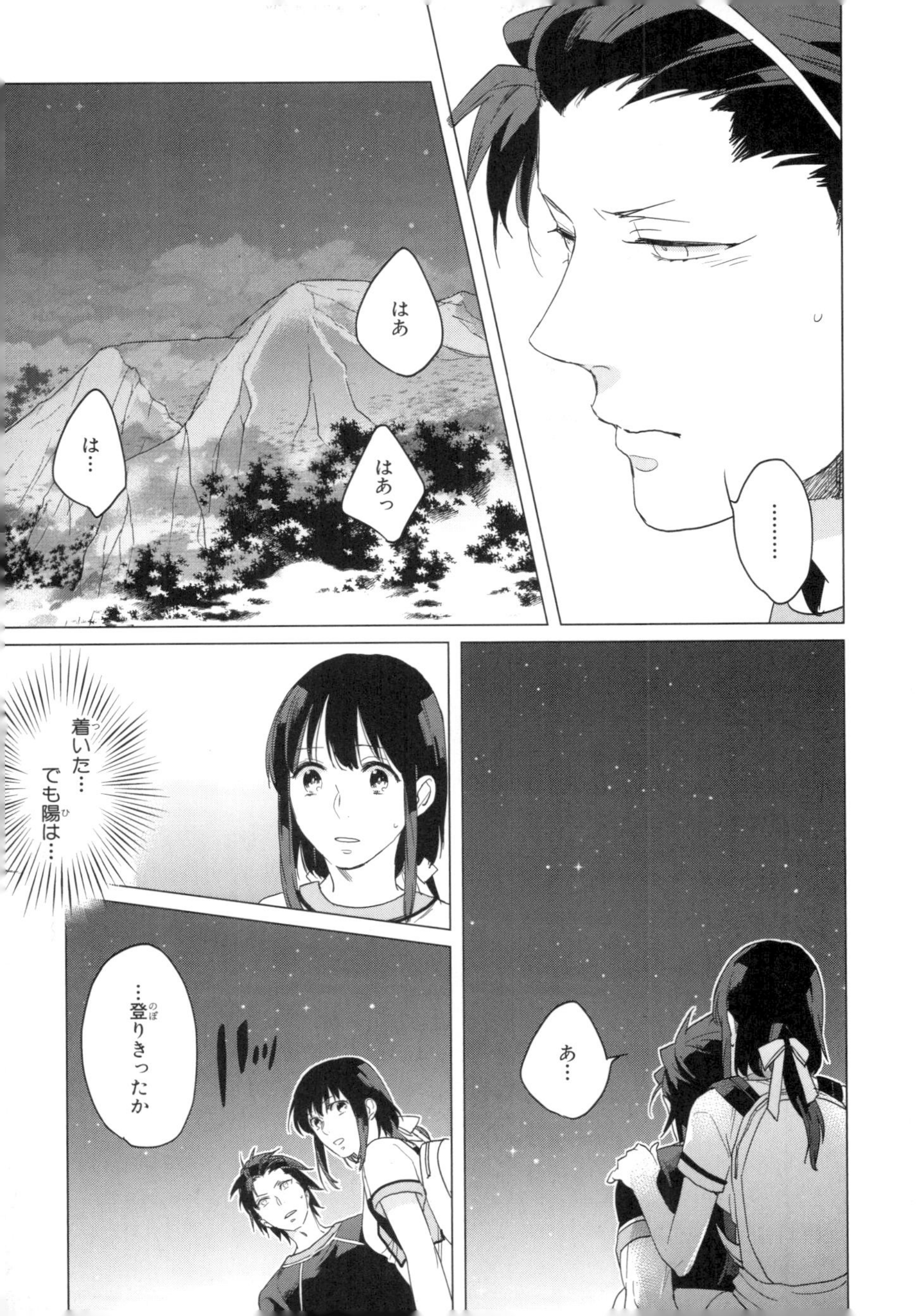
……
はあ
はあっ
は…
着いた…
でも陽は…
…登りきったか
あ…

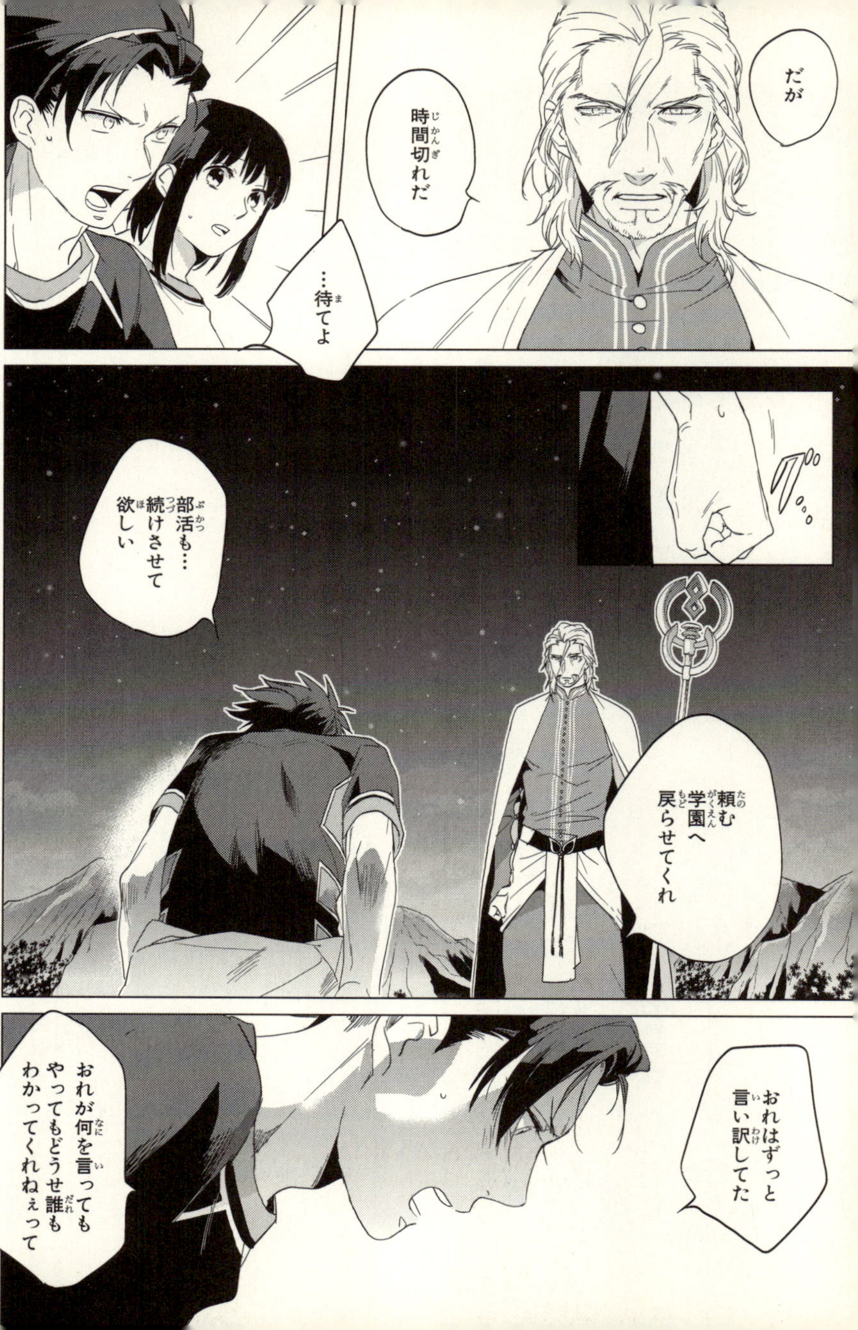
だが
時間切れだ
…待てよ
部活も…続けさせて欲しい
頼む学園へ戻らせてくれ
おれはずっと言い訳してた
おれが何を言ってもやってもどうせ誰もわかってくれねぇって

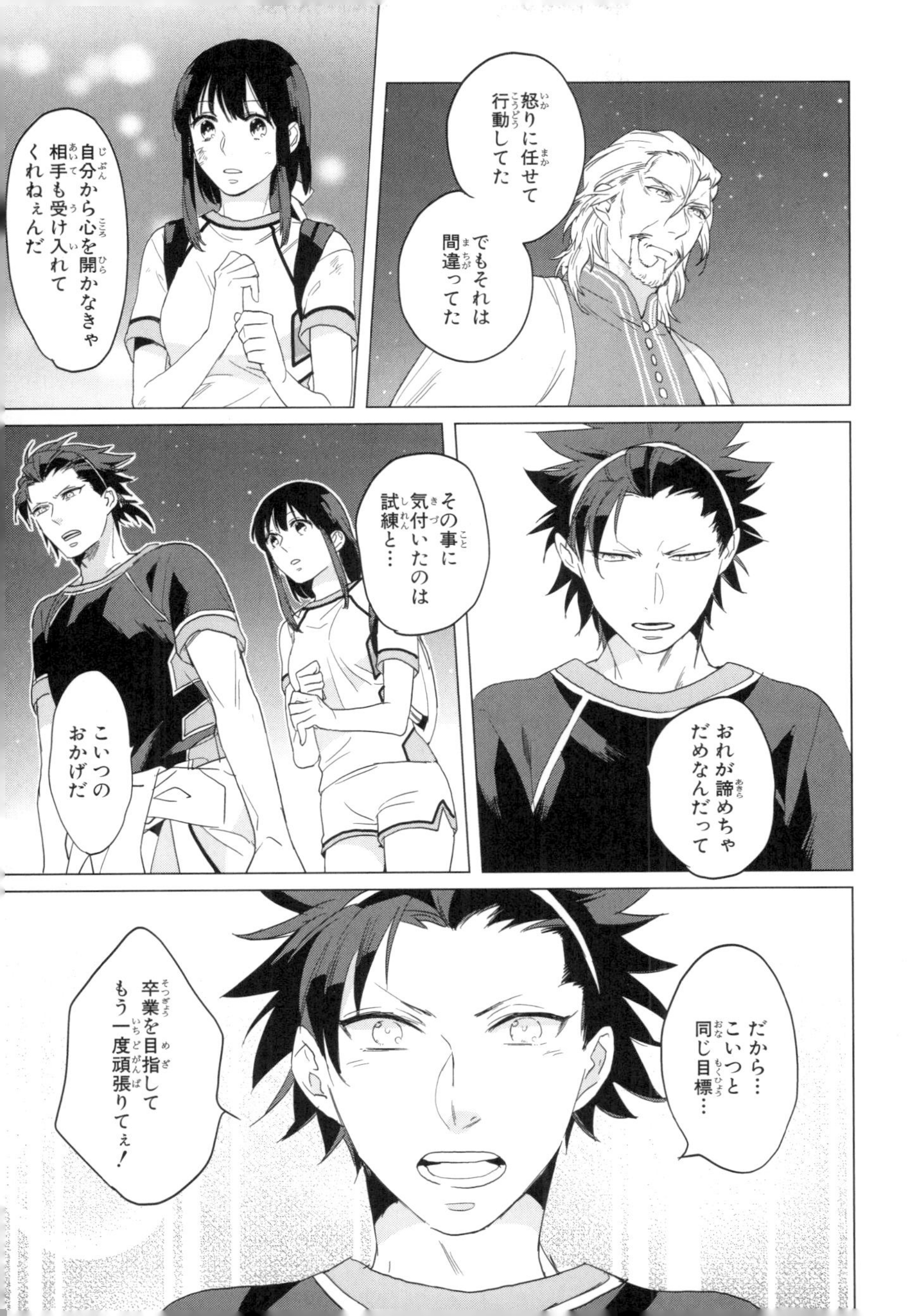
怒りに任せて行動してた
でもそれは間違ってた
自分から心を開かなきゃ相手も受け入れてくれねぇんだ
おれが諦めちゃだめなんだって
その事に気付いたのは試練と…
こいつのおかげだ
だから…こいつと同じ目標…
卒業を目指してもう一度頑張りてぇ!

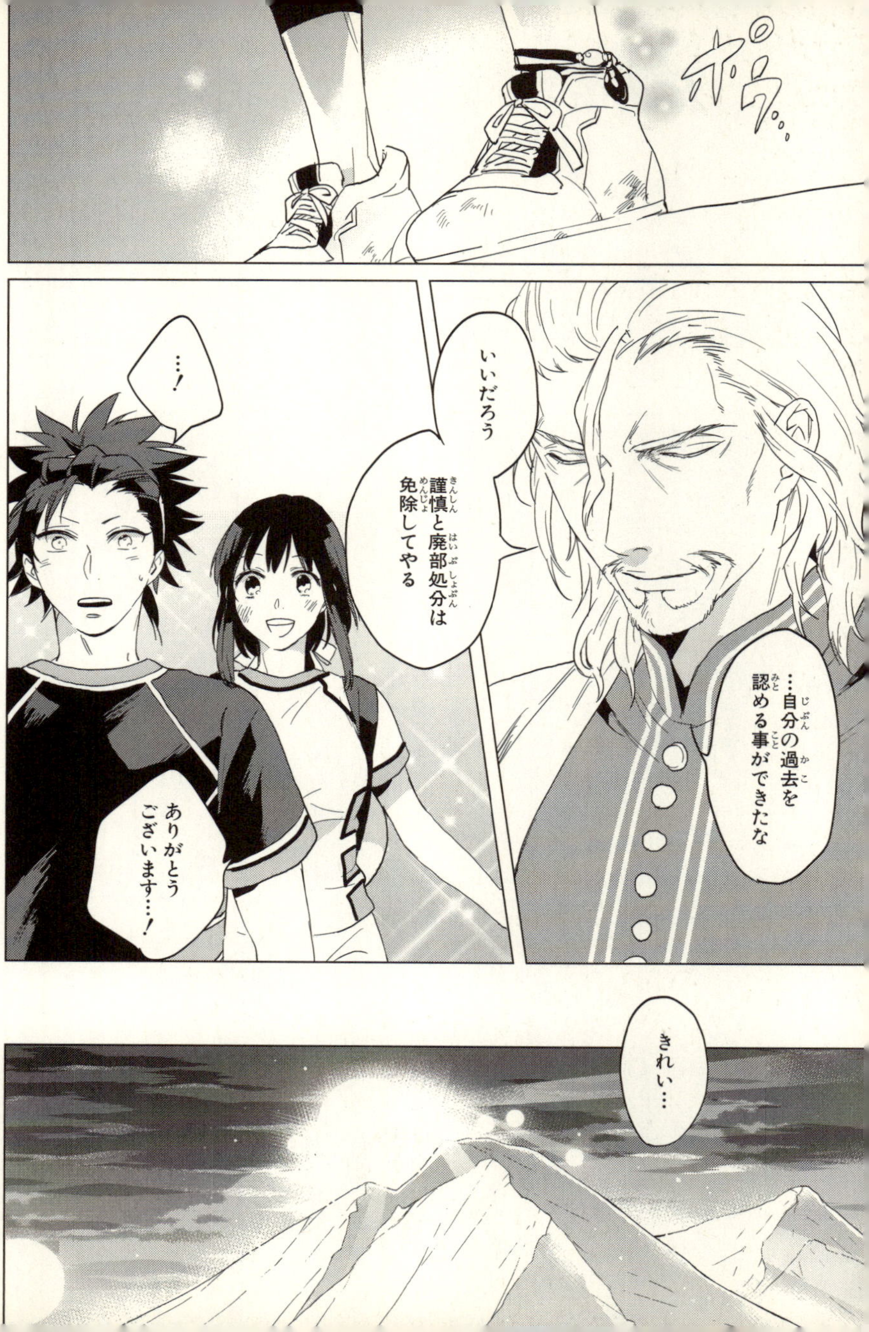
ポゥ。。。
…自分の過去を認める事ができたな
いいだろう
謹慎と廃部処分は免除してやる
…！
ありがとうございます…！
きれい…

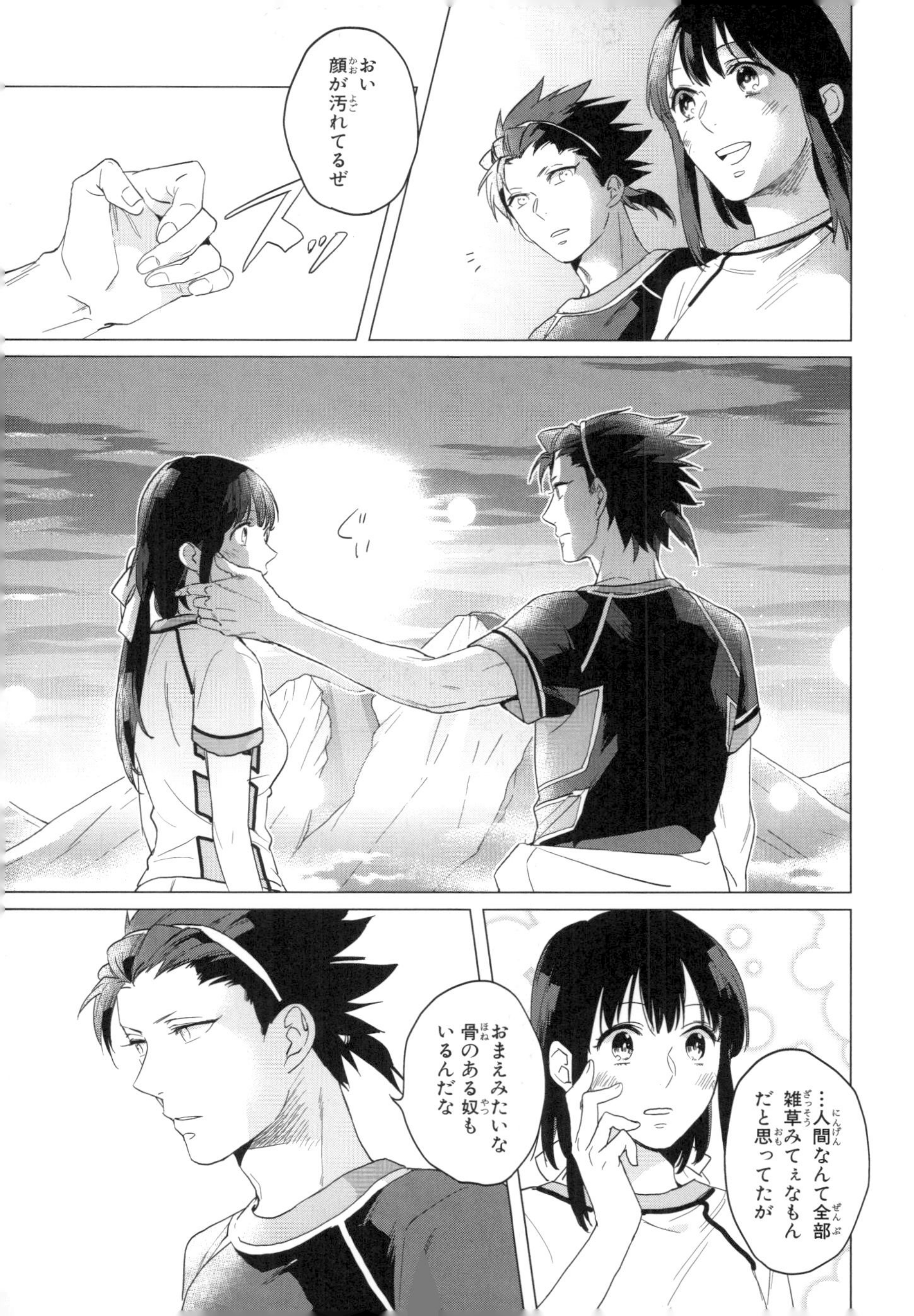
おい
顔が汚れてるぜ
スッ
ぐい
…人間なんて全部雑草みてぇなもんだと思ってたが
おまえみたいな骨のある奴もいるんだな

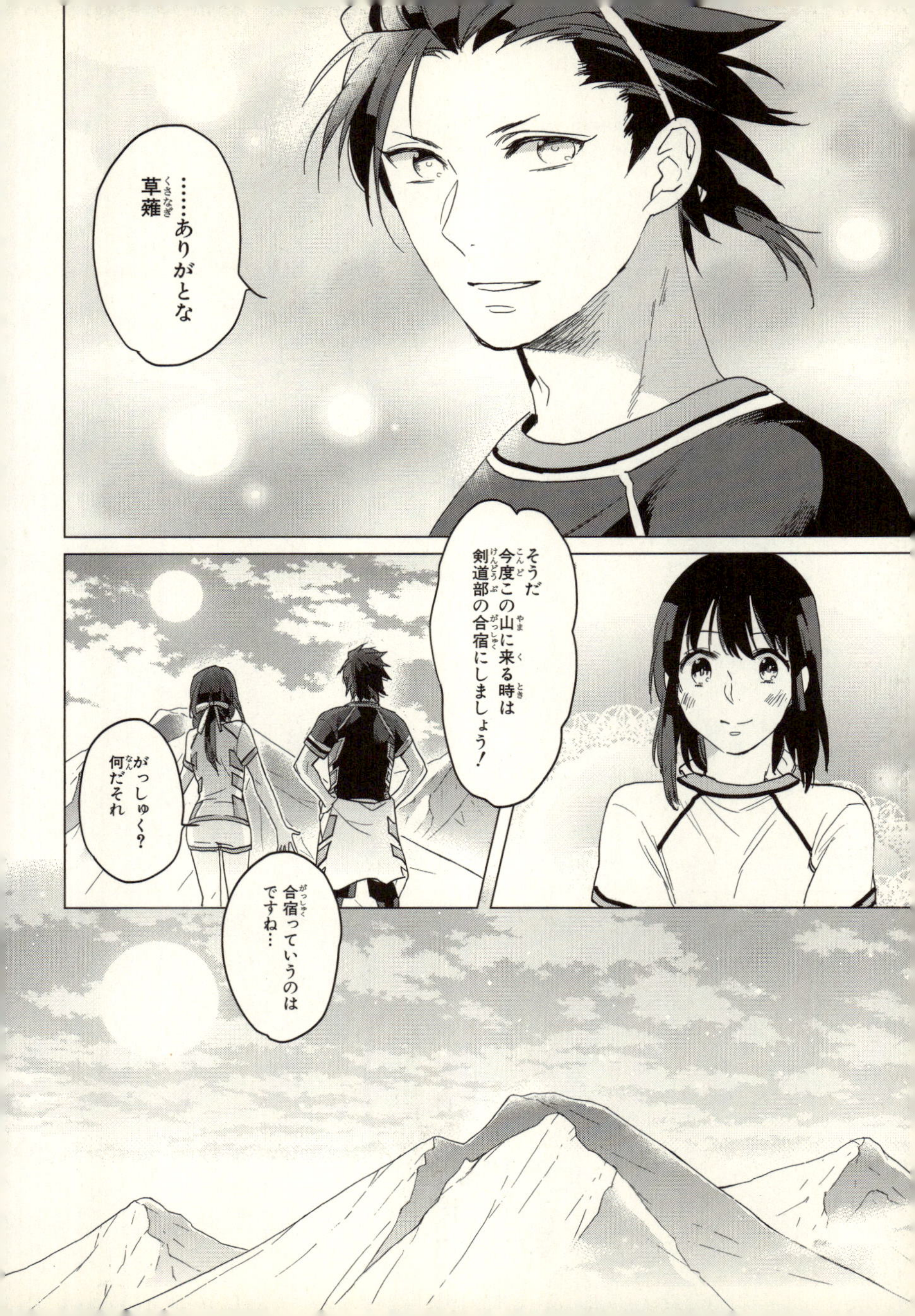

……ありがとな 草薙
そうだ 今度この山に来る時は 剣道部の合宿にしましょう！
がっしゅく？ 何だそれ
合宿っていうのは ですね…

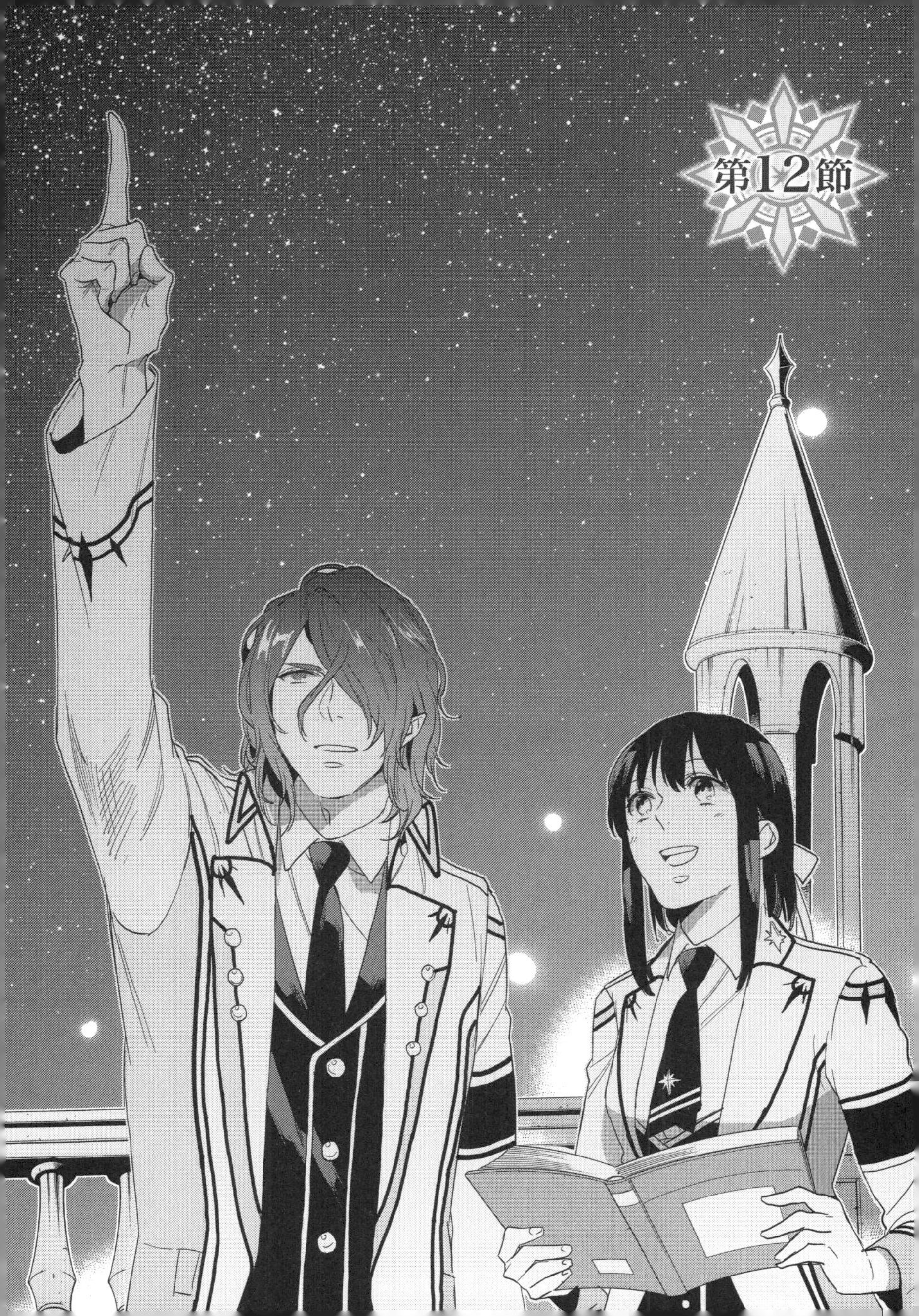
第12節

大変だ！
大変だよ！妖精さん！
ハデス伯父さんが部活を…天文部を辞めるって言うんだ！
えっ…！
ガタン
ハデスさん！なんでだよ！
そうだよ～ハデスさんが部長だろ？

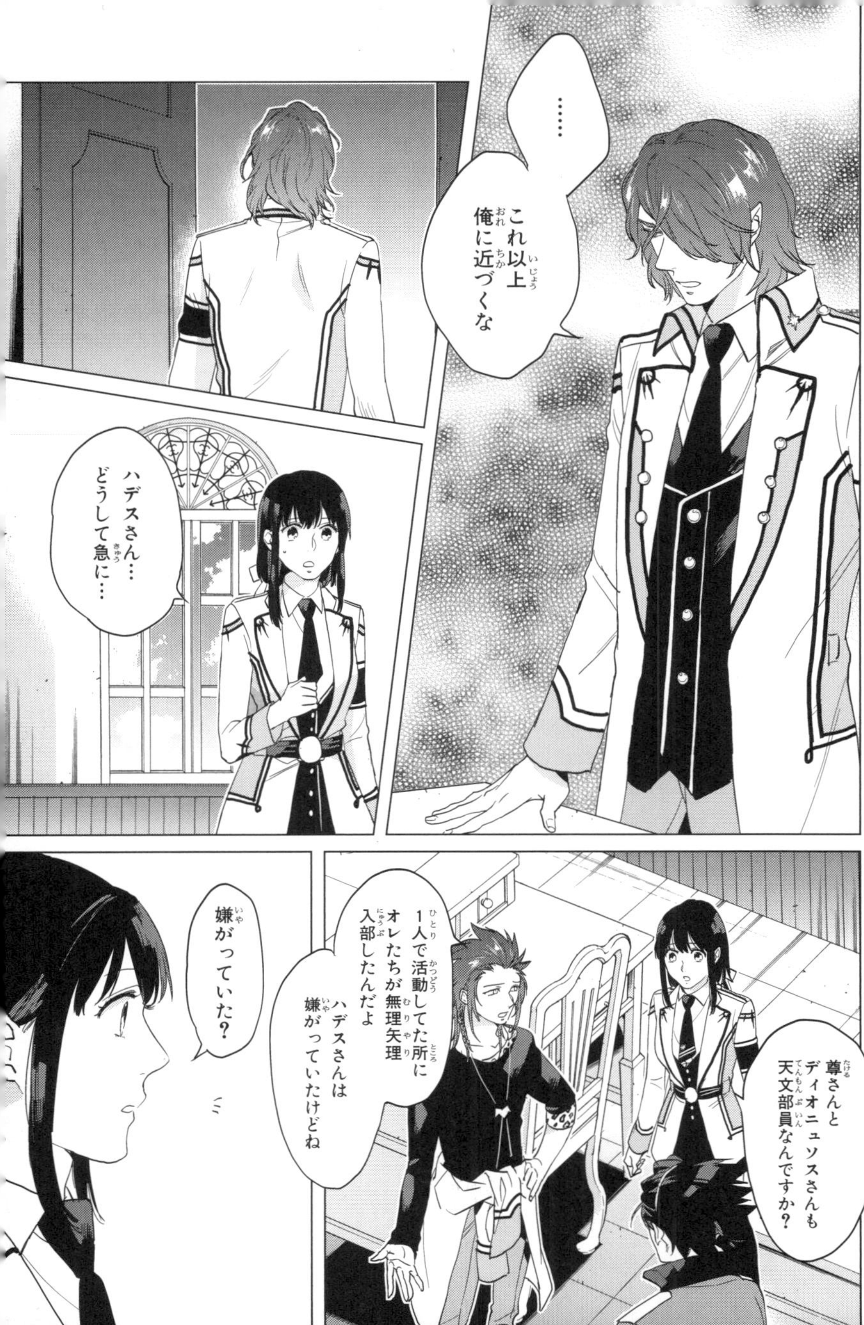
……
これ以上俺に近づくな
ハデスさん…どうして急に…
尊さんとディオニュソスさんも天文部員なんですか?
1人で活動してた所にオレたちが無理矢理入部したんだよ
ハデスさんは嫌がっていたけどね
嫌がっていた?

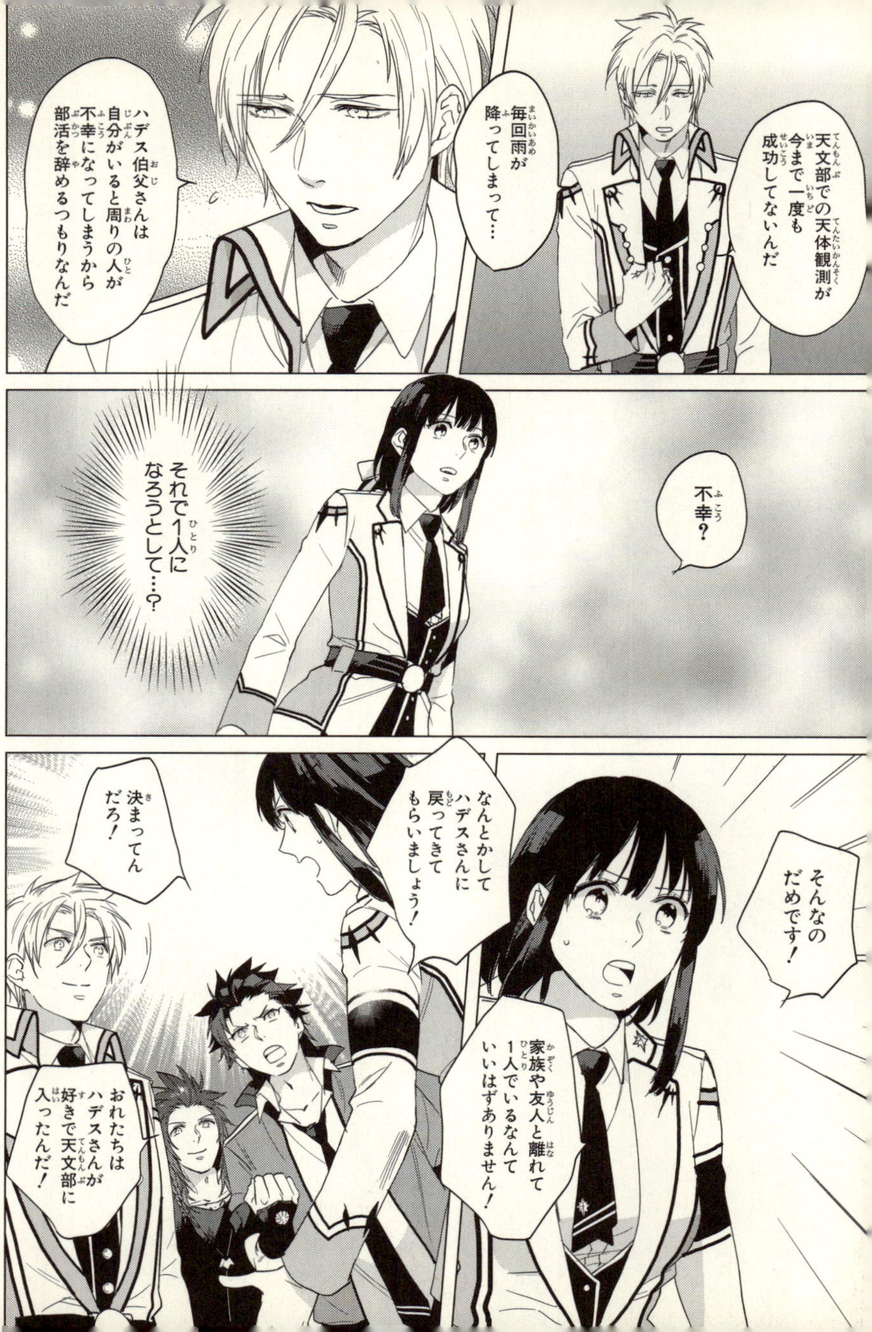
天文部での天体観測が今まで一度も成功してないんだ
毎回雨が降ってしまって…
ハデス伯父さんは自分がいると周りの人が不幸になってしまうから部活を辞めるつもりなんだ
不幸？
それで1人になろうとして…？
そんなのだめです！
家族や友人と離れて1人でいるなんていいはずありません！
なんとかしてハデスさんに戻ってきてもらいましょう！
決まってんだろ！
おれたちはハデスさんが好きで天文部に入ったんだ！

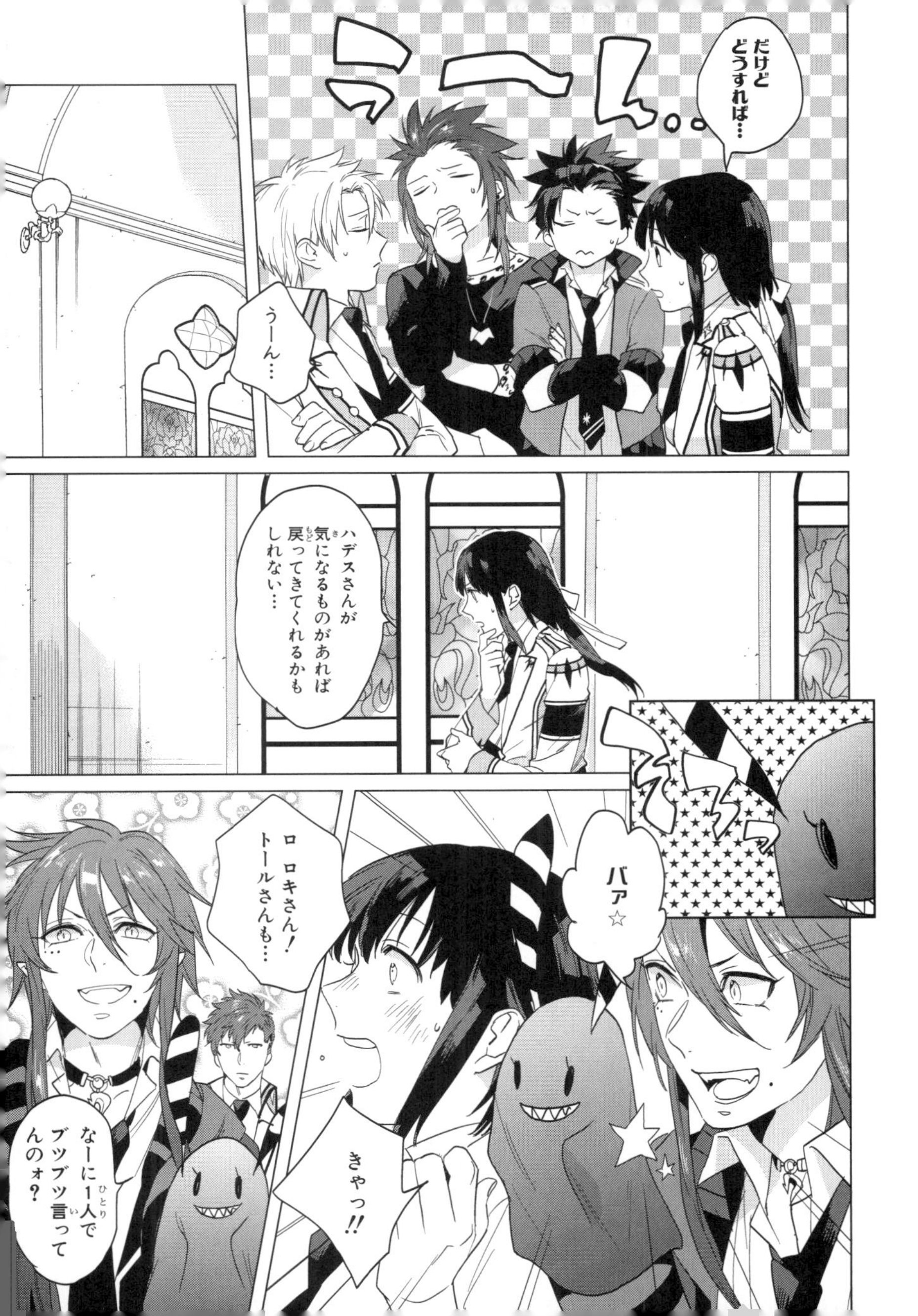
うーーん。。
だけど
どうすれば…
うーん…
ハデスさんが
気になるものがあれば
戻ってきてくれるかも
しれない…
バア☆
ロ ロキさん！
トールさんも…
きゃっ!!
なーに1人で
ブツブツ言って
んのォ？

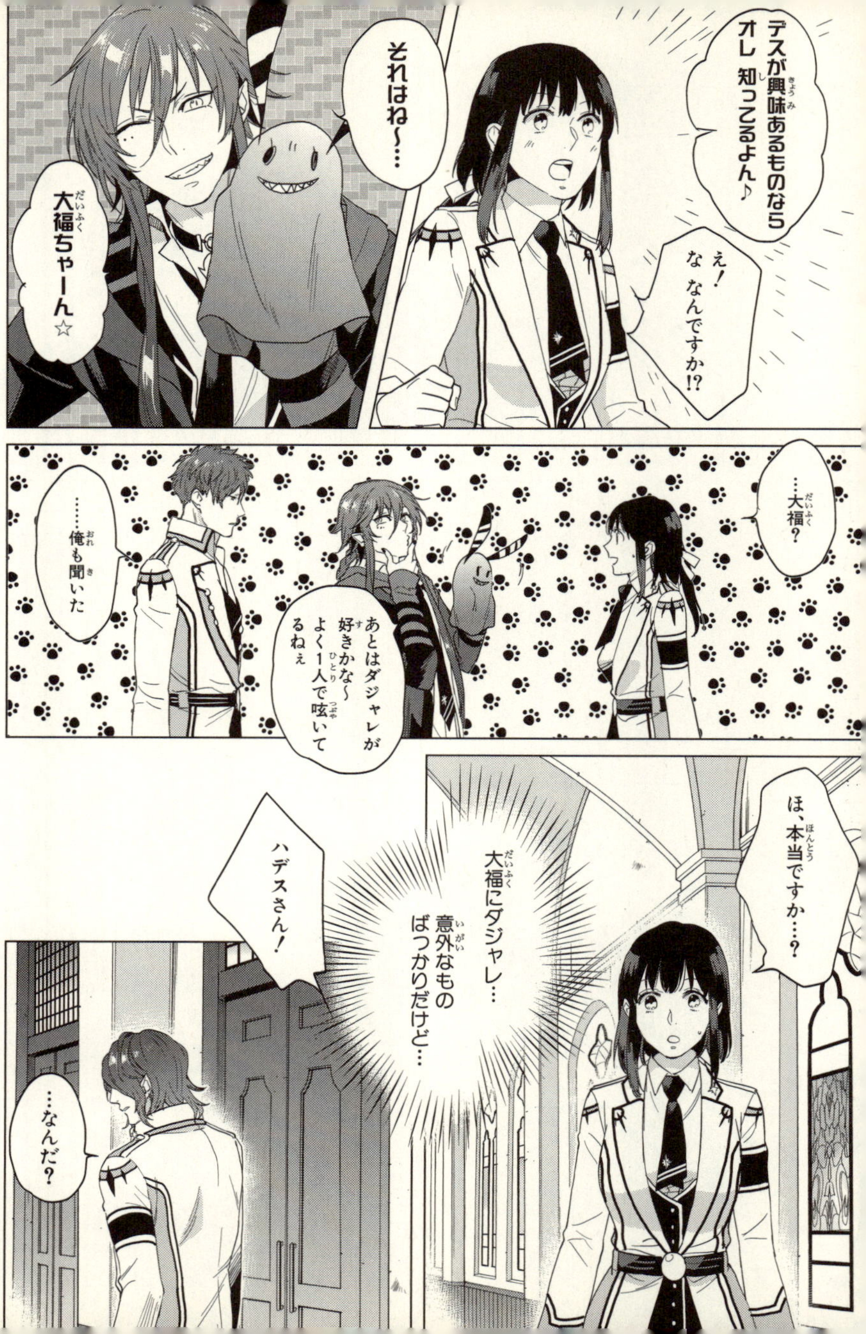
デスが興味あるものならオレ知ってるよん♪
え！な なんですか!?
それはね～…
大福ちゃーん☆
…大福？
……俺も聞いた
あとはダジャレが好きかな～よく1人で呟いてるねぇ
ほ、本当ですか…？
大福にダジャレ…意外なものばっかりだけど…
ハデスさん！
…なんだ？

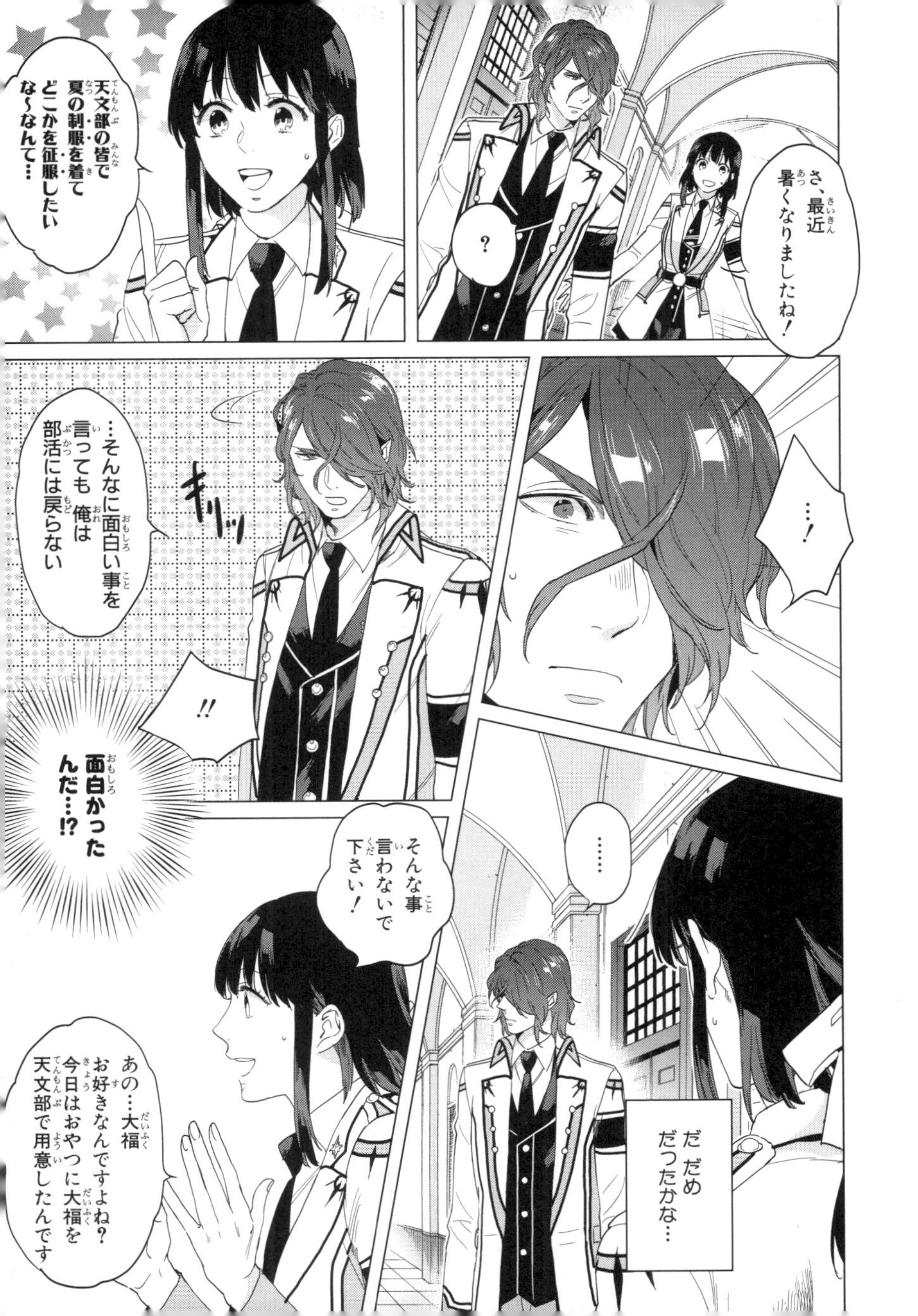
さ、最近暑くなりましたね！
？
天文部の皆で夏の制服を着てどこかを征服したいな〜なんて…
…！
…そんなに面白い事を言っても俺は部活には戻らない
ギリッ
!!
面白かったんだ…!?
……
だだめだったかな…
そんな事言わないで下さい！
あの…大福お好きなんですよね？今日はおやつに大福を天文部で用意したんです

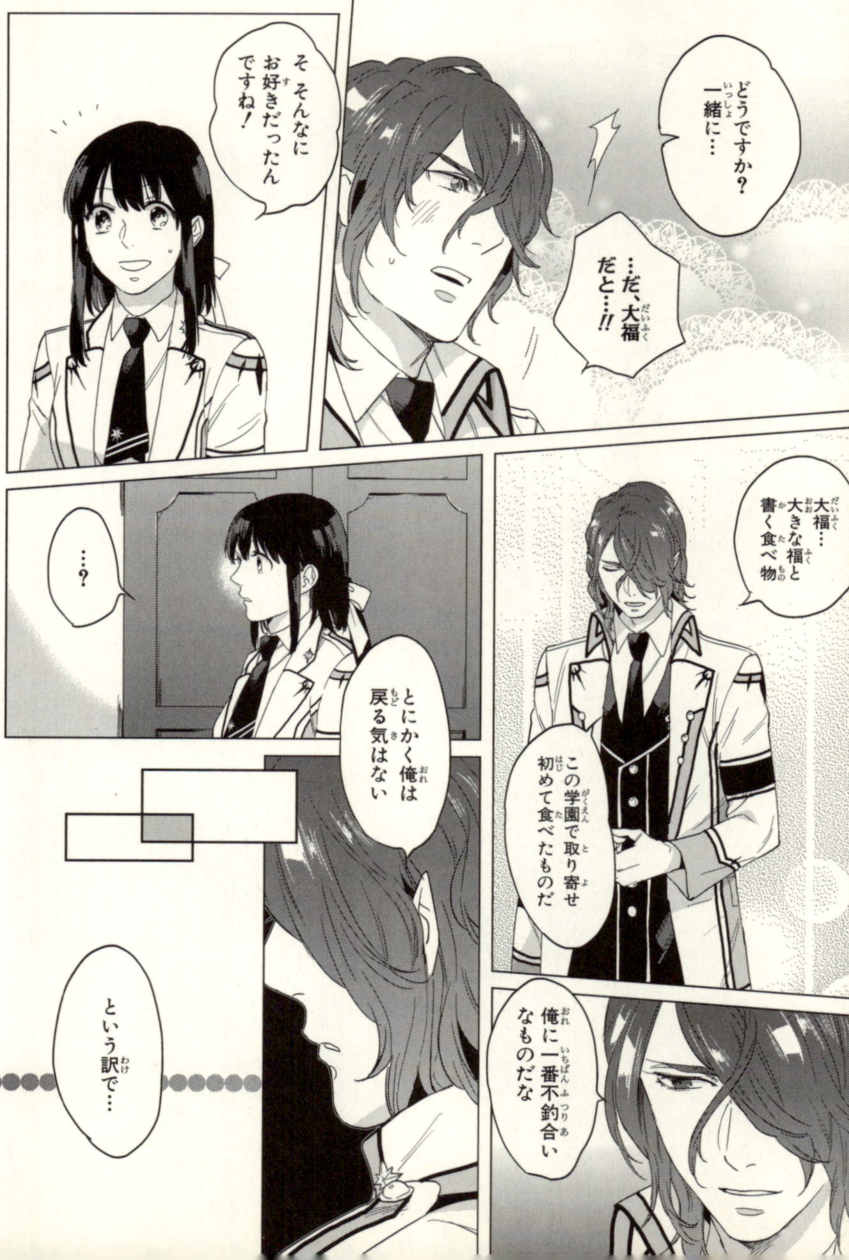
どうですか？一緒に…
…だ、大福だと…!!
そ そんなにお好きだったんですね！
大福…大きな福と書く食べ物
この学園で取り寄せ初めて食べたものだ
…？
とにかく俺は戻る気はない
俺に一番不釣合いなものだな
という訳で…

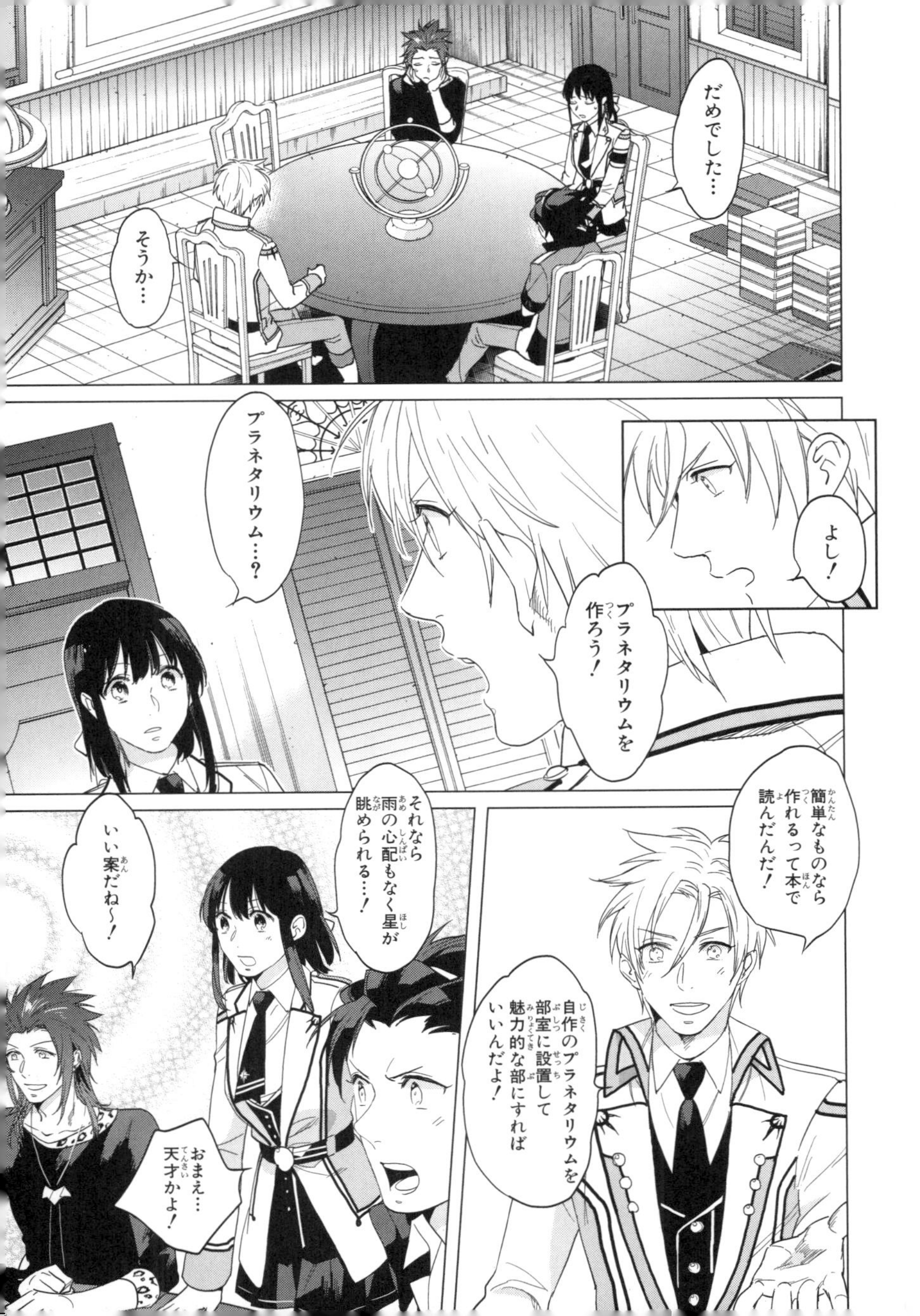
だめでした…
そうか…
よし！
プラネタリウムを作ろう！
プラネタリウム…？
簡単なものなら作れるって本で読んだんだ！
自作のプラネタリウムを部室に設置して魅力的な部にすればいいんだよ！
それなら雨の心配もなく星が眺められる…！
いい案だね～！
おまえ…天才かよ！

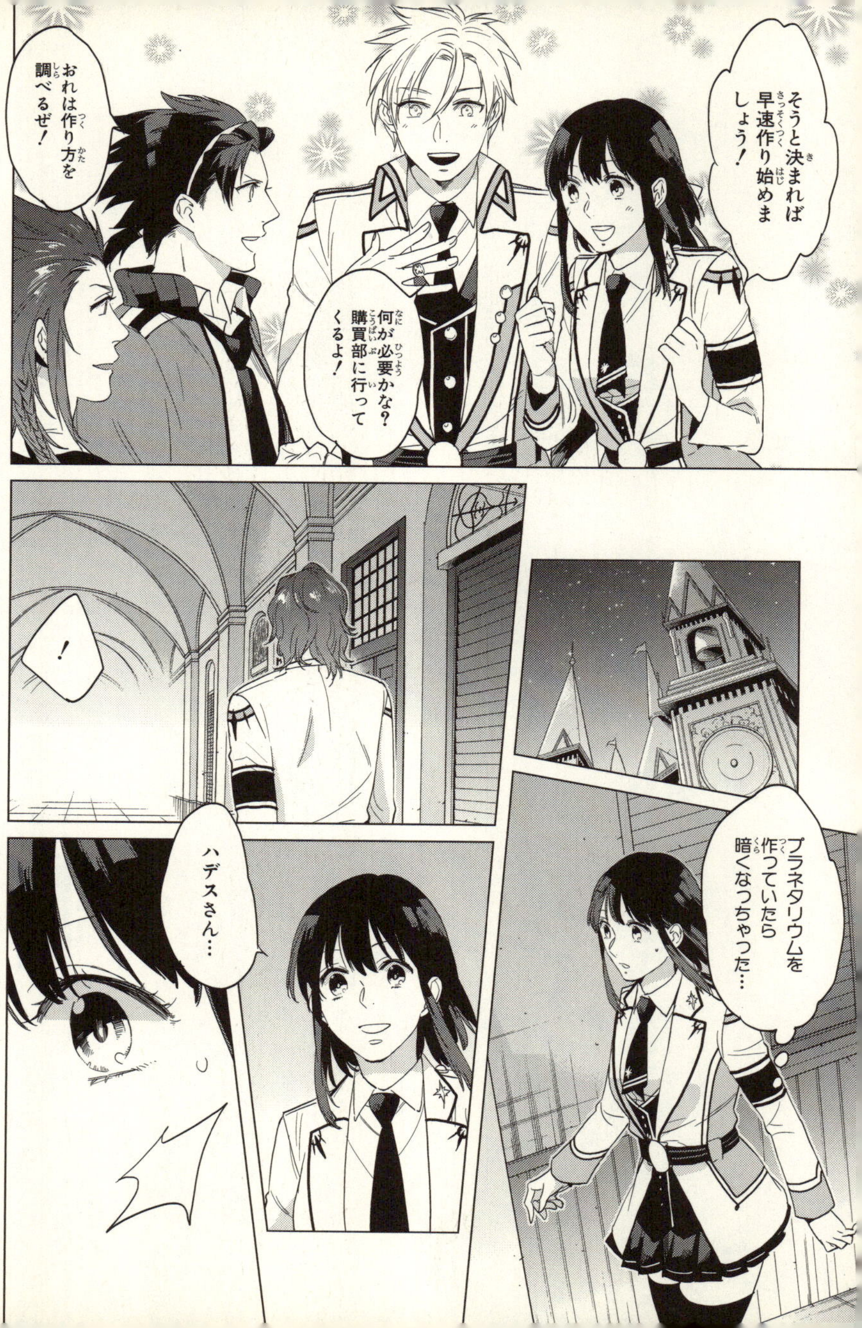

そうと決まれば早速作り始めましょう！
何が必要かな？購買部に行ってくるよ！
おれは作り方を調べるぜ！
！
プラネタリウムを作っていたら暗くなっちゃった…
ハデスさん…

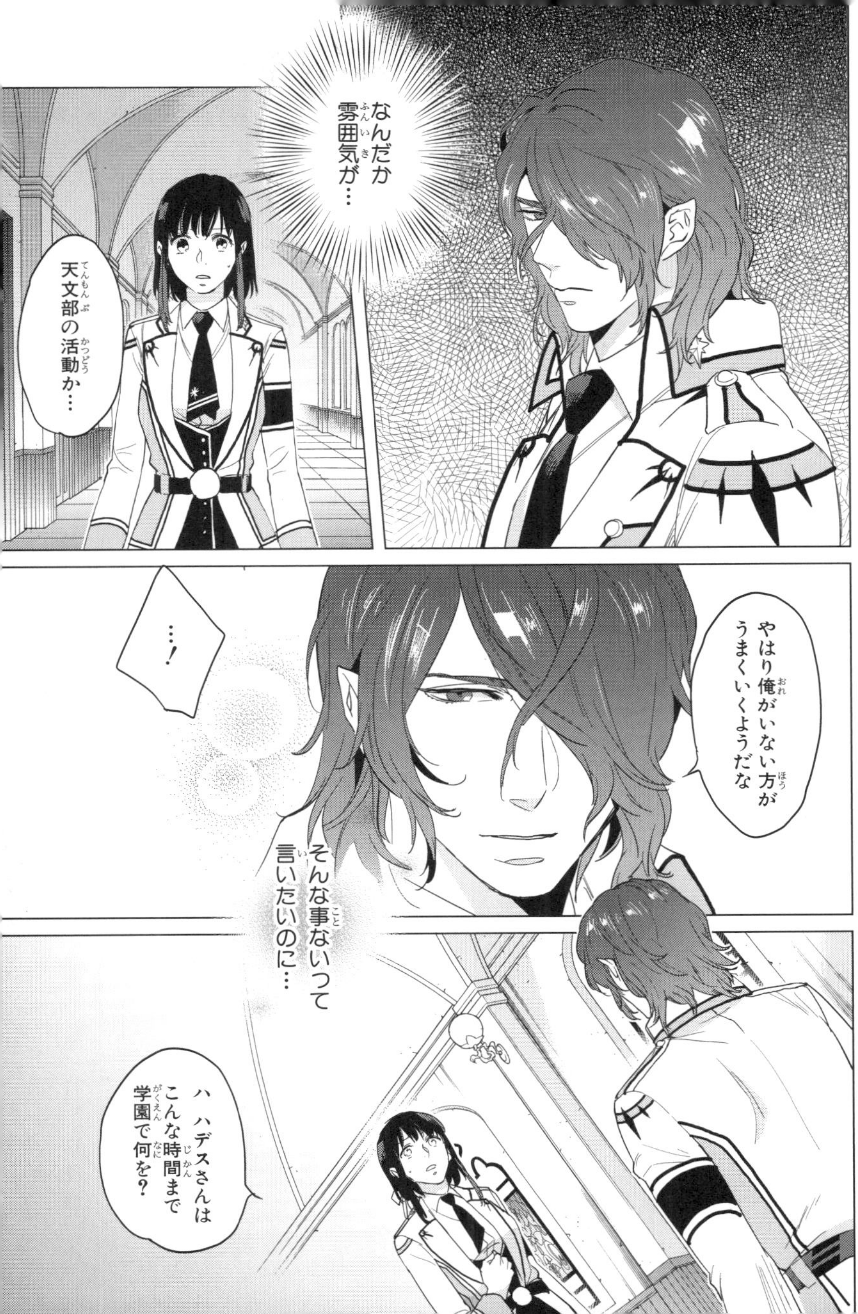
なんだか
雰囲気が…
天文部の活動か…
やはり俺がいない方が
うまくいくようだな
…!
そんな事ないって
言いたいのに…
ハ ハデスさんは
こんな時間まで
学園で何を?

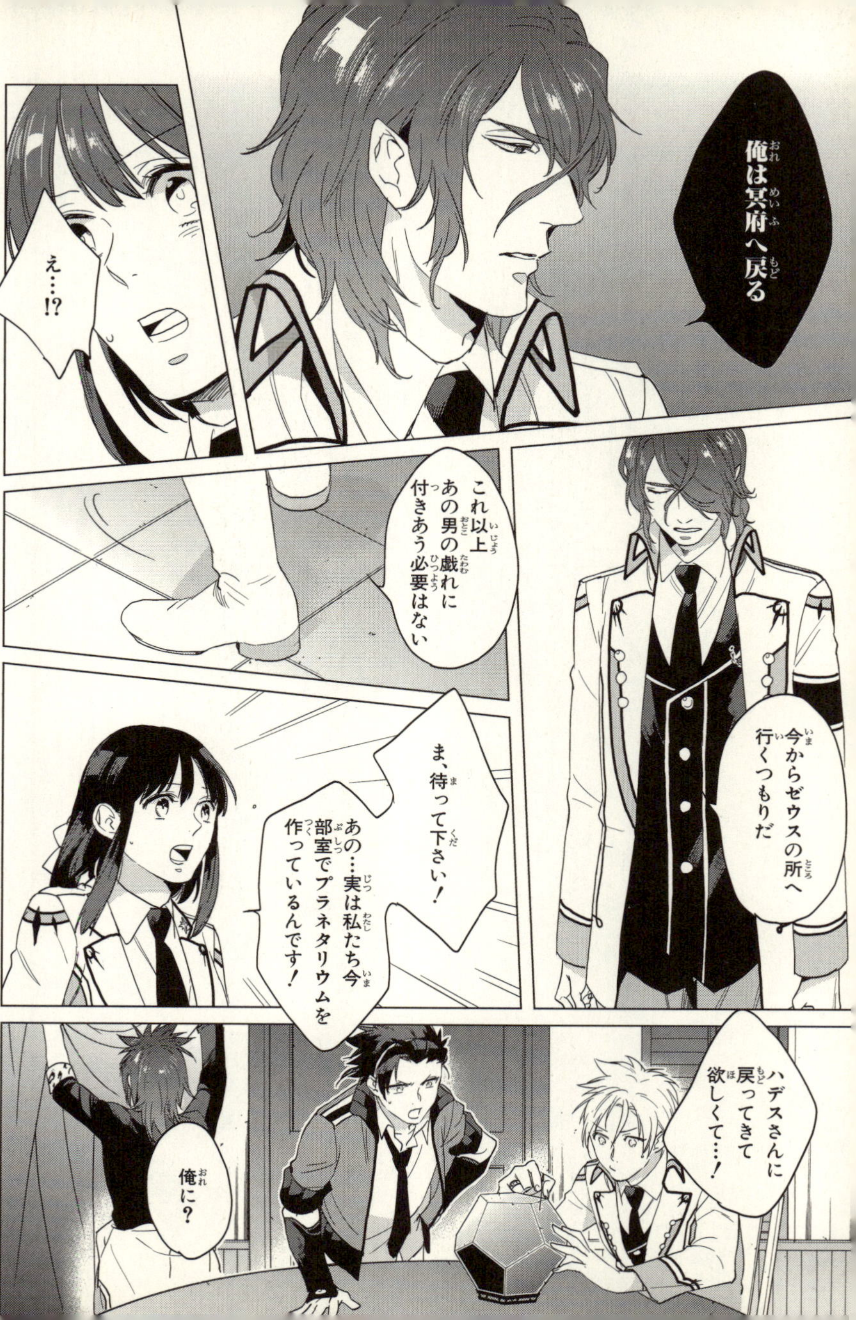
俺は冥府へ戻る
え…!?
これ以上あの男の戯れに付きあう必要はない
今からゼウスの所へ行くつもりだ
ま、待って下さい!
あの…実は私たち今部室でプラネタリウムを作っているんです!
ハデスさんに戻ってきて欲しくて…!
俺に?

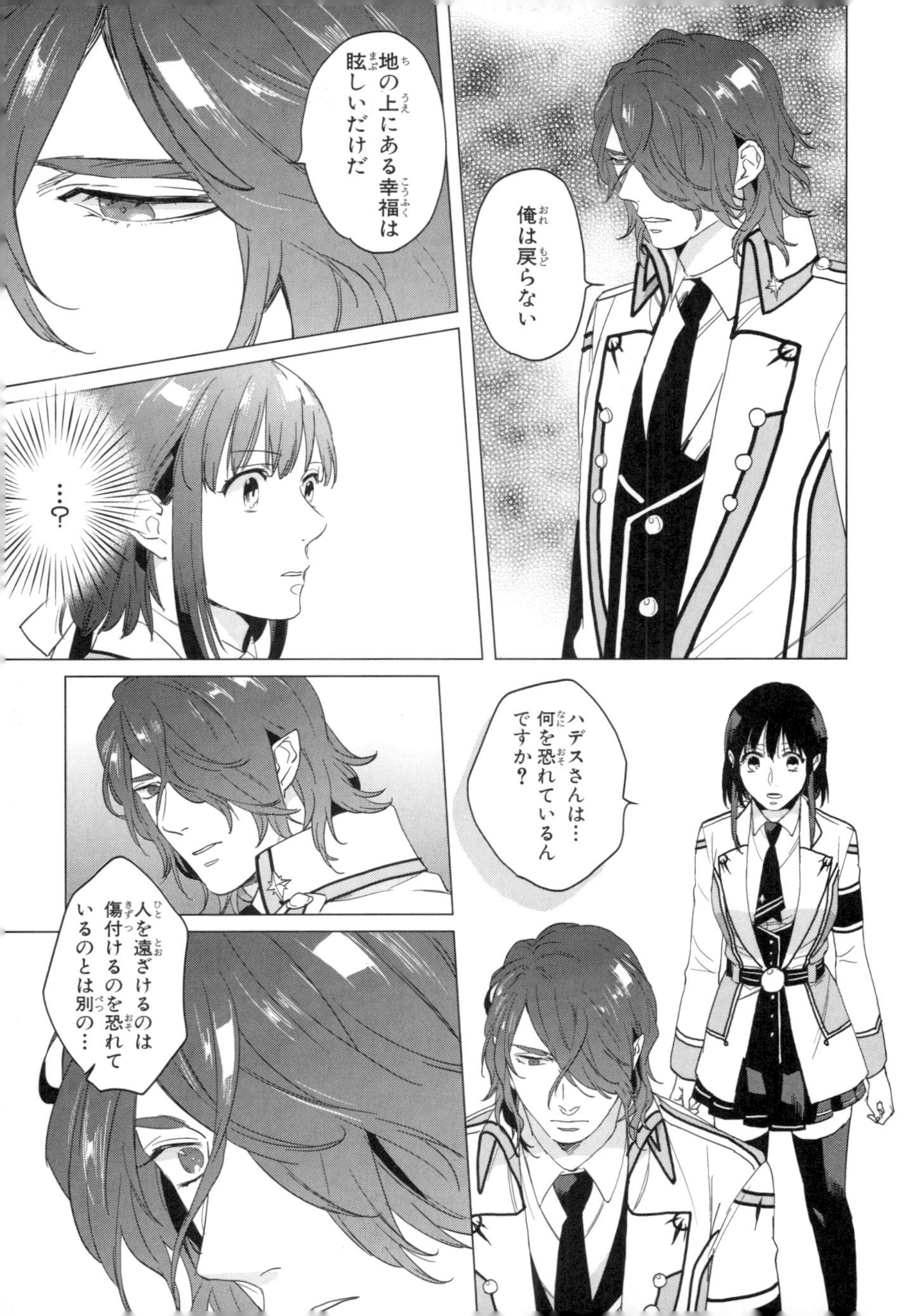
俺は戻らない
地の上にある幸福は眩しいだけだ
…？
ハデスさんは…何を恐れているんですか？
人を遠ざけるのは傷付けるのを恐れているのとは別の…

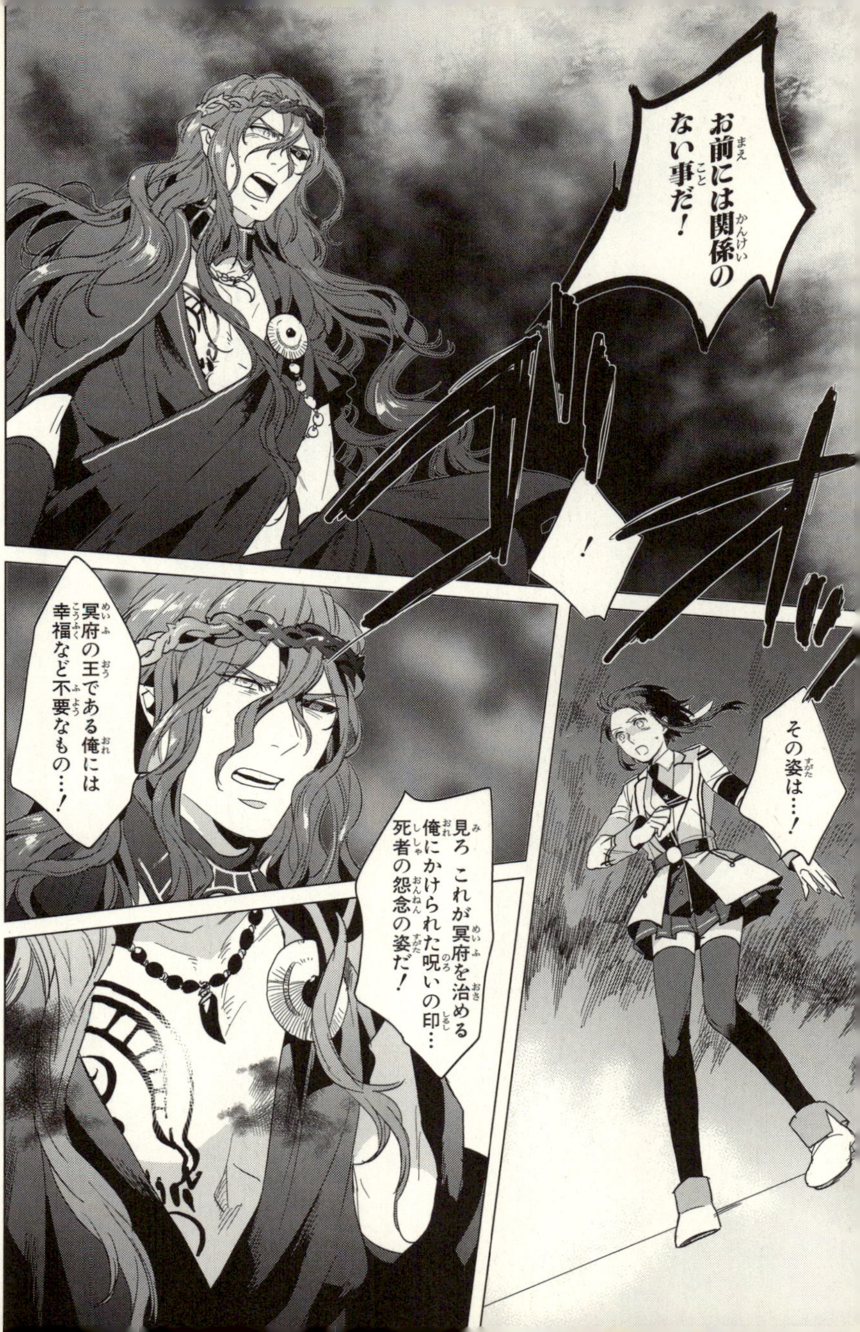
お前には関係のない事だ！
！
その姿は…！
冥府の王である俺には幸福など不要なもの…！
見ろ これが冥府を治める俺にかけられた呪いの印…死者の怨念の姿だ！

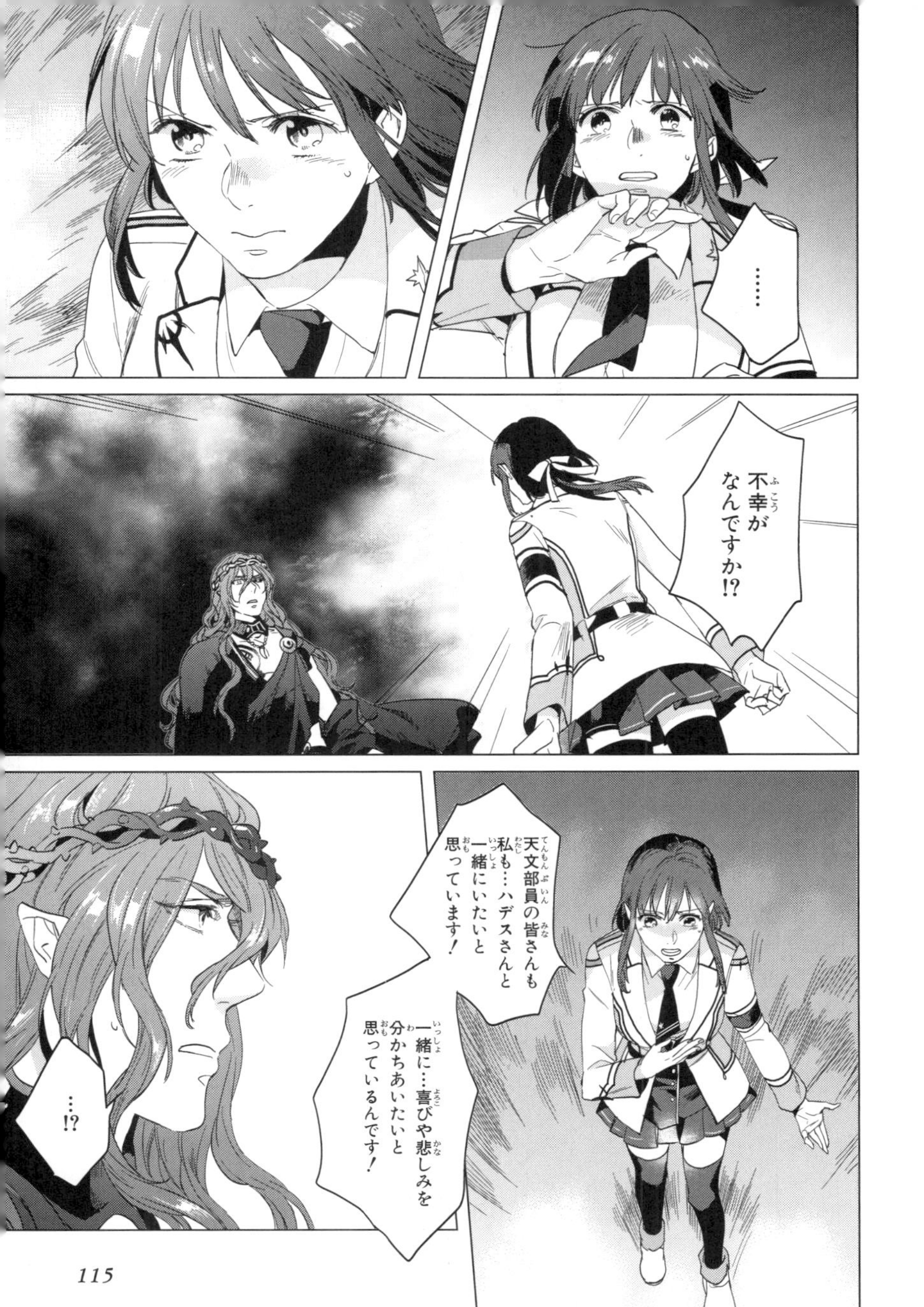
……
不幸がなんですか!?
天文部員の皆さんも私も…ハデスさんと一緒にいたいと思っています!
一緒に…喜びや悲しみを分かちあいたいと思っているんです!
…!?

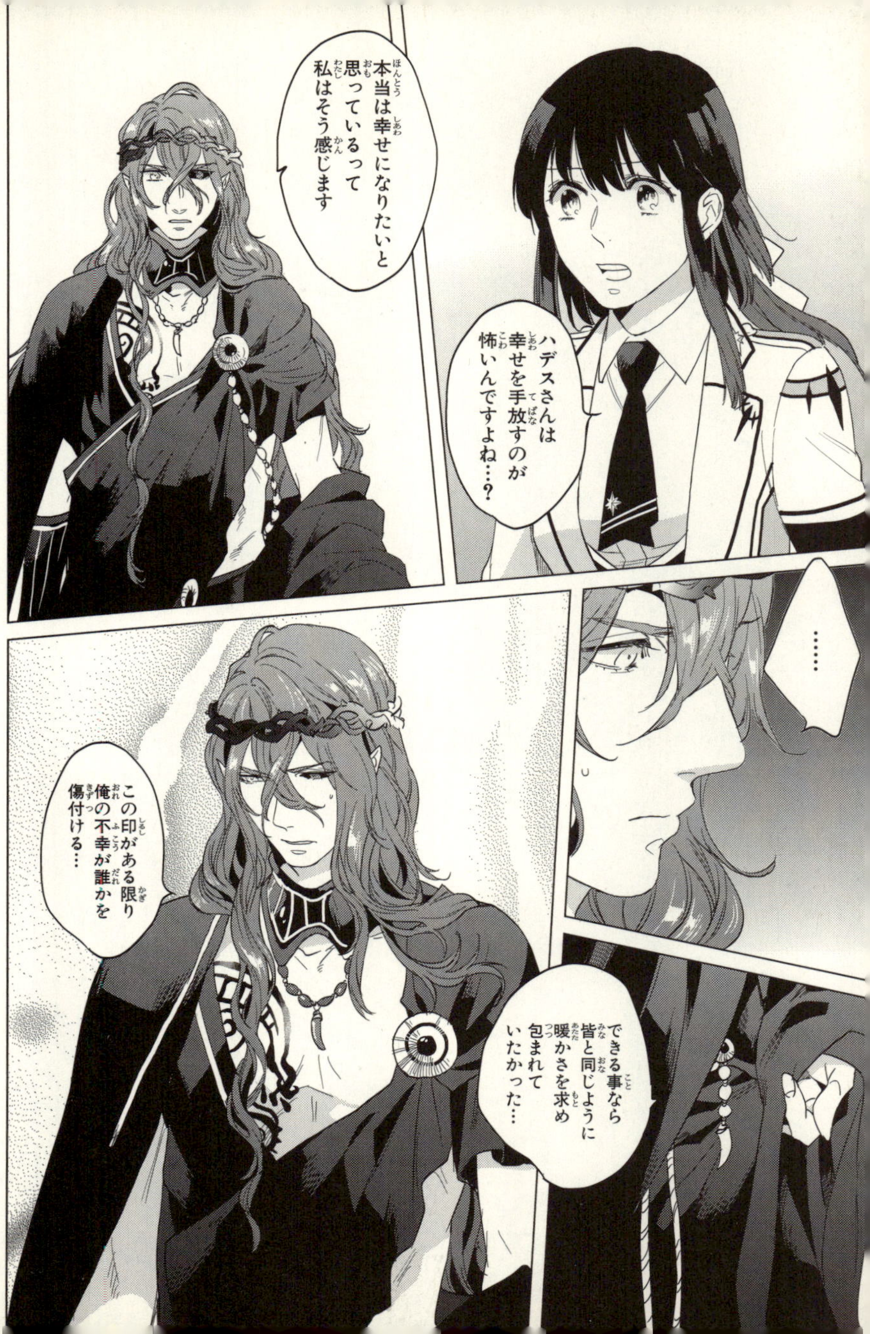
ハデスさんは幸せを手放すのが怖いんですよね…？
本当は幸せになりたいと思っているって私はそう感じます
……
できる事なら皆と同じように暖かさを求め包まれていたかった…
この印がある限り俺の不幸が誰かを傷付ける…

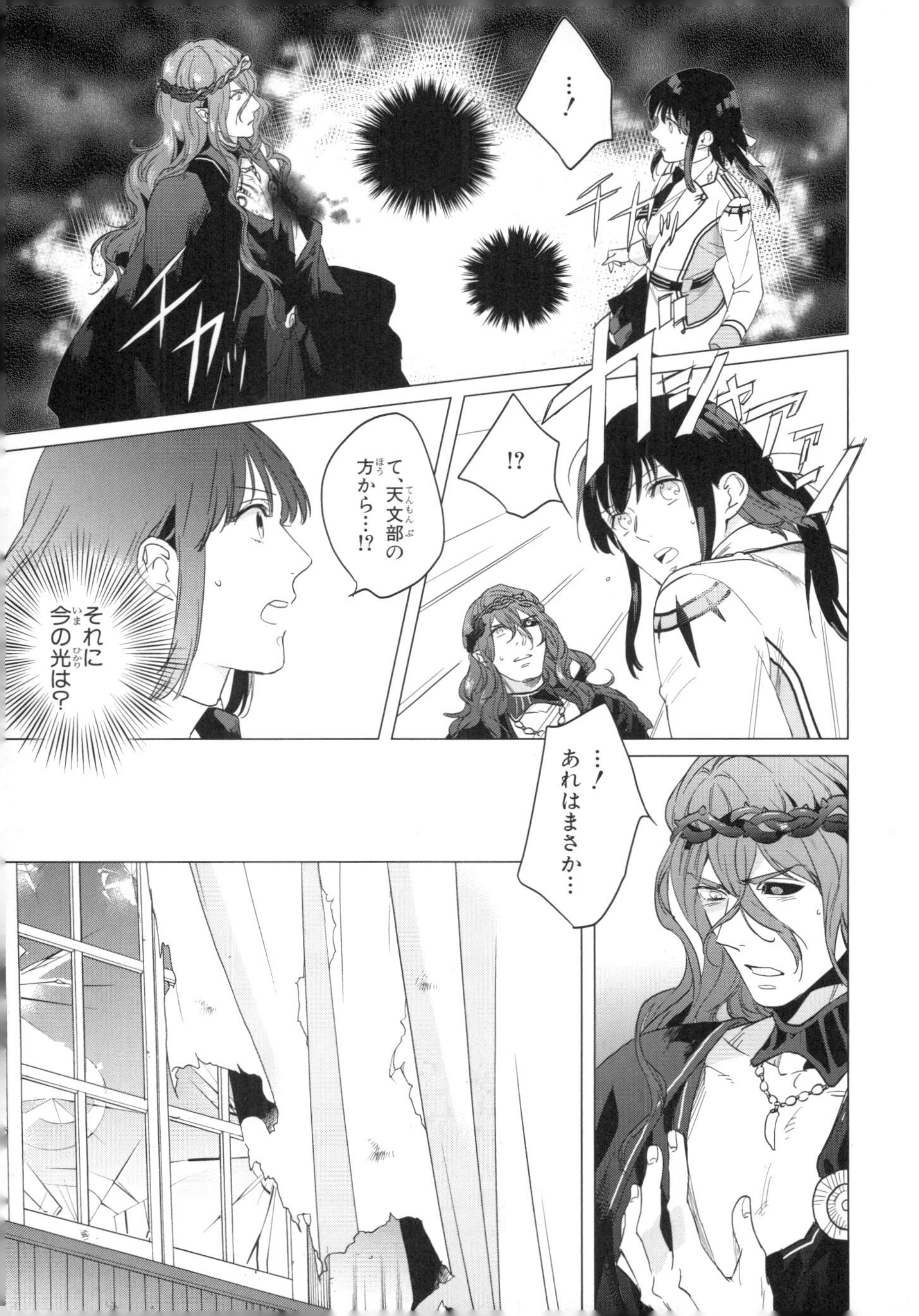
…！
チカッ
チカッ
ガシャアァン
!?
て、天文部の方から…!?
それに今の光は？
…！あれはまさか…

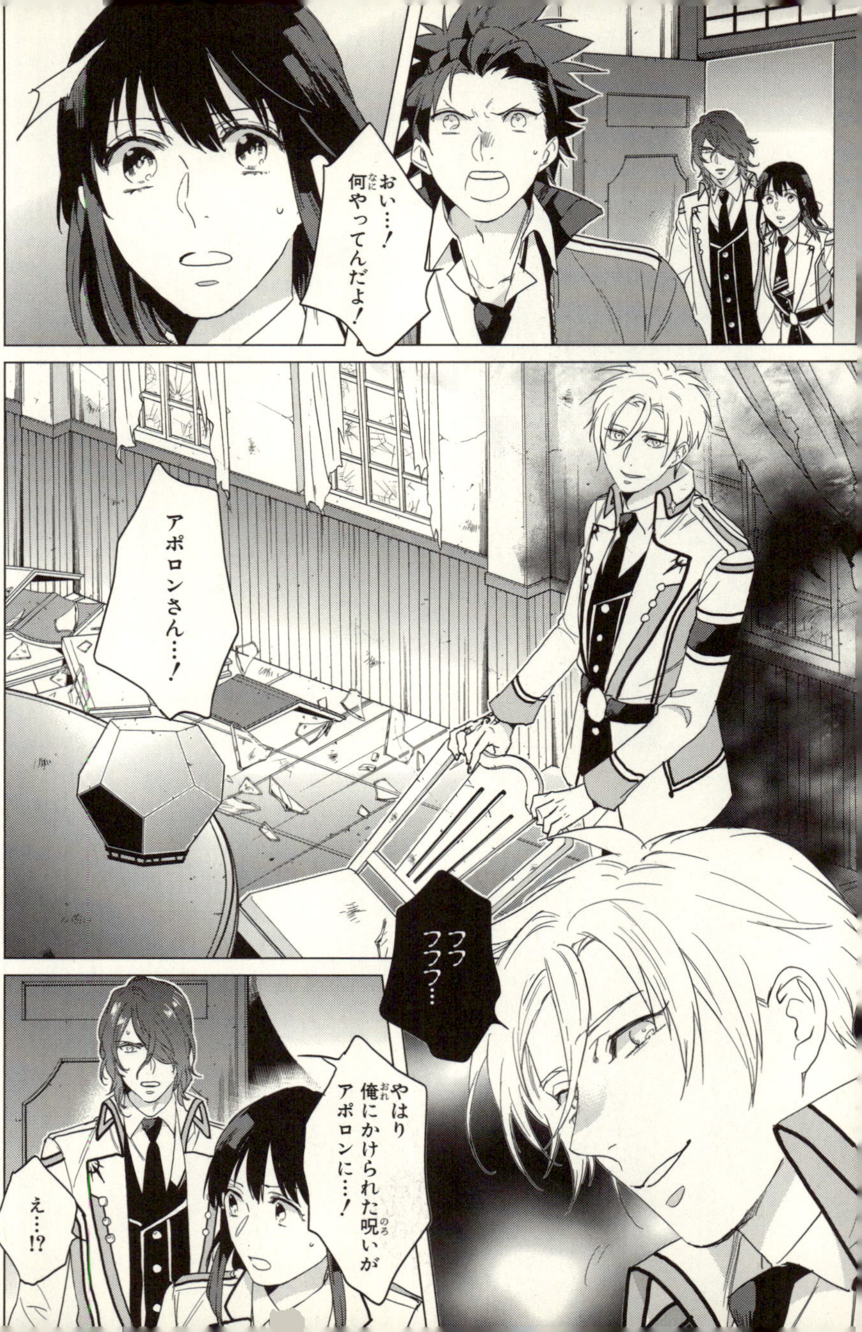
おい…！
何やってんだよ！
アポロンさん…！
フフ
フフフ…
やはり
俺にかけられた呪いが
アポロンに…！
え…!?

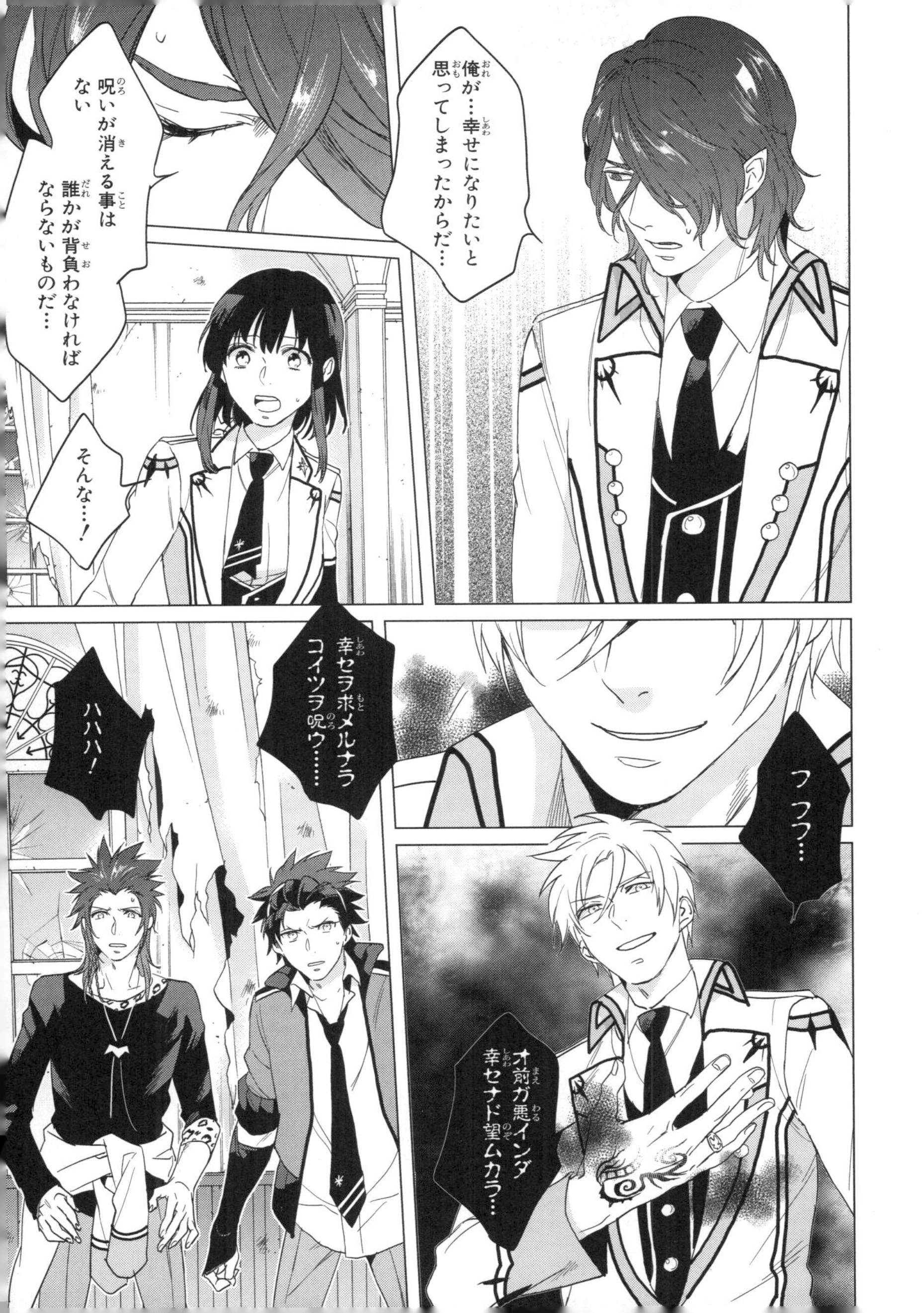
俺が…幸せになりたいと思ってしまったからだ…
呪いが消える事はない
誰かが背負わなければならないものだ…
そんな…！
フフフ…
幸セヲ求メルナラコイツヲ呪ウ……
ハハハ！
オ前ガ悪インダ幸セナド望ムカラ…

……つまり アポロンを見捨てれば俺は幸せになれるという事か…
ハデスさん…!?
俺は…そんな幸福など必要ない
誰かを犠牲にして得た幸福など不要だ…!
苦しむのは俺だけで充分だ!

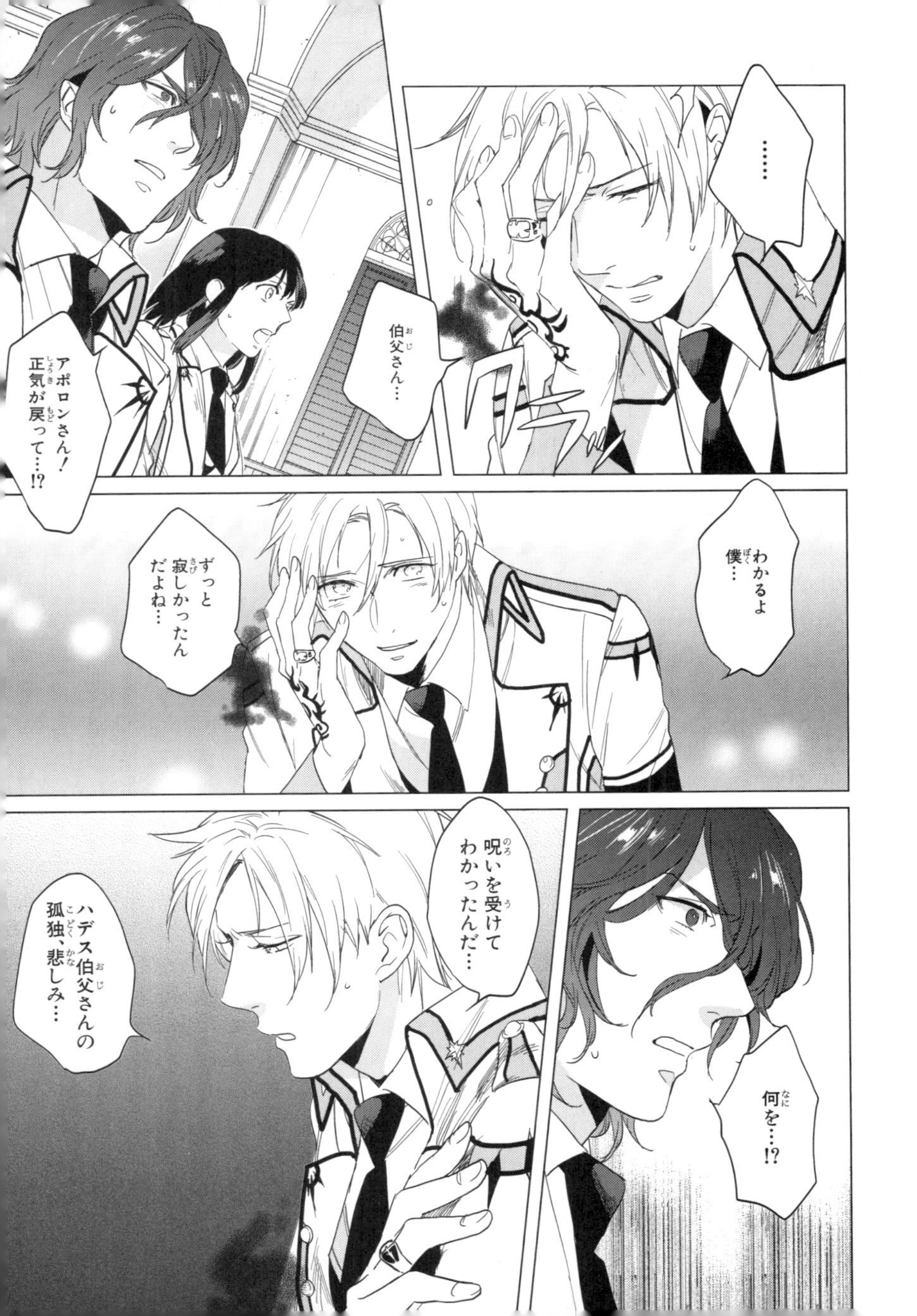
……
伯父さん…
アポロンさん！正気が戻って…!?
わかるよ僕…
ずっと寂しかったんだよね…
呪いを受けてわかったんだ…
ハデス伯父さんの孤独、悲しみ…
何を…!?

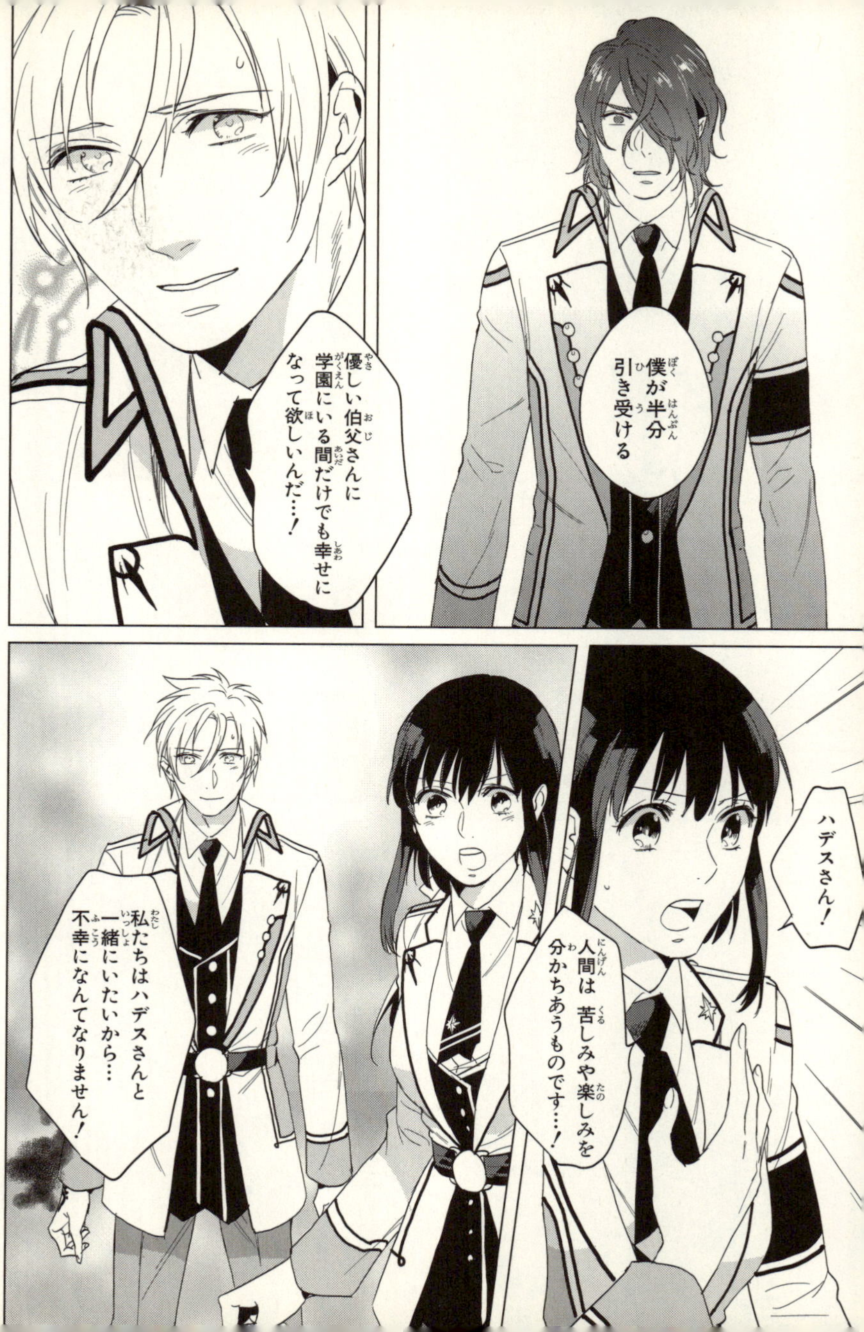

僕が半分引き受ける
優しい伯父さんに学園にいる間だけでも幸せになって欲しいんだ…！
ハデスさん！
人間は 苦しみや楽しみを分かちあうものです…！
私たちはハデスさんと一緒にいたいから…不幸になんてなりません！

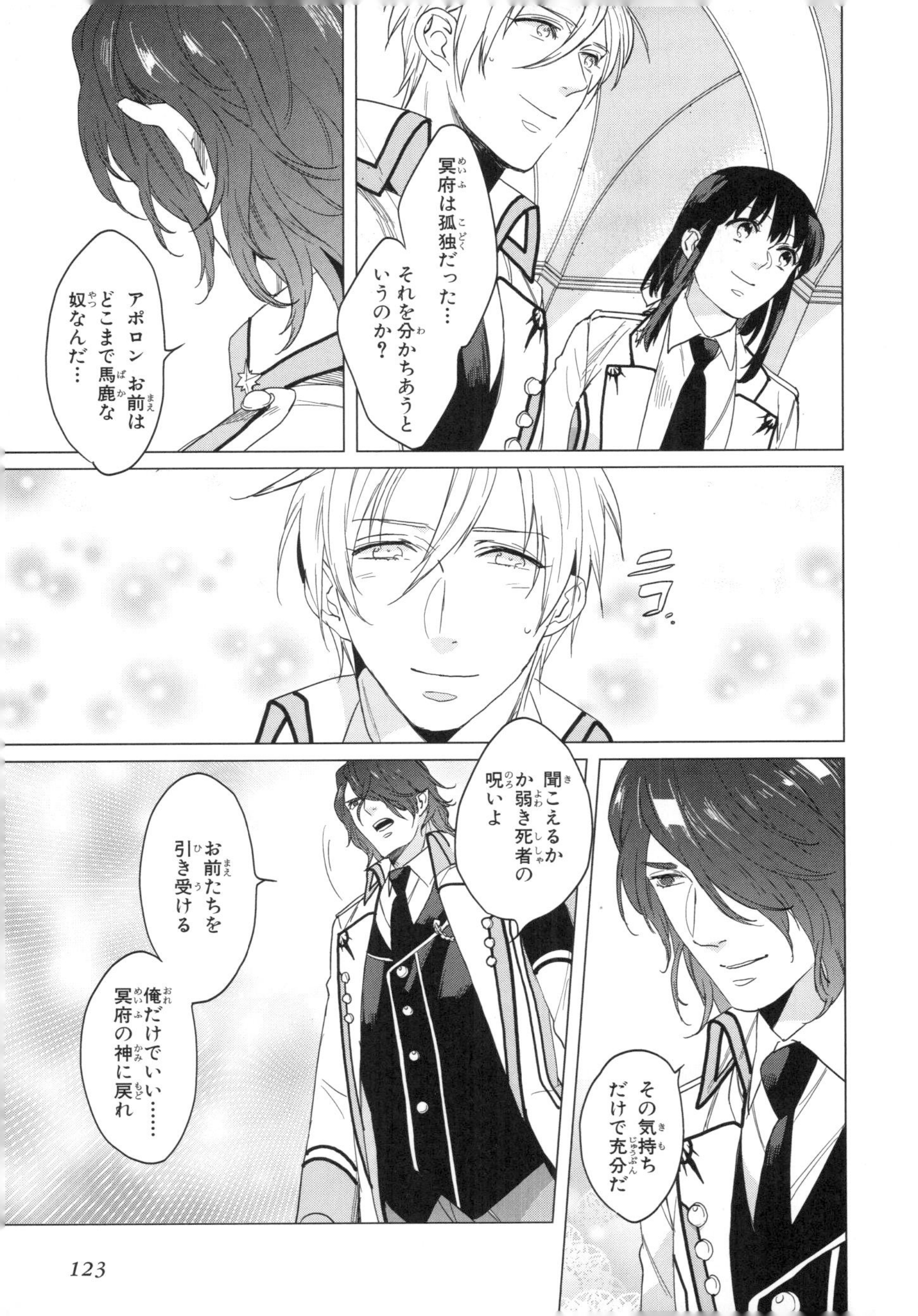

冥府は孤独だった…
それを分かちあうというのか？
アポロン お前は どこまで馬鹿な 奴なんだ…
ニコ…
聞こえるか か弱き死者の 呪いよ
その気持ち だけで充分だ
お前たちを 引き受ける
俺だけでいい…… 冥府の神に戻れ

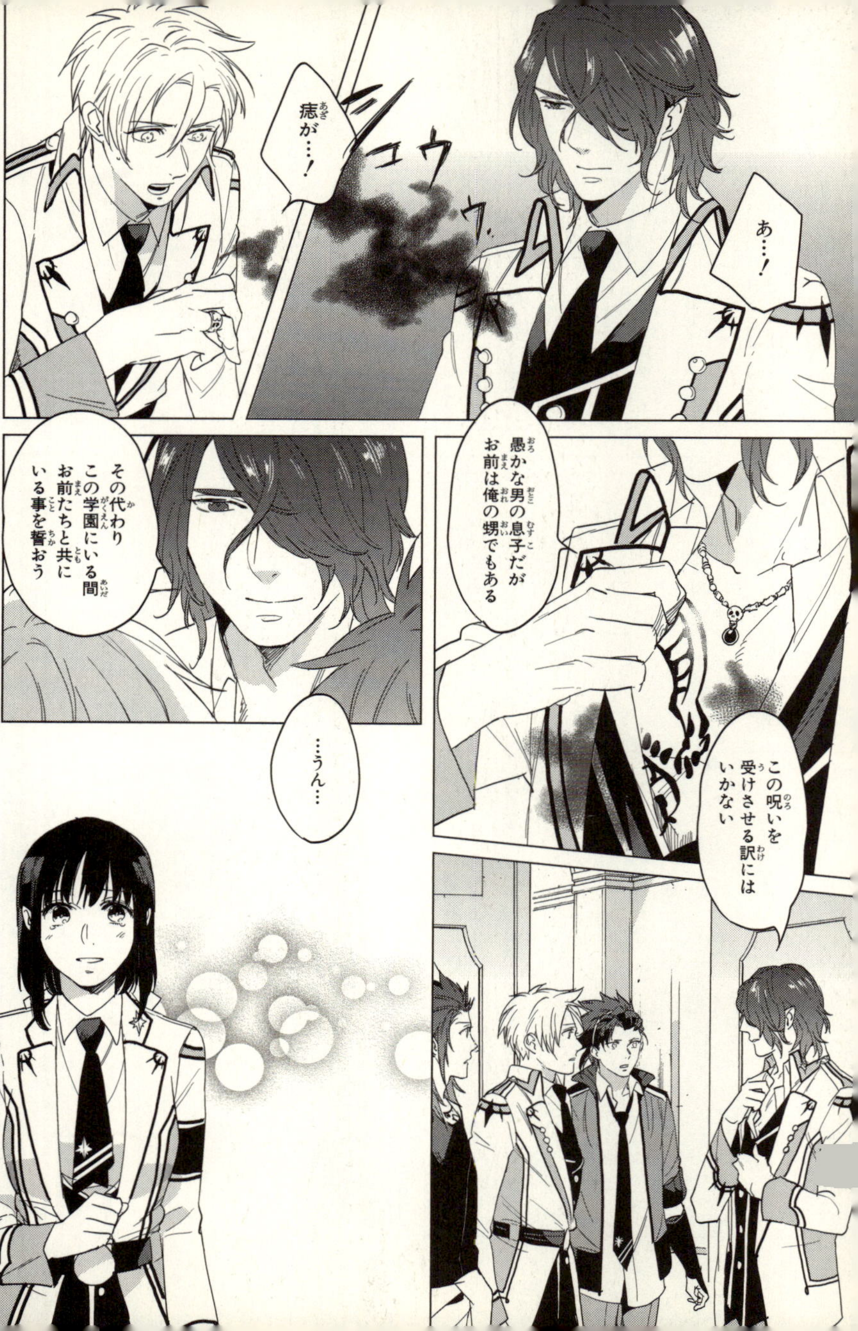
あ…！
痣が…！
愚かな男の息子だが
お前は俺の甥でもある
この呪いを
受けさせる訳には
いかない
その代わり
この学園にいる間
お前たちと共に
いる事を誓おう
…うん…

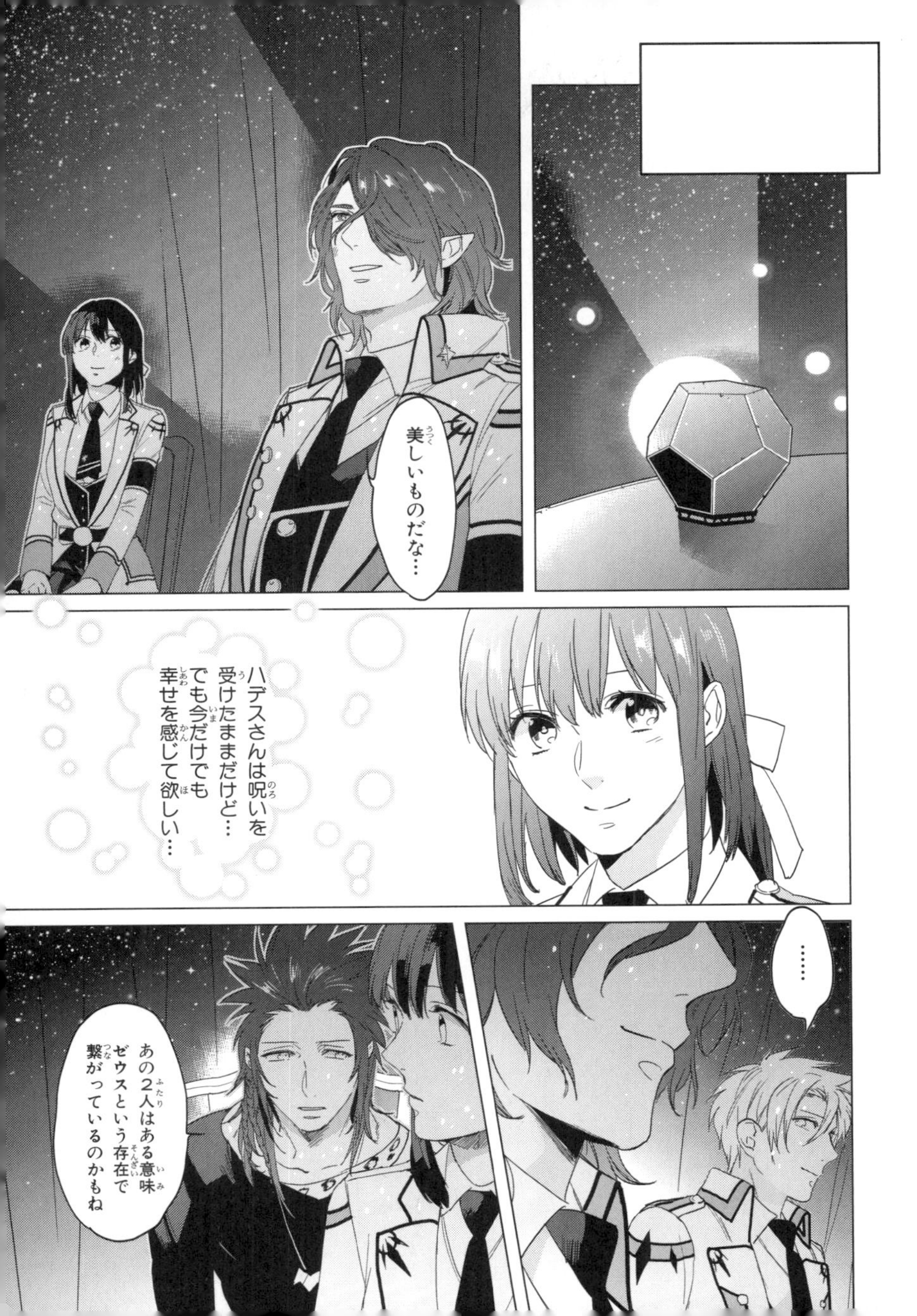
美しいものだな…
ハデスさんは呪いを
受けたままだけど…
でも今だけでも
幸せを感じて欲しい…
……
あの2人はある意味
ゼウスという存在で
繋がっているのかもね

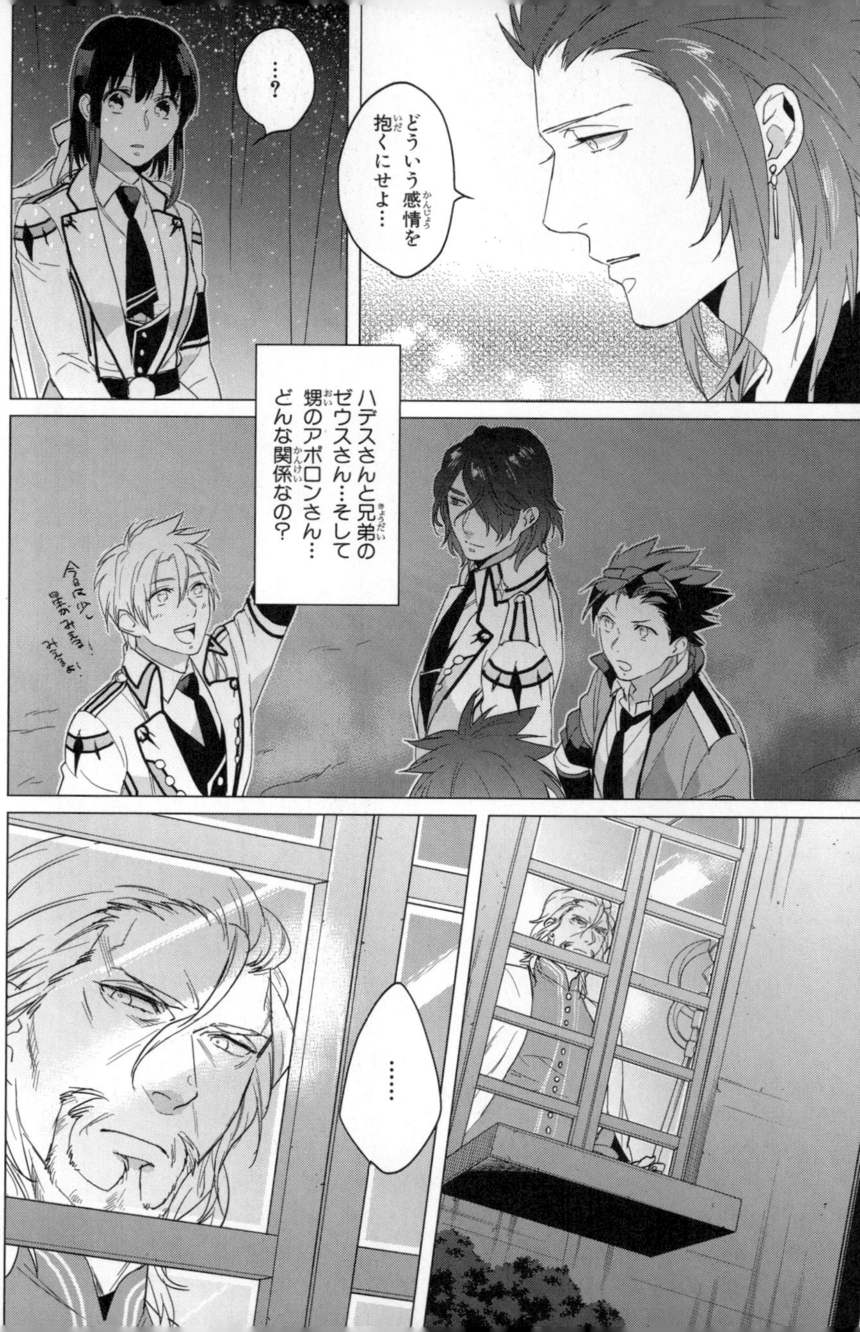

どういう感情を抱くにせよ…
…？
ハデスさんと兄弟のゼウスさん…そして甥のアポロンさん…どんな関係なの？
今日は少し星がみえる！ みえるよ！
……

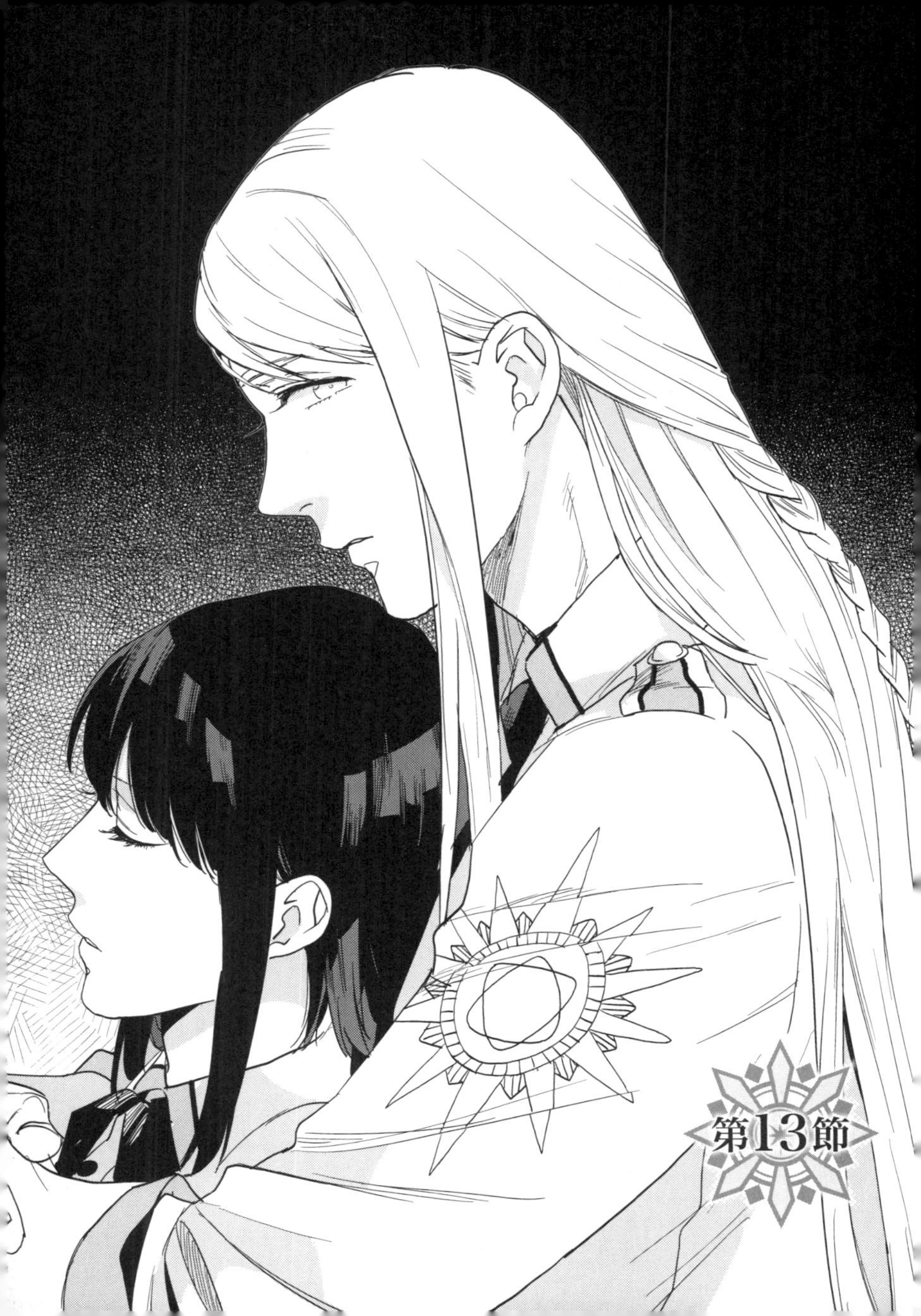
第13節

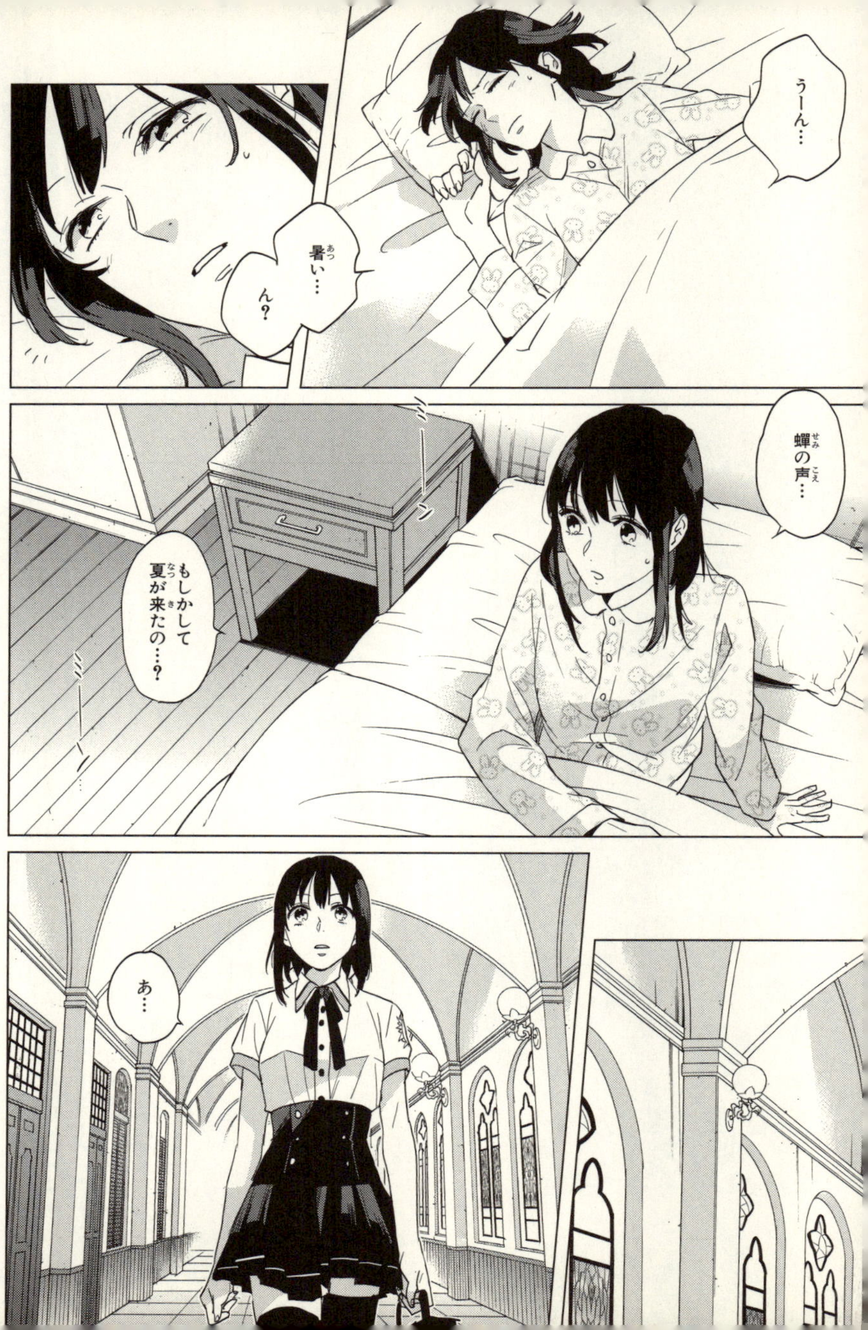
うーん…
暑い…
ん？
蝉の声…
もしかして夏が来たの…？
あ…

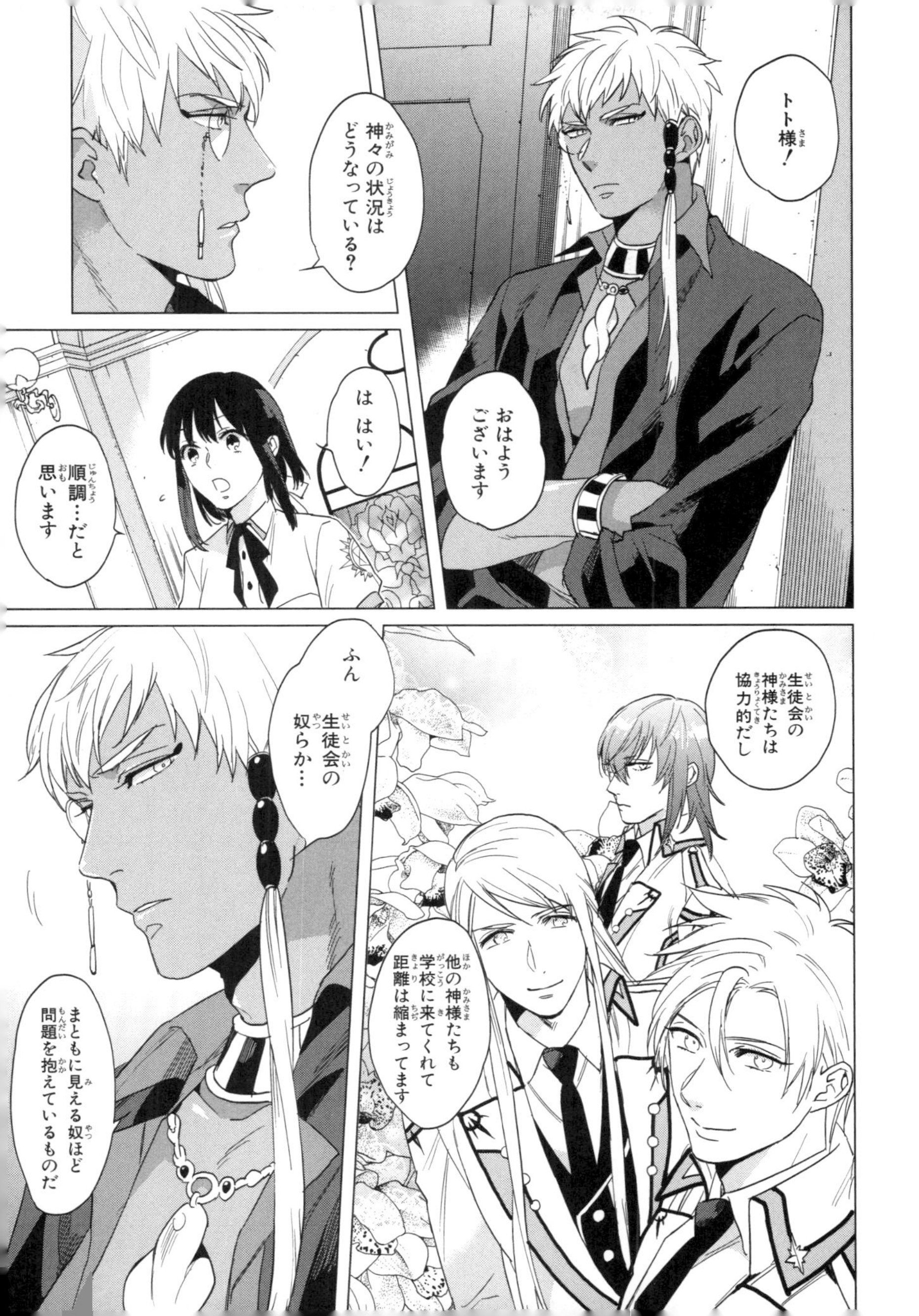

トト様!
おはようございます
神々の状況はどうなっている?
は はい!
順調…だと思います
生徒会の神様たちは協力的だし
他の神様たちも学校に来てくれて距離は縮まってます
ふん 生徒会の奴らか…
まともに見える奴ほど問題を抱えているものだ

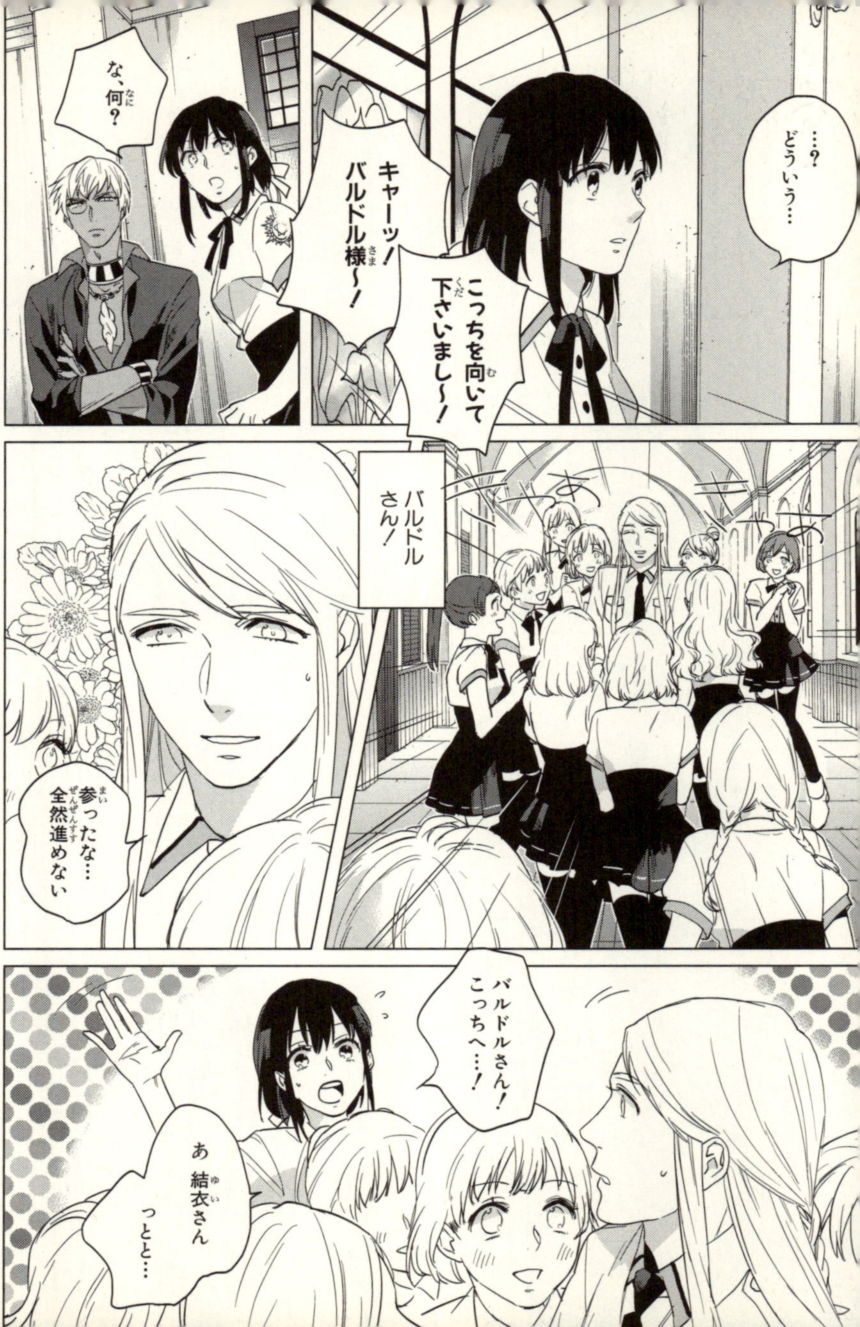
…？
どういう…
こっちを向いて下さいまし～！
キャーッ！
バルドル様～！
な、何？
バルドルさん！
参ったな…
全然進めない
バルドルさん！
こっちへ…！
あ 結衣さん
っとと…

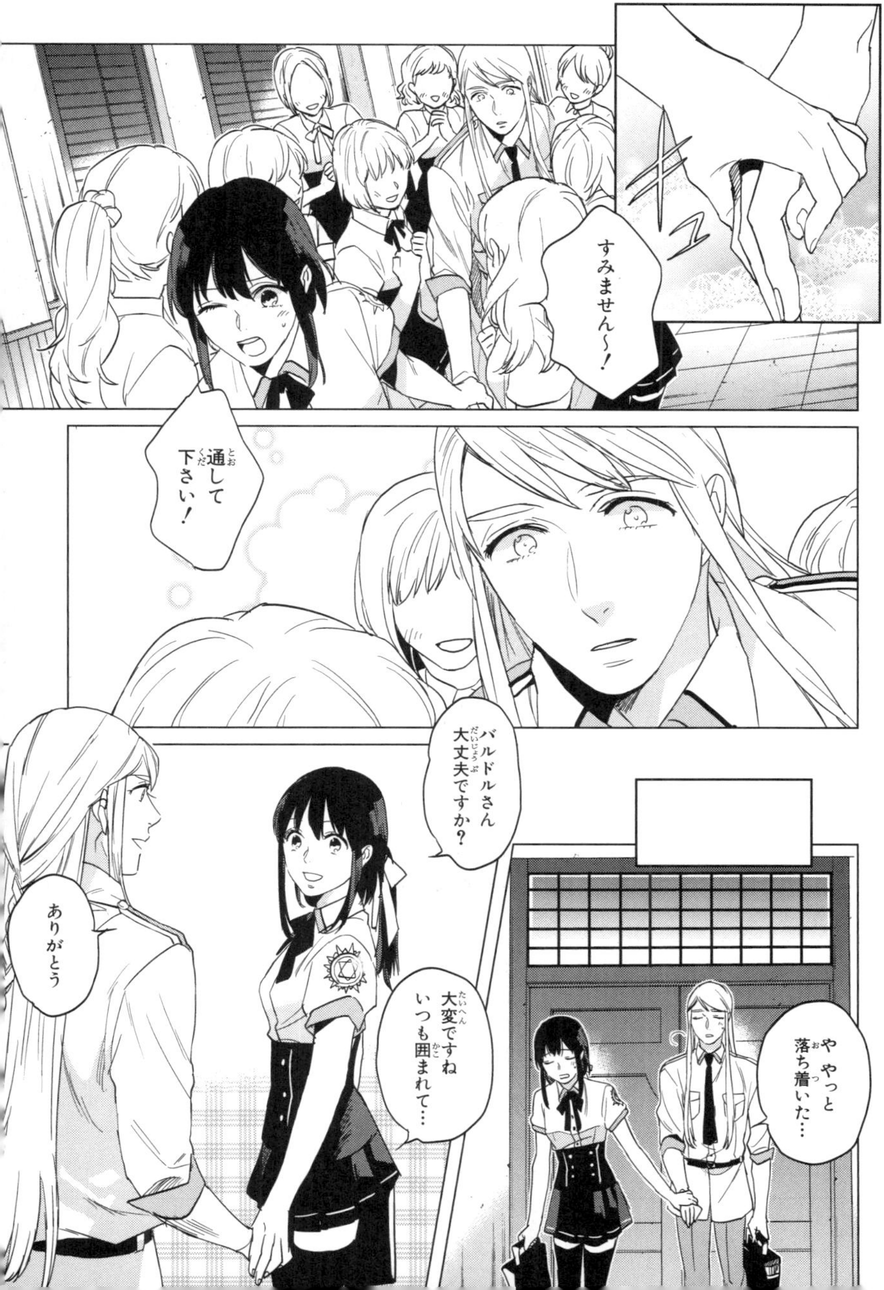
ギュ
すみません〜！
通して下さい！
やっと落ち着いた…
バルドルさん大丈夫ですか？
大変ですねいつも囲まれて…
ありがとう

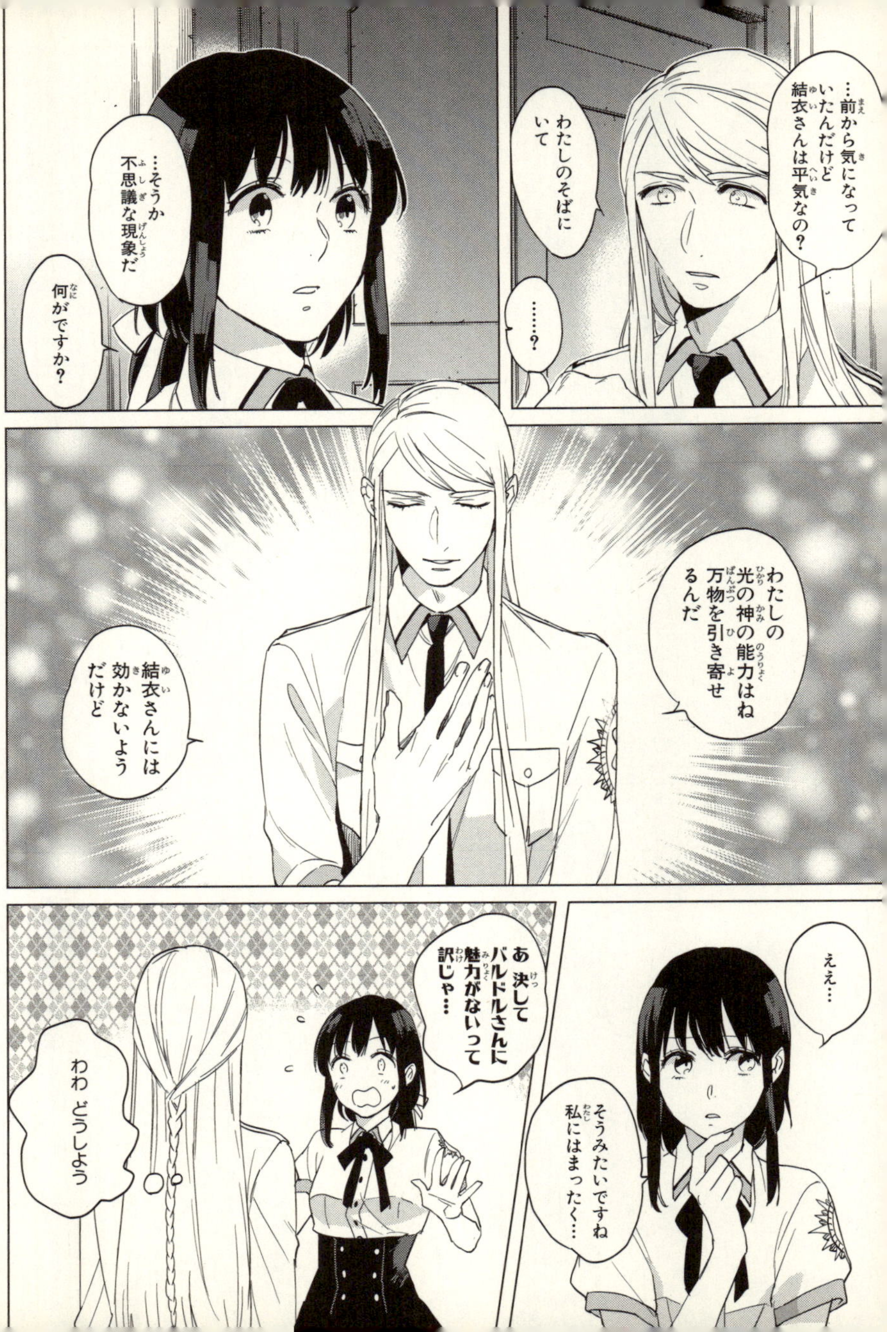
…前から気になっていたんだけど結衣さんは平気なの？
わたしのそばにいて
……？
…そうか不思議な現象だ
何がですか？
わたしの光の神の能力はね万物を引き寄せるんだ
結衣さんには効かないようだけど
ええ…
そうみたいですね私にはまったく…
あ決してバルドルさんに魅力がないって訳じゃ…
わわどうしよう

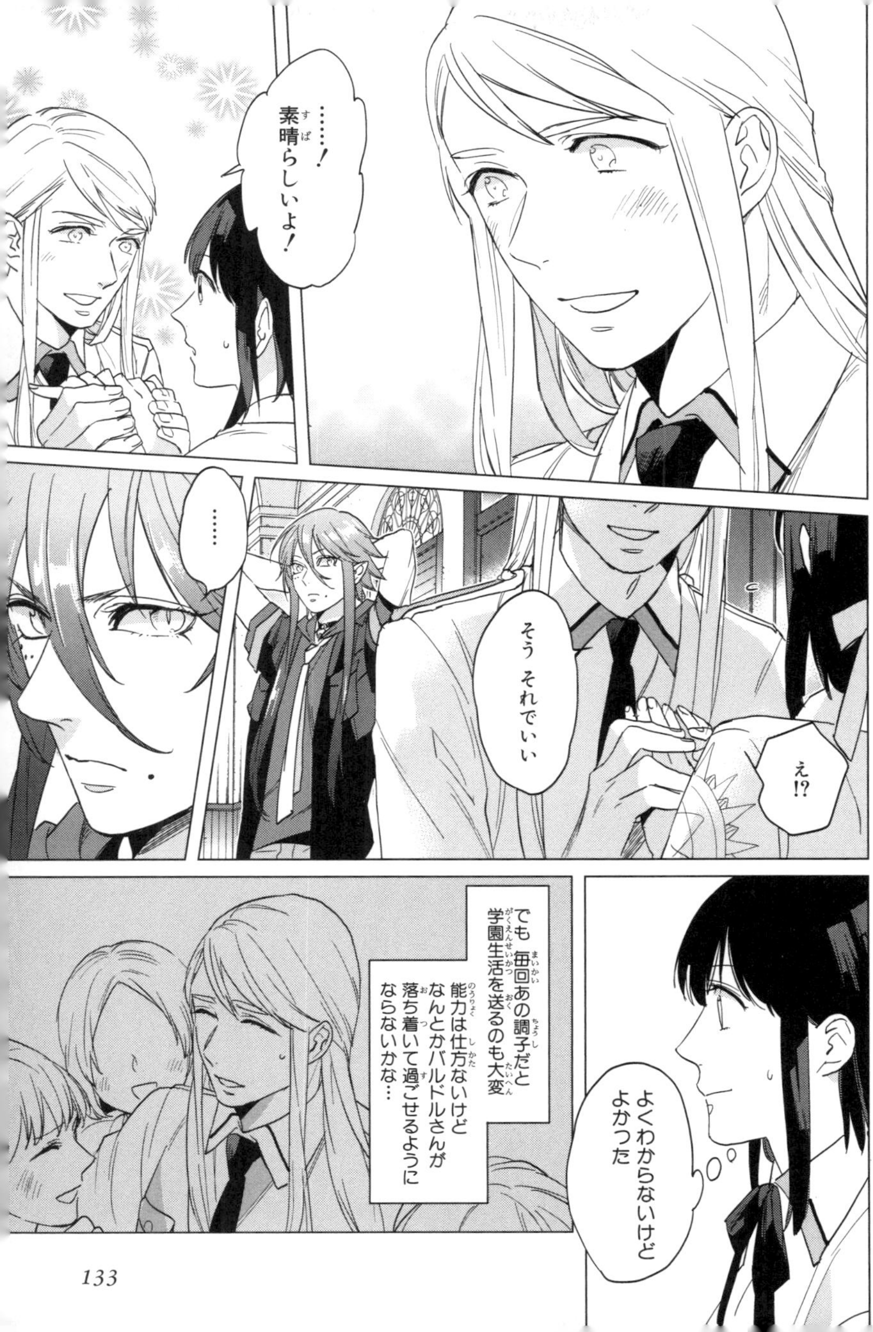
……！
素晴らしいよ！
え!?
そう それでいい
……
よくわからないけど よかった
でも 毎回あの調子だと 学園生活を送るのも大変
能力は仕方ないけど なんとかバルドルさんが 落ち着いて過ごせるように ならないかな…

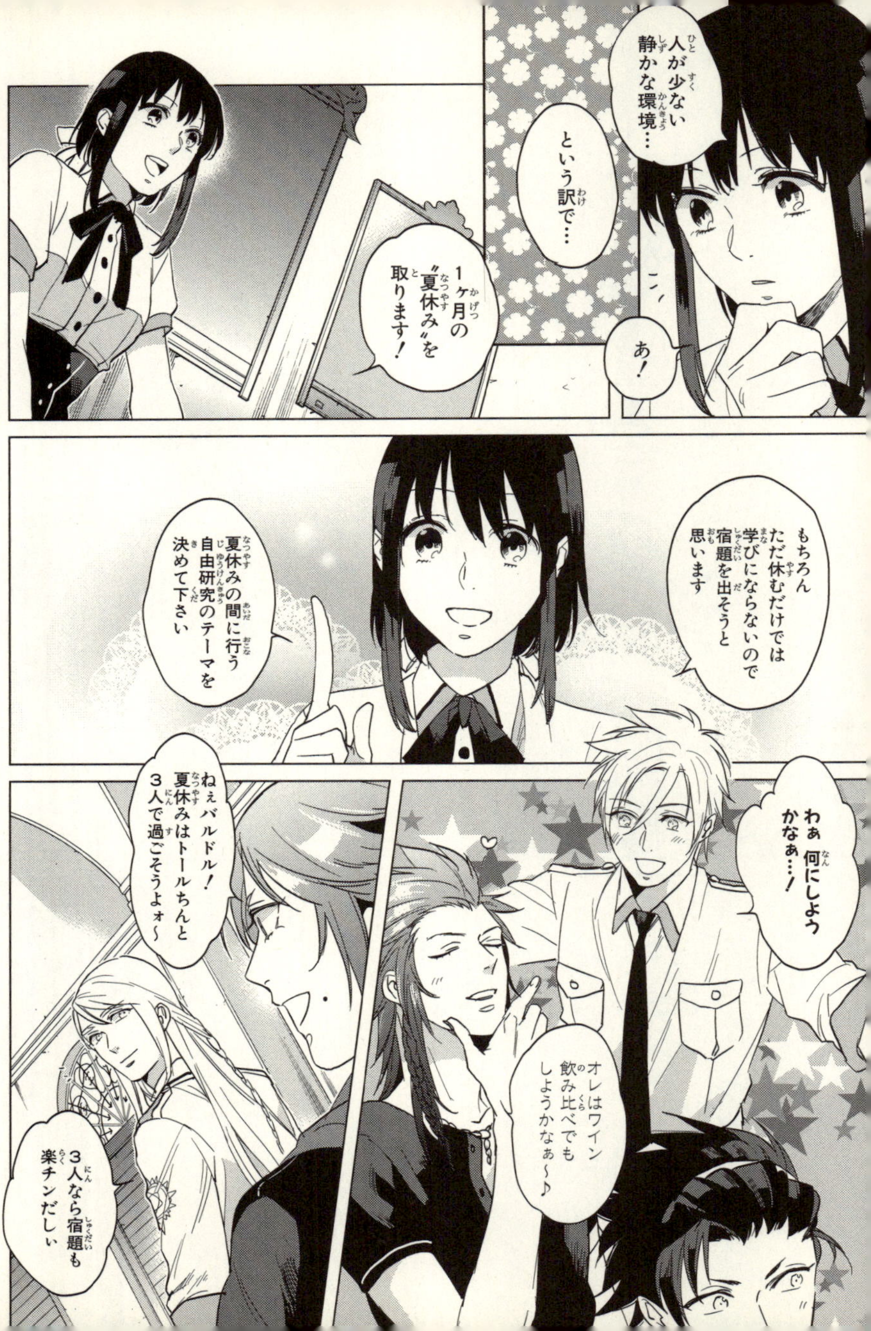

人が少ない静かな環境…
あ！
という訳で…
1ヶ月の〝夏休み〟を取ります！
もちろん ただ休むだけでは学びにならないので宿題を出そうと思います
夏休みの間に行う自由研究のテーマを決めて下さい
わぁ 何にしようかなぁ…！
オレはワインの飲み比べでもしようかなぁ～♪
ねぇバルドル！ 夏休みはトールちんと3人で過ごそうよォ～
3人なら宿題も楽チンだしぃ

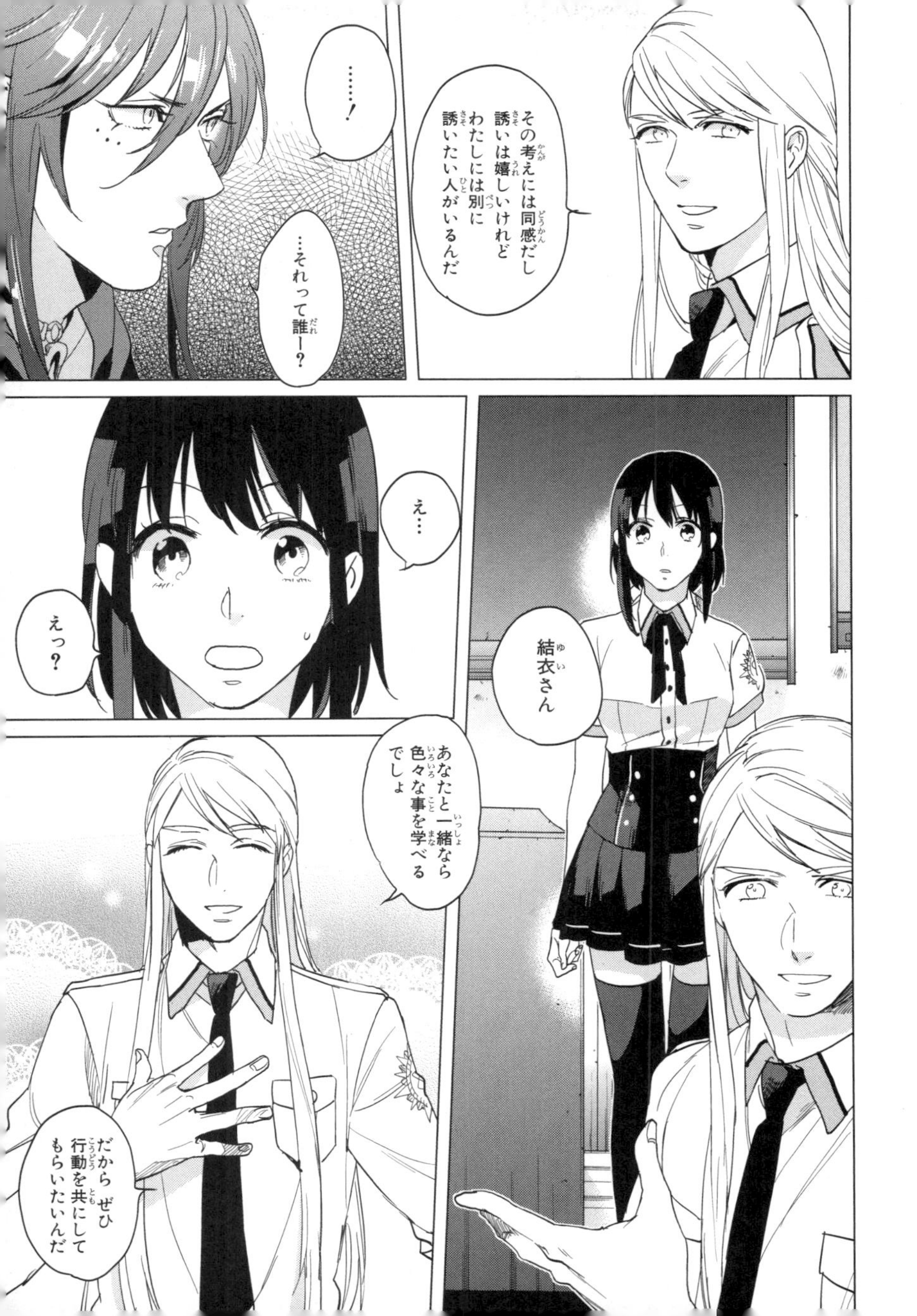
その考えには同感だし 誘いは嬉しいけれど わたしには別に 誘いたい人がいるんだ
……!
…それって誰ー?
結衣さん
え…
えっ?
あなたと一緒なら 色々な事を学べる でしょ
だから ぜひ 行動を共にして もらいたいんだ

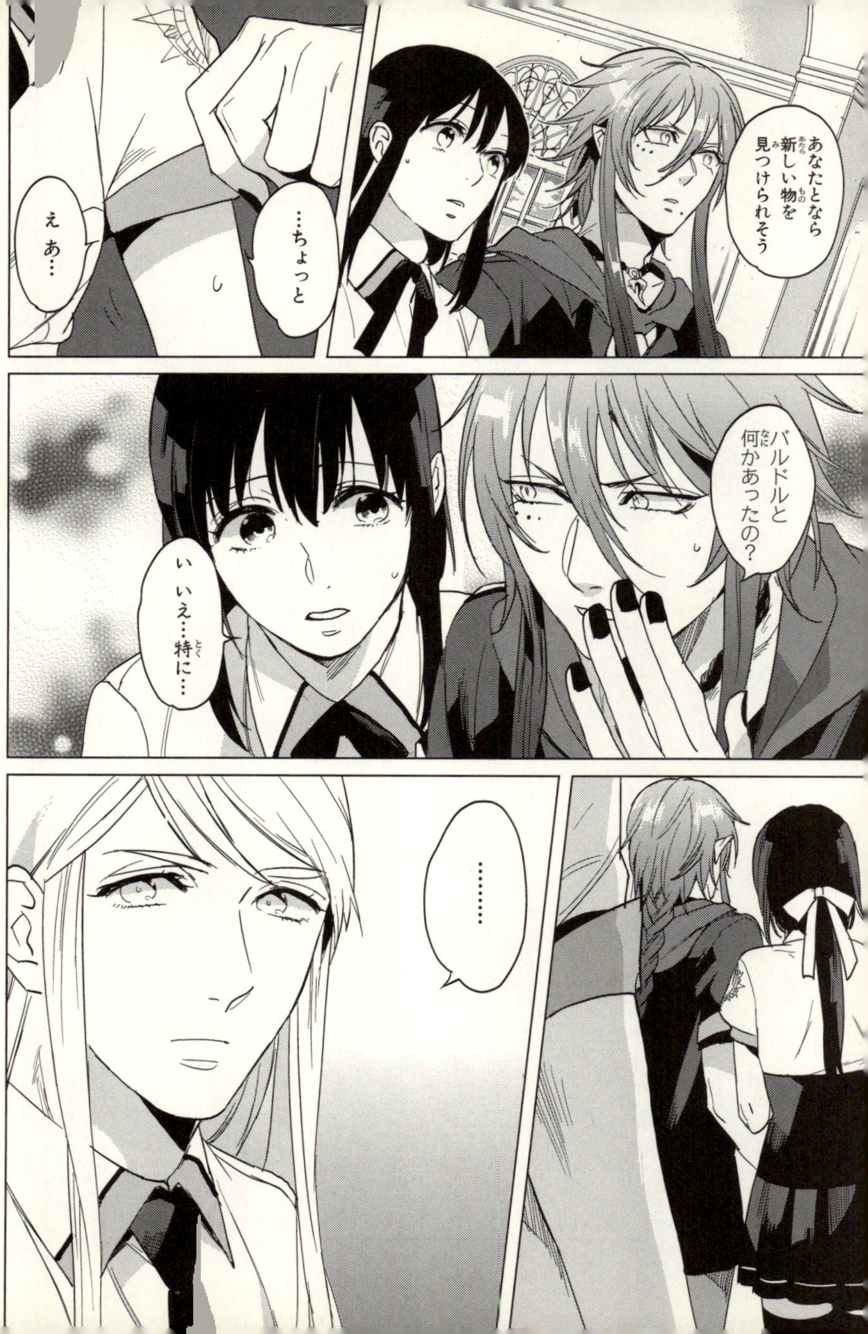
あなたとなら新しい物を見つけられそう
…ちょっと
え あ…
バルドルと何かあったの？
いいえ…特に…
………

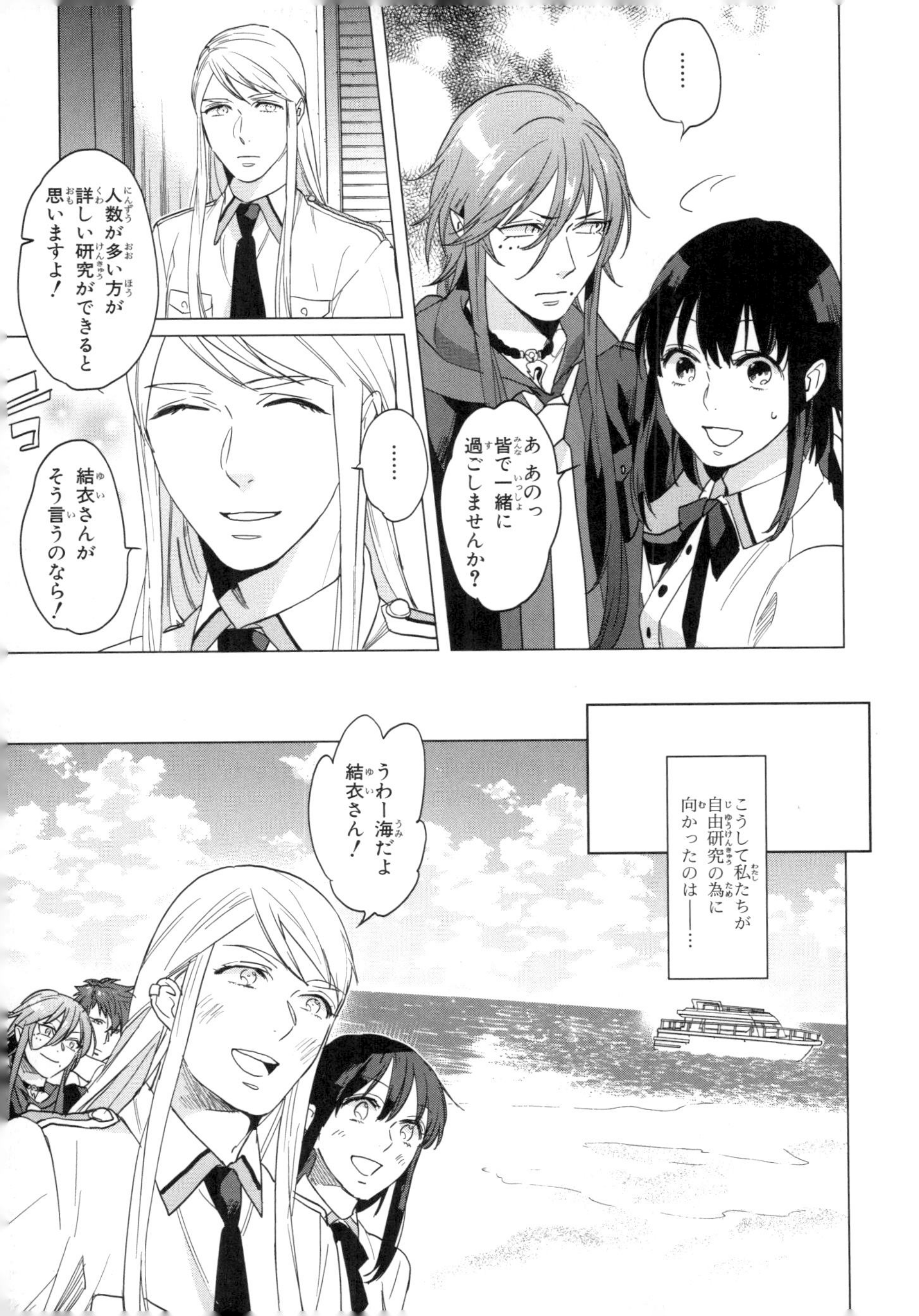
……
あ あのっ皆で一緒に過ごしませんか？
人数が多い方が詳しい研究ができると思いますよ！
……
結衣さんがそう言うのなら！
こうして私たちが自由研究の為に向かったのは――…
うわー海だよ結衣さん！

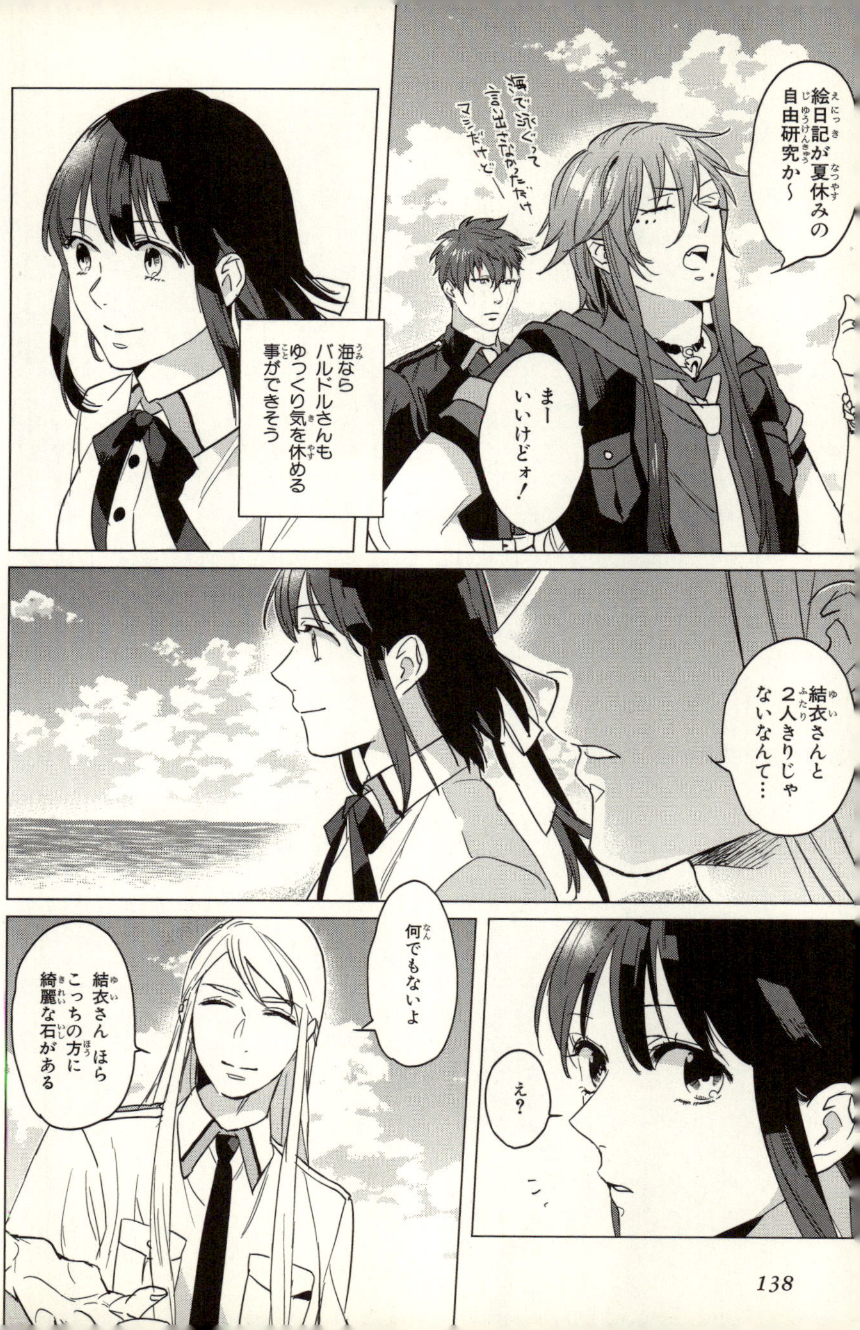
絵日記が夏休みの自由研究か～
海で泳ぐって言い出さなかっただけマシだけど―
まーいいけどォ！
海ならバルドルさんもゆっくり気を休める事ができそう
結衣さんと2人きりじゃないなんて…
え？
何でもないよ
結衣さん ほら こっちの方に綺麗な石がある

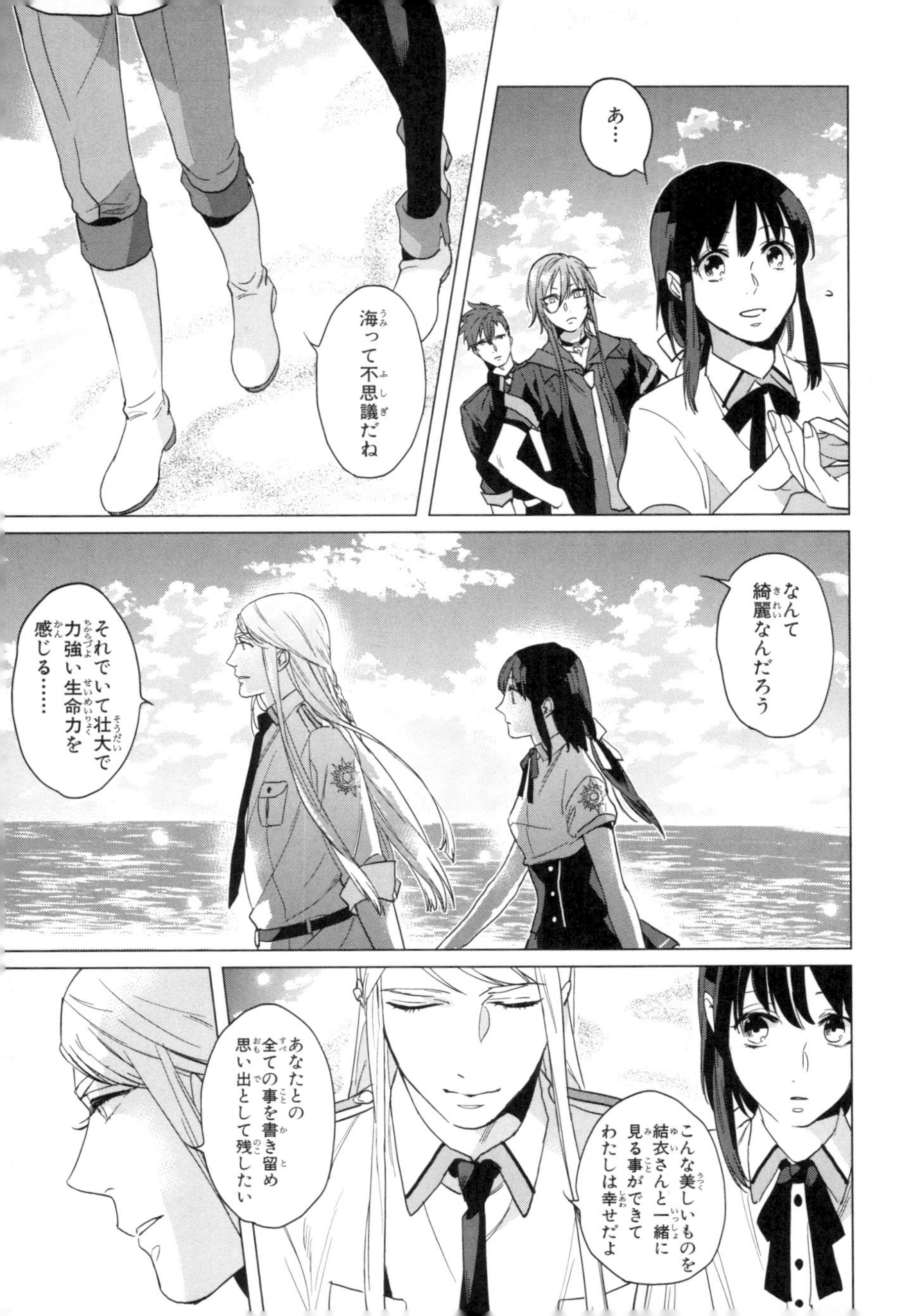
あ…
海って不思議だね
なんて綺麗なんだろう
それでいて壮大で力強い生命力を感じる……
こんな美しいものを結衣さんと一緒に見る事ができてわたしは幸せだよ
あなたとの全ての事を書き留め思い出として残したい

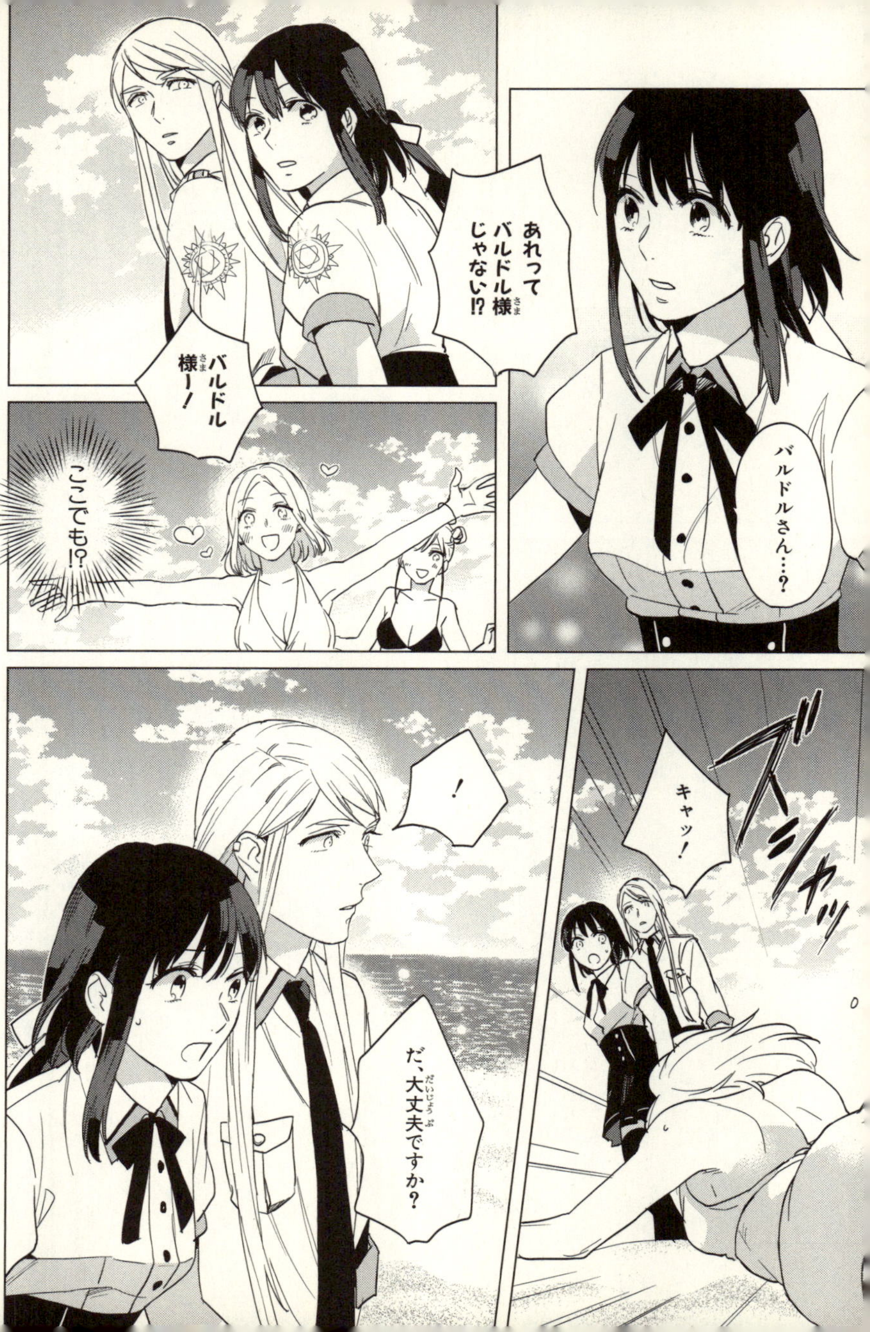

あれってバルドル様じゃない!?
バルドル様ー！
ここでも!?
バルドルさん…？
ズシャッ
キャッ！
！
だ、大丈夫ですか？

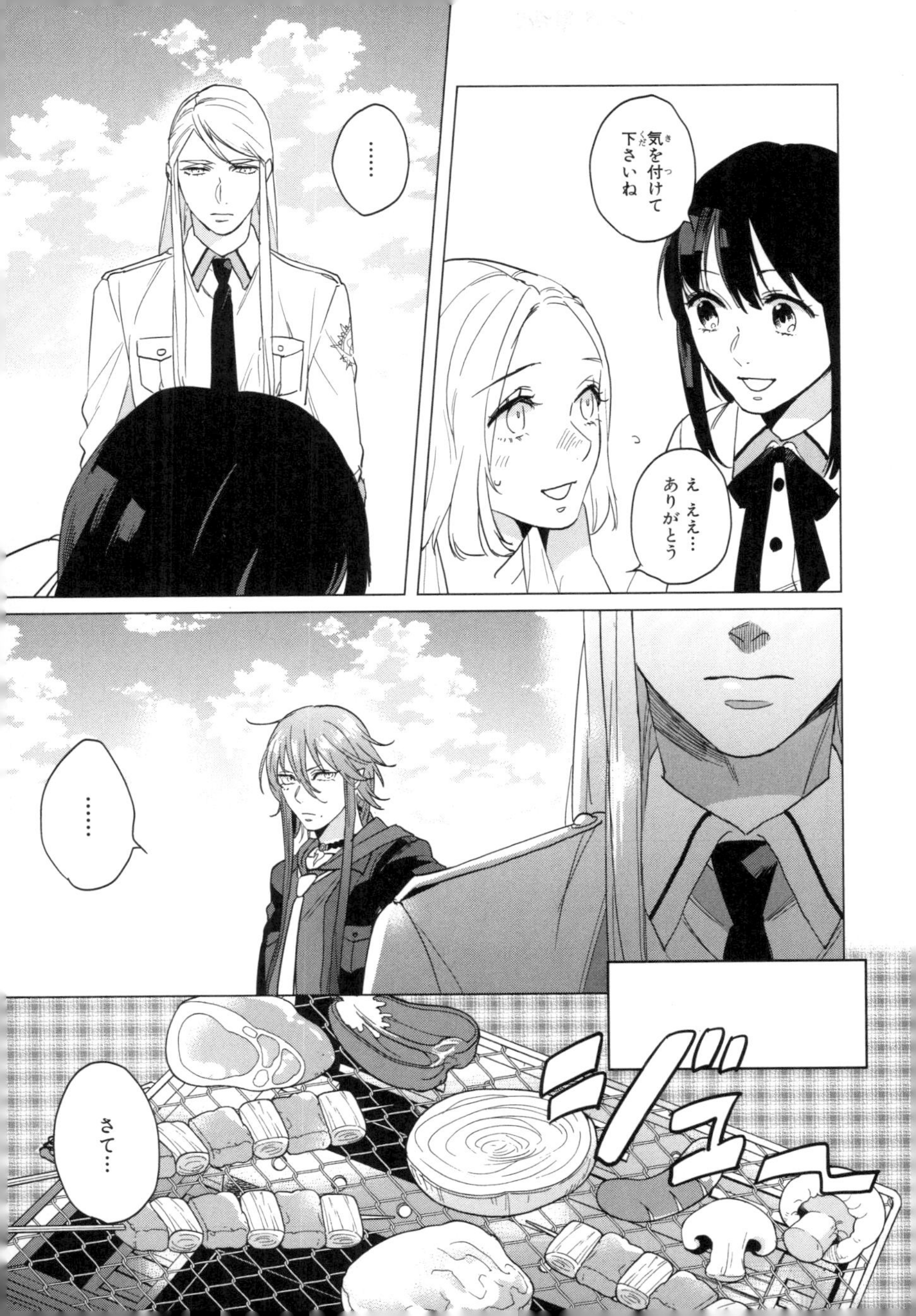
気を付けて下さいね
……
ええ…ありがとう
……
さて…
ジュ〜〜

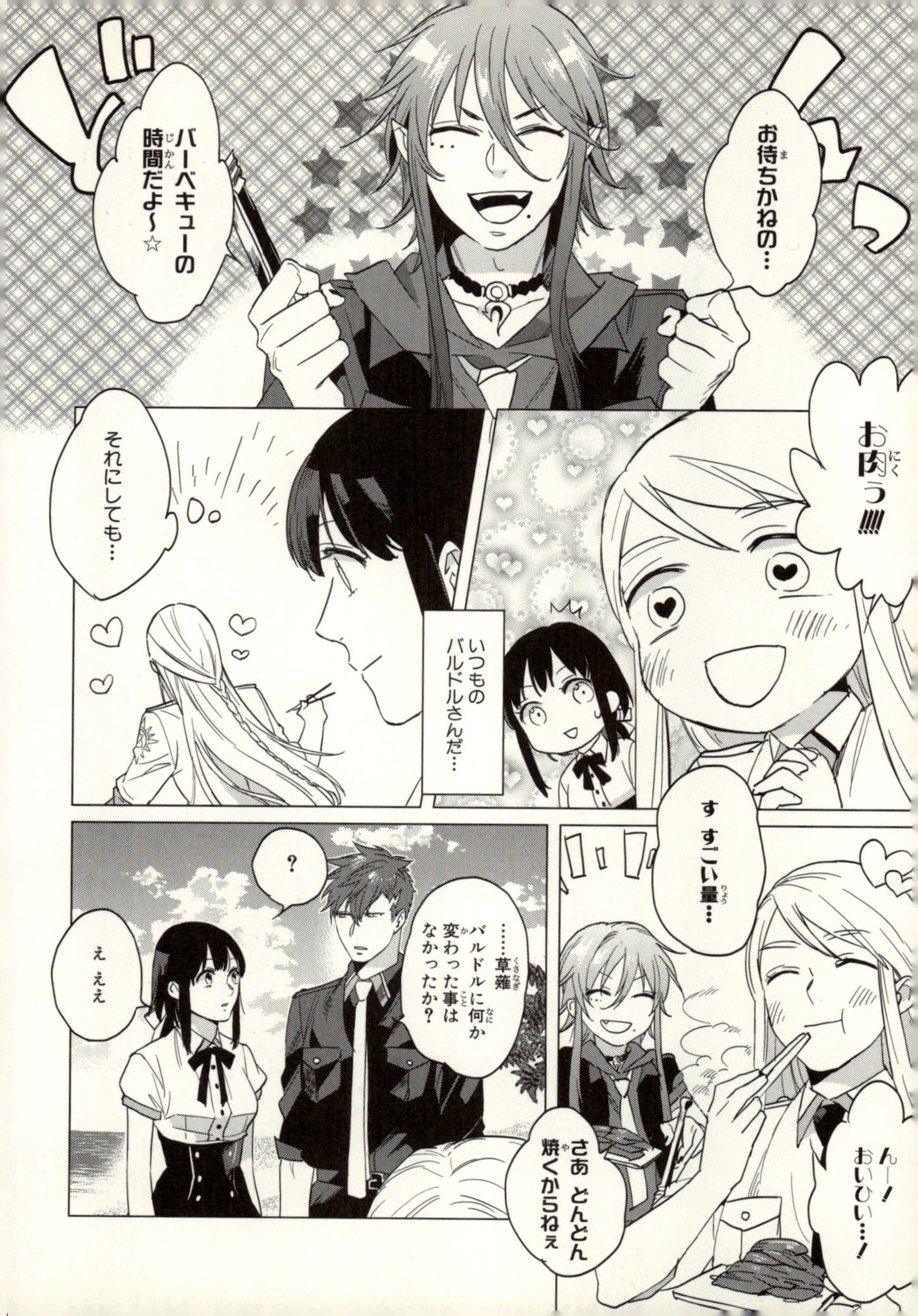
お待ちかねの…
バーベキューの時間だよ～☆
お肉う!!!!
それにしても…
いつものバルドルさんだ…
すごい量…
んー！おいひい…！
さあ どんどん焼くからねぇ
……草薙 バルドルに何か変わった事はなかったか？
？
え ええ

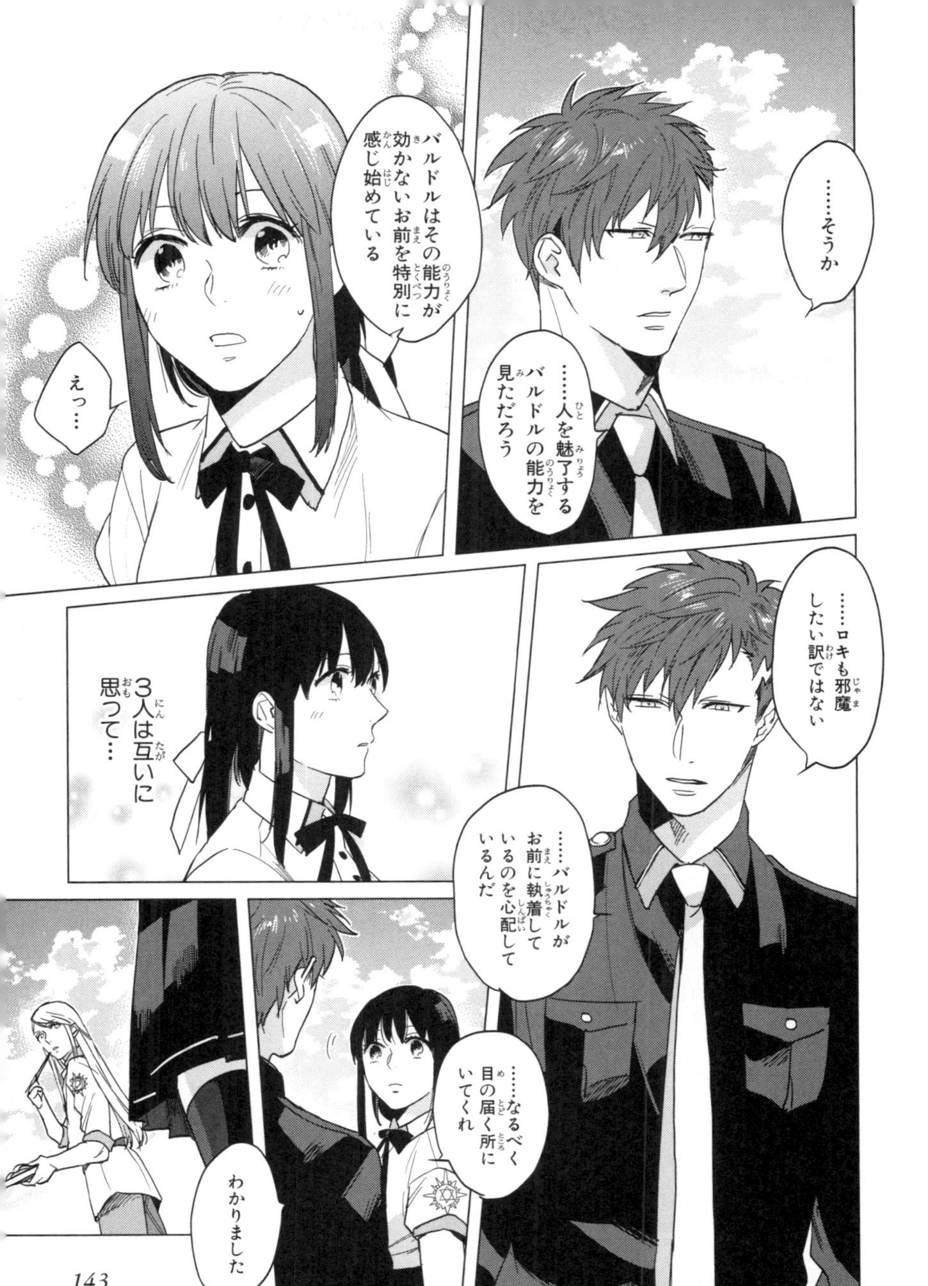
……そうか
……人を魅了するバルドルの能力を見ただろう
バルドルはその能力が効かないお前を特別に感じ始めている
えっ……
……ロキも邪魔したい訳ではない
……バルドルがお前に執着しているのを心配しているんだ
3人は互いに思って…
……なるべく目の届く所にいてくれ
わかりました

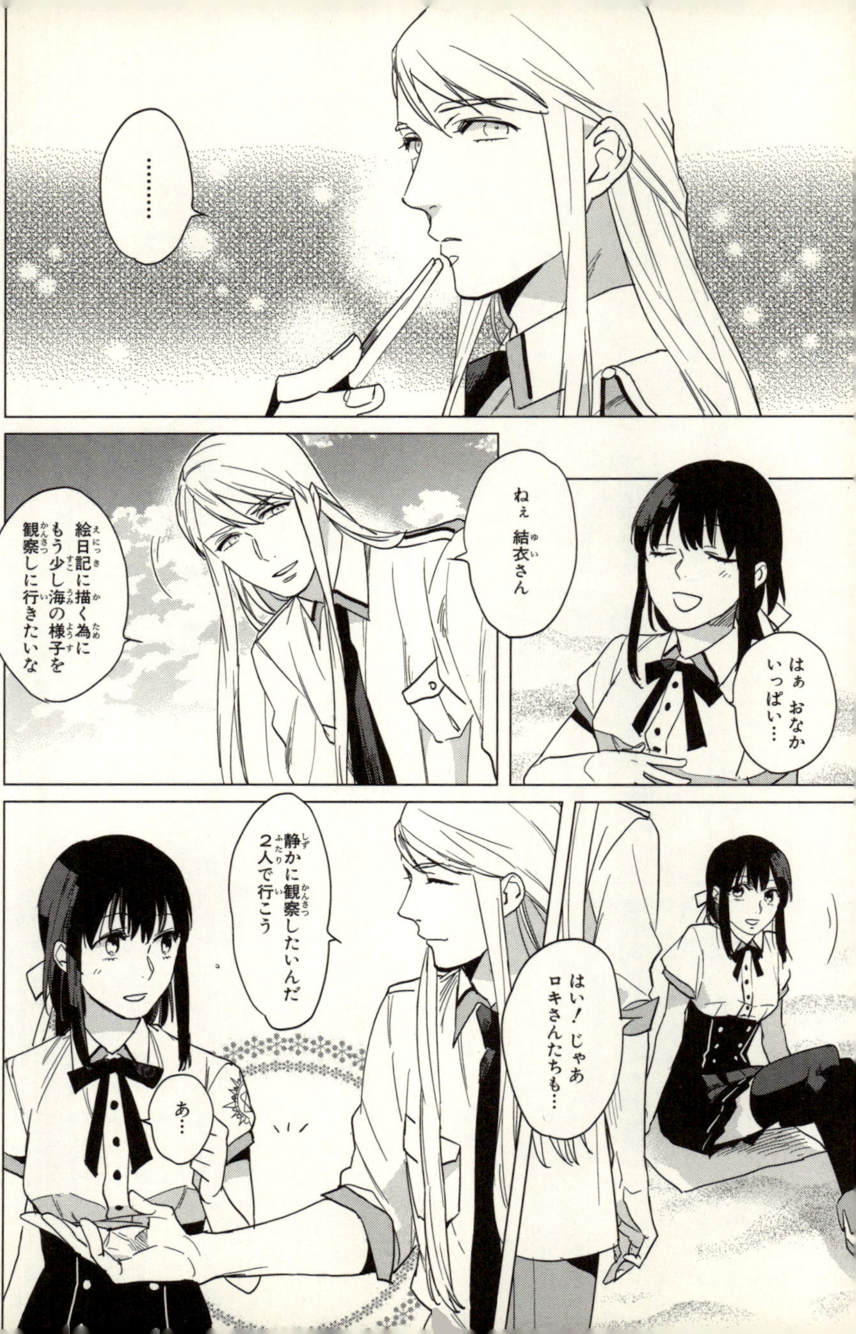
……
ねぇ 結衣さん
はぁ おなか いっぱい…
絵日記に描く為に もう少し海の様子を 観察しに行きたいな
はい! じゃあ ロキさんたちも…
静かに観察したいんだ 2人で行こう
あ…

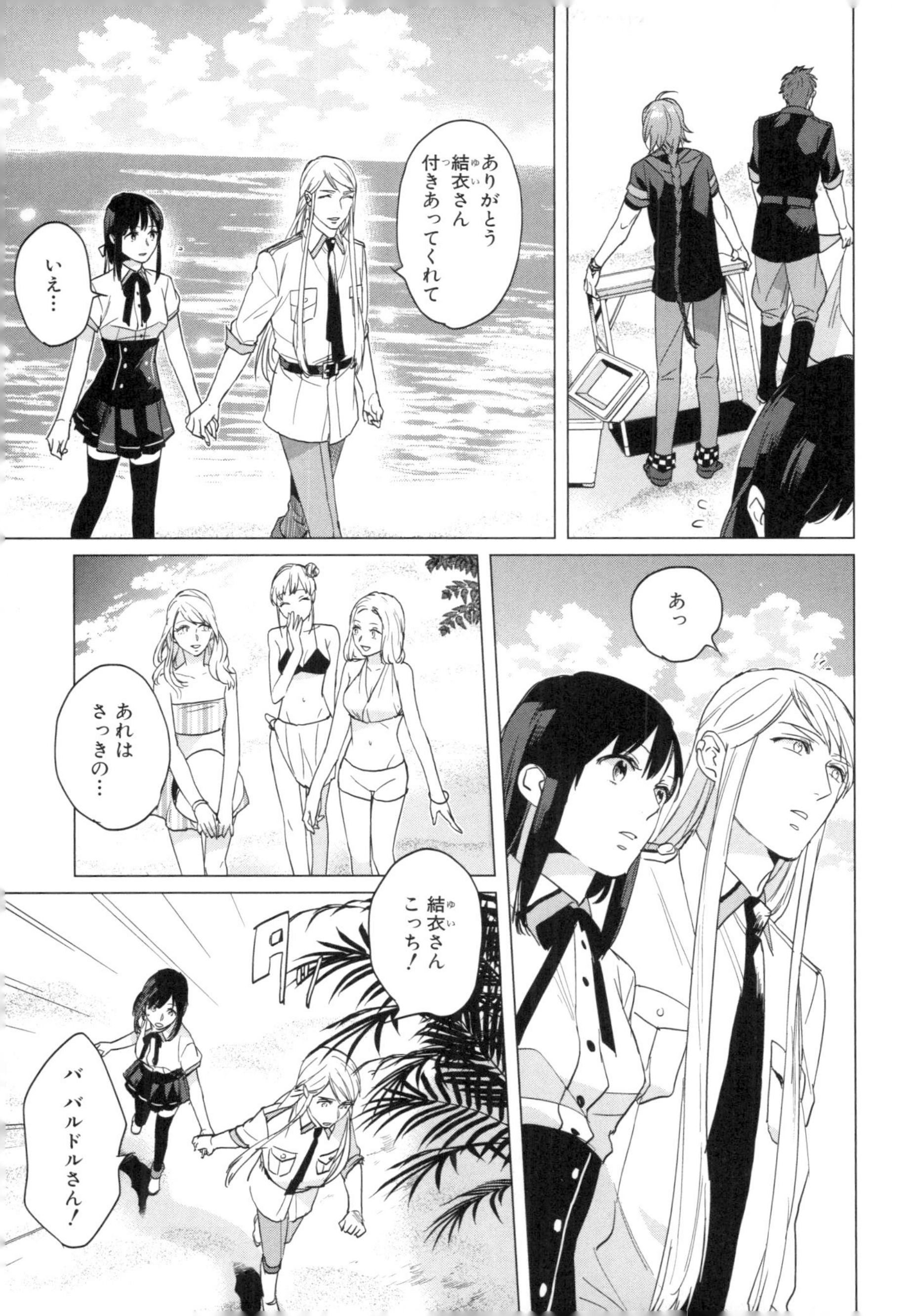
ありがとう 結衣さん 付きあってくれて
いえ…
あっ
あれは さっきの…
結衣さん こっち!
バ バルドルさん!

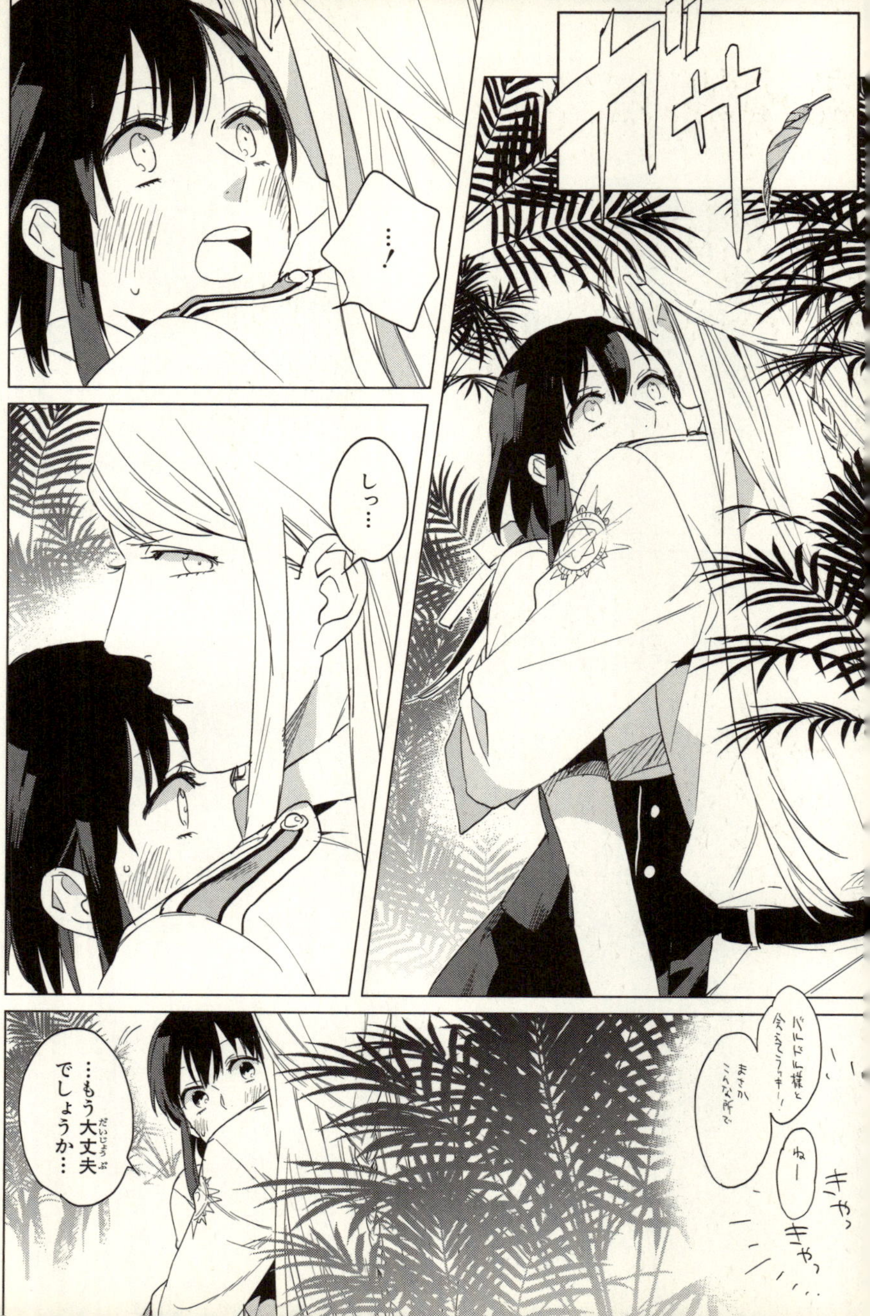
ガサ
…！
しっ…
バルドル様と会えてラッキー！
まさかこんな所で
ねー
きゃっきゃっ
…もう大丈夫でしょうか…

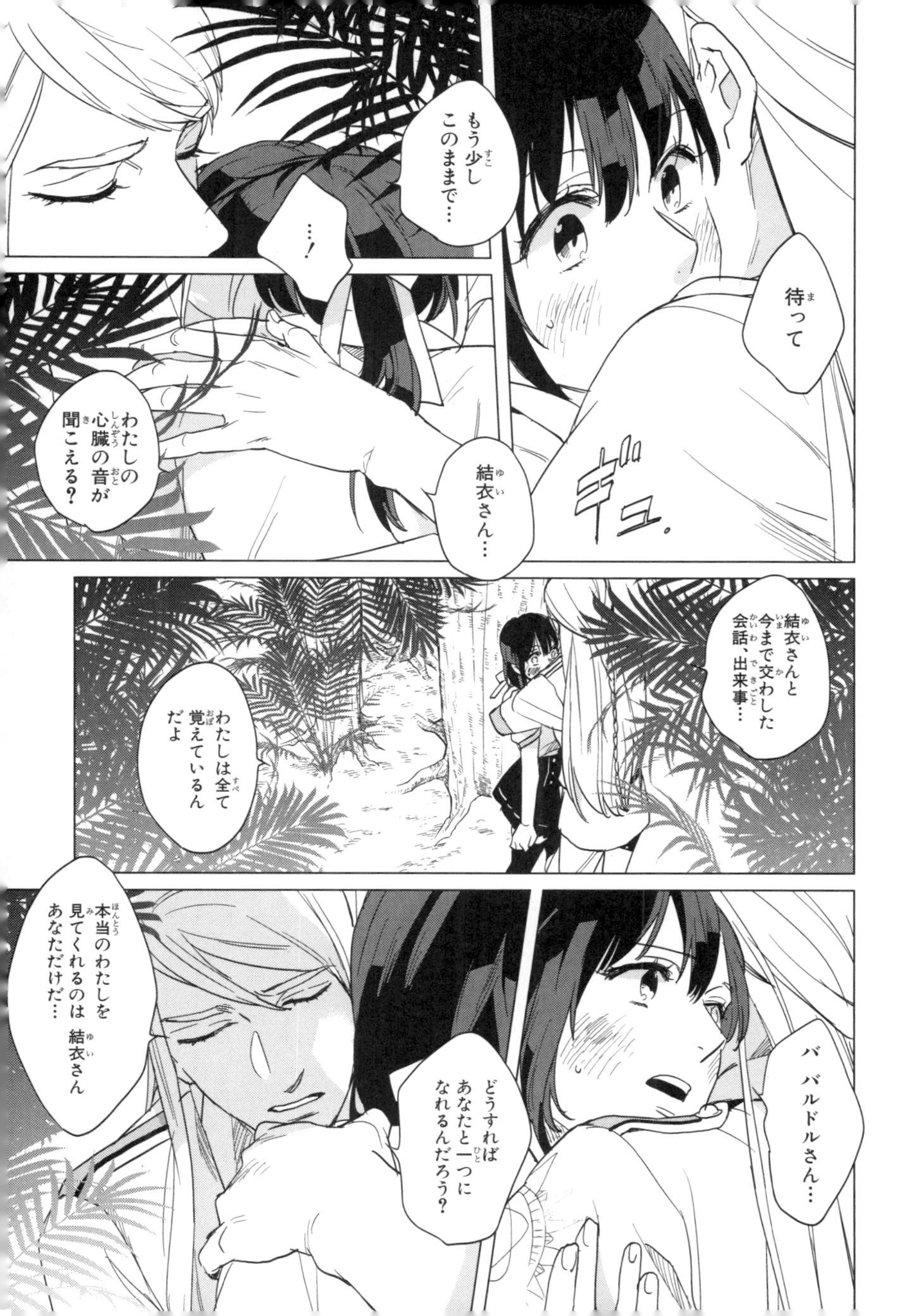
待って
ギュ。
もう少し このままで…
…！
結衣さん…
わたしの心臓の音が聞こえる？
結衣さんと今まで交わした会話、出来事…
わたしは全て覚えているんだよ
バ バルドルさん…
どうすればあなたと一つになれるんだろう？
本当のわたしを見てくれるのは 結衣さん あなただけだ…

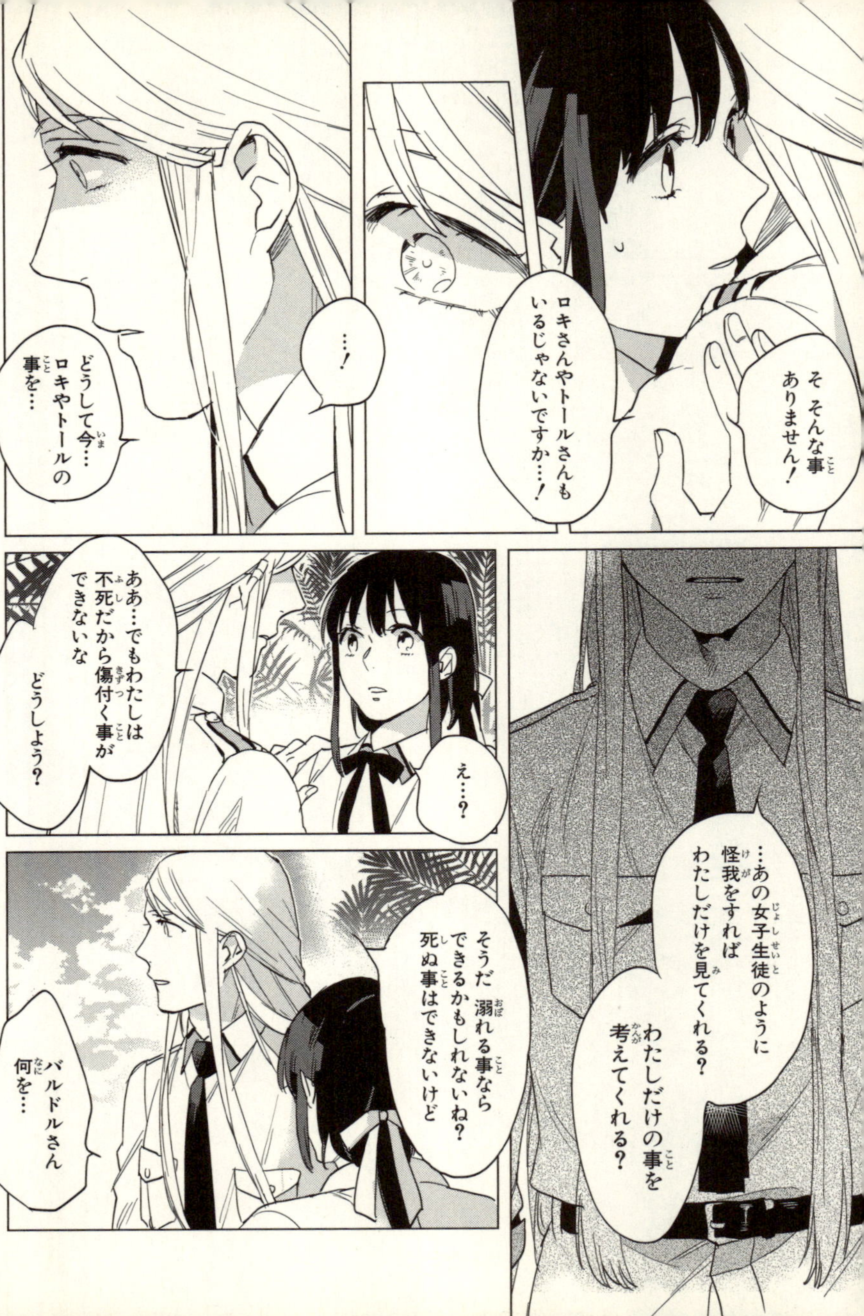
そ そんな事
ありません！
ロキさんやトールさんも
いるじゃないですか…！
…！
どうして今…
ロキやトールの
事を…
…あの女子生徒のように
怪我をすれば
わたしだけを見てくれる？
わたしだけの事を
考えてくれる？
ああ…でもわたしは
不死だから傷付く事が
できないな
どうしよう？
え…？
そうだ 溺れる事なら
できるかもしれないね？
死ぬ事はできないけど
バルドルさん
何を…

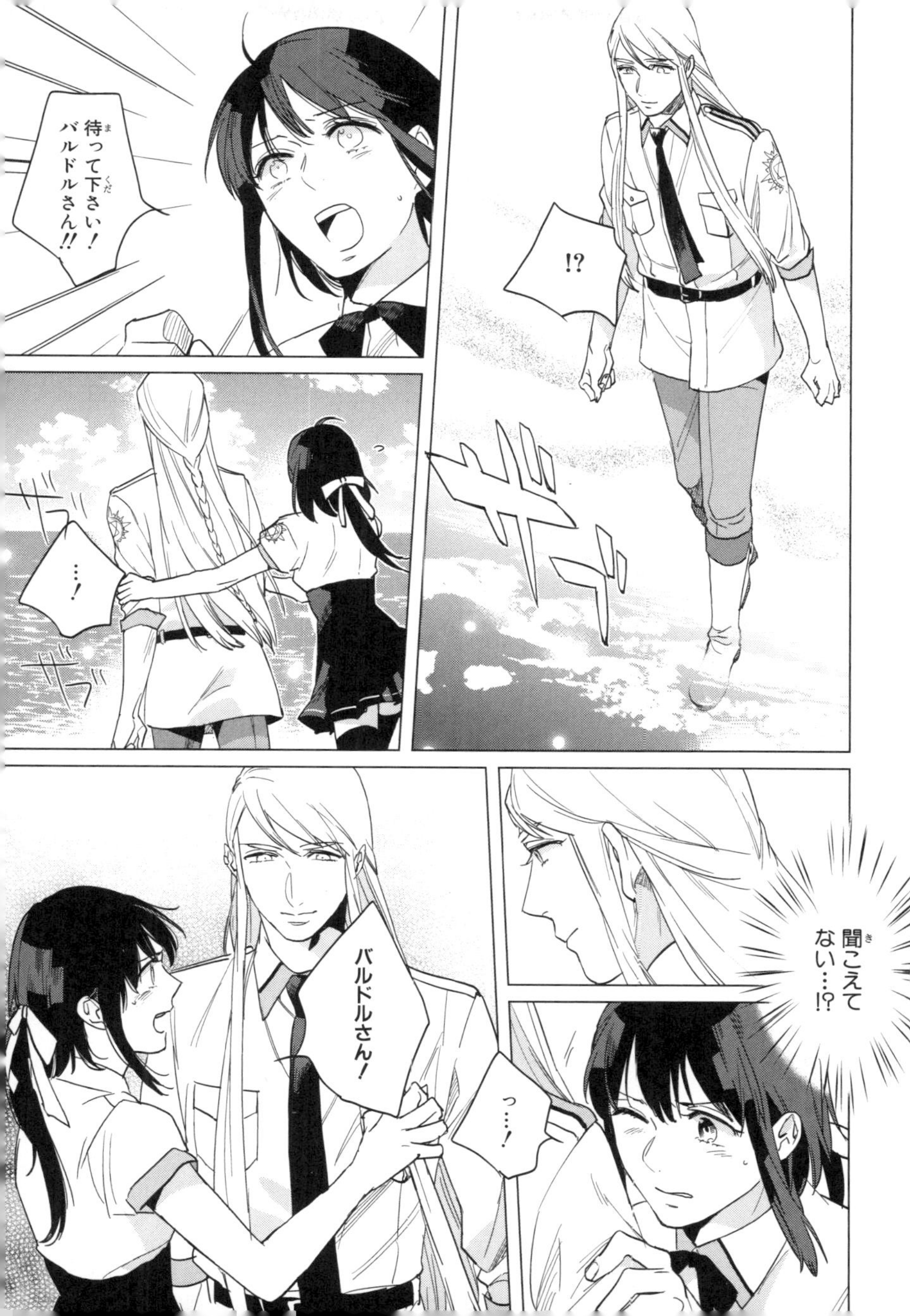
!?
待って下さい！
バルドルさん!!
…！
聞こえてない…!?
バルドルさん！
っ…！

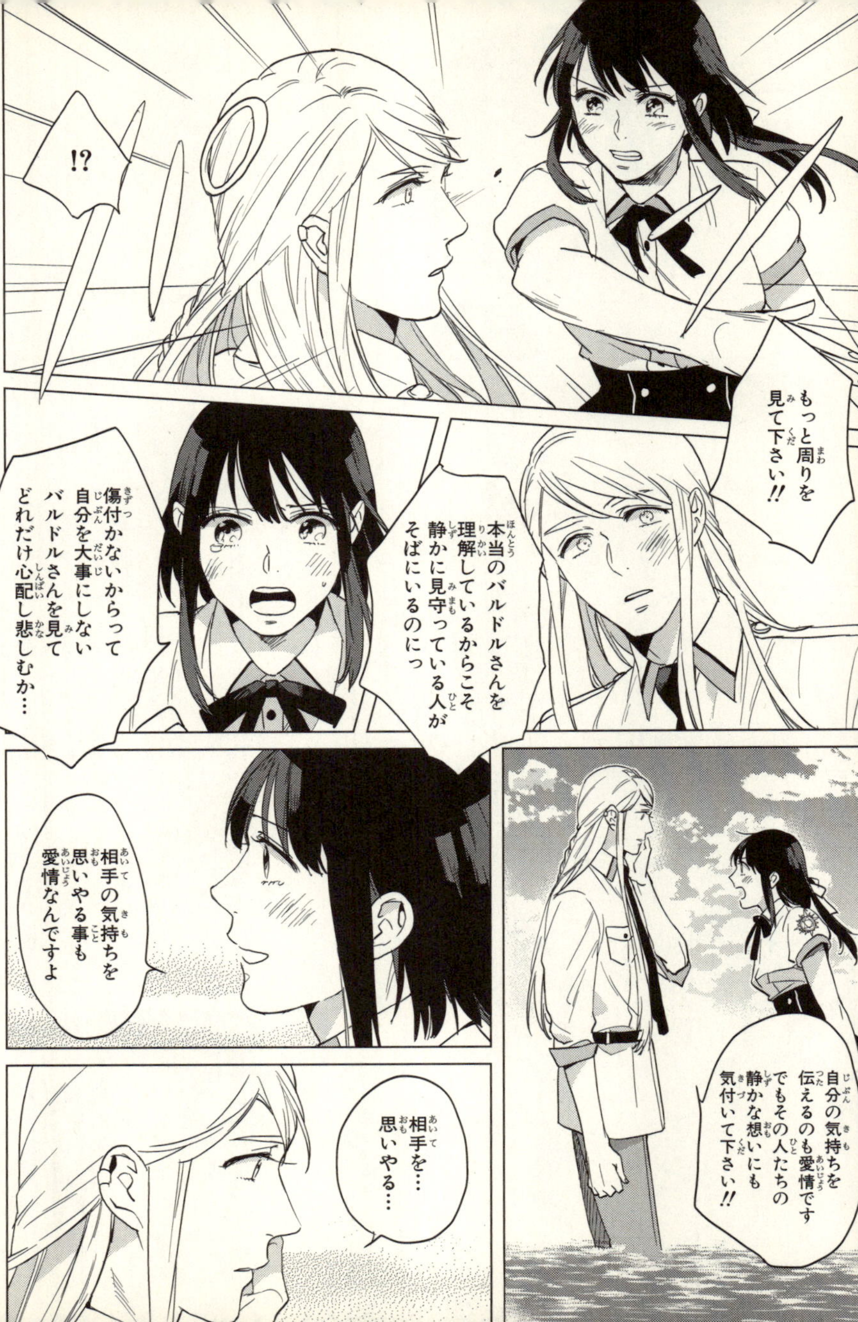
!?
もっと周りを見て下さい!!
本当のバルドルさんを理解しているからこそ静かに見守っている人がそばにいるのにっ
傷付かないからって自分を大事にしないバルドルさんを見てどれだけ心配し悲しむか…
自分の気持ちを伝えるのも愛情です
でもその人たちの静かな想いにも気付いて下さい!!
相手の気持ちを思いやる事も愛情なんですよ
相手を…思いやる…

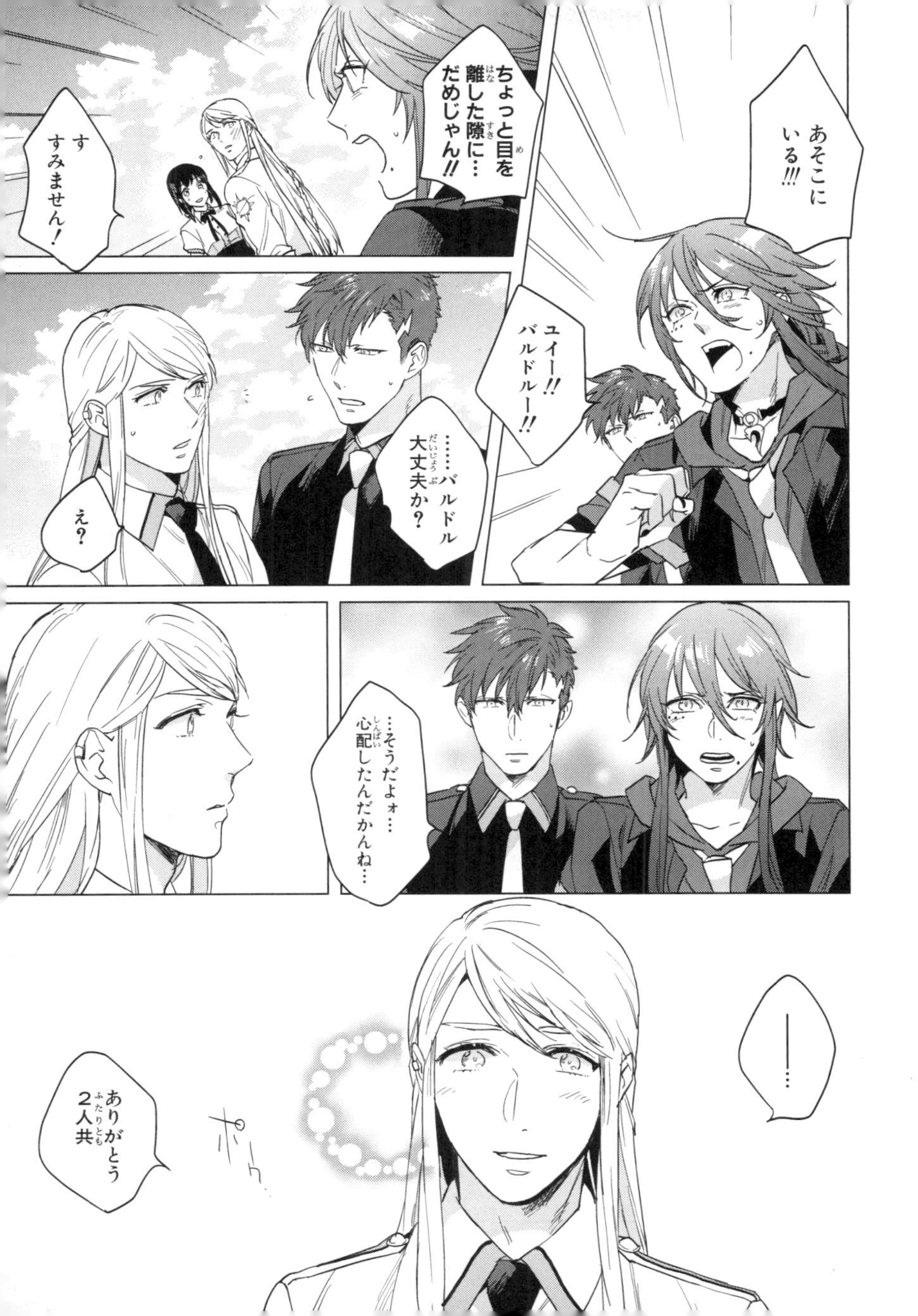
あそこにいる!!!
ユイー!! バルドルー!!
ちょっと目を離した隙に… だめじゃん!!
す すみません!
……バルドル 大丈夫か?
え?
…そうだよォ… 心配したんだかんね…
――…
ありがとう 2人共

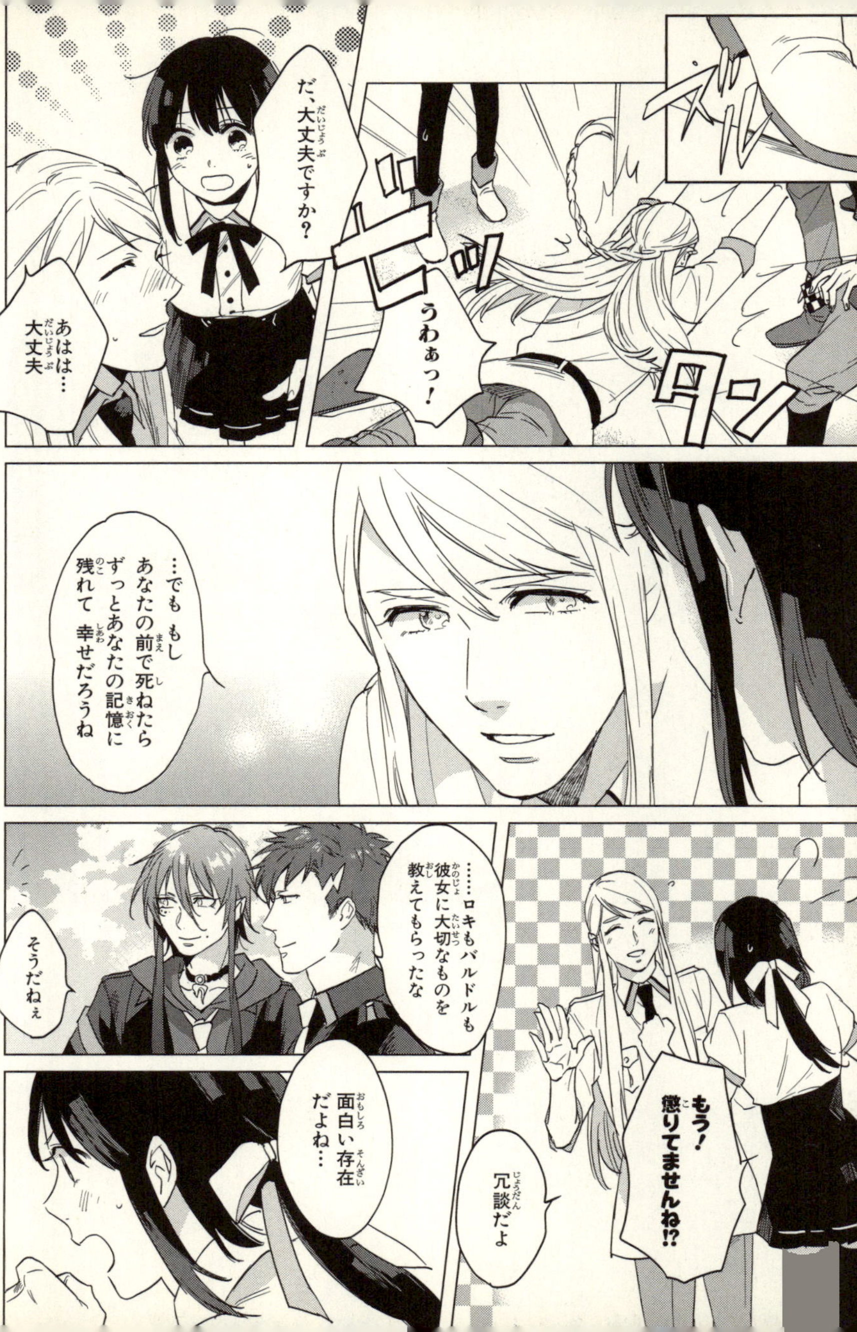
ズル
タン
うわぁっ!
だ、大丈夫ですか?
あはは…大丈夫
…でも もし あなたの前で死ねたら ずっとあなたの記憶に残れて 幸せだろうね
もう! 懲りてませんね!?
冗談だよ
……ロキもバルドルも彼女に大切なものを教えてもらったな
そうだねぇ
面白い存在だよね…

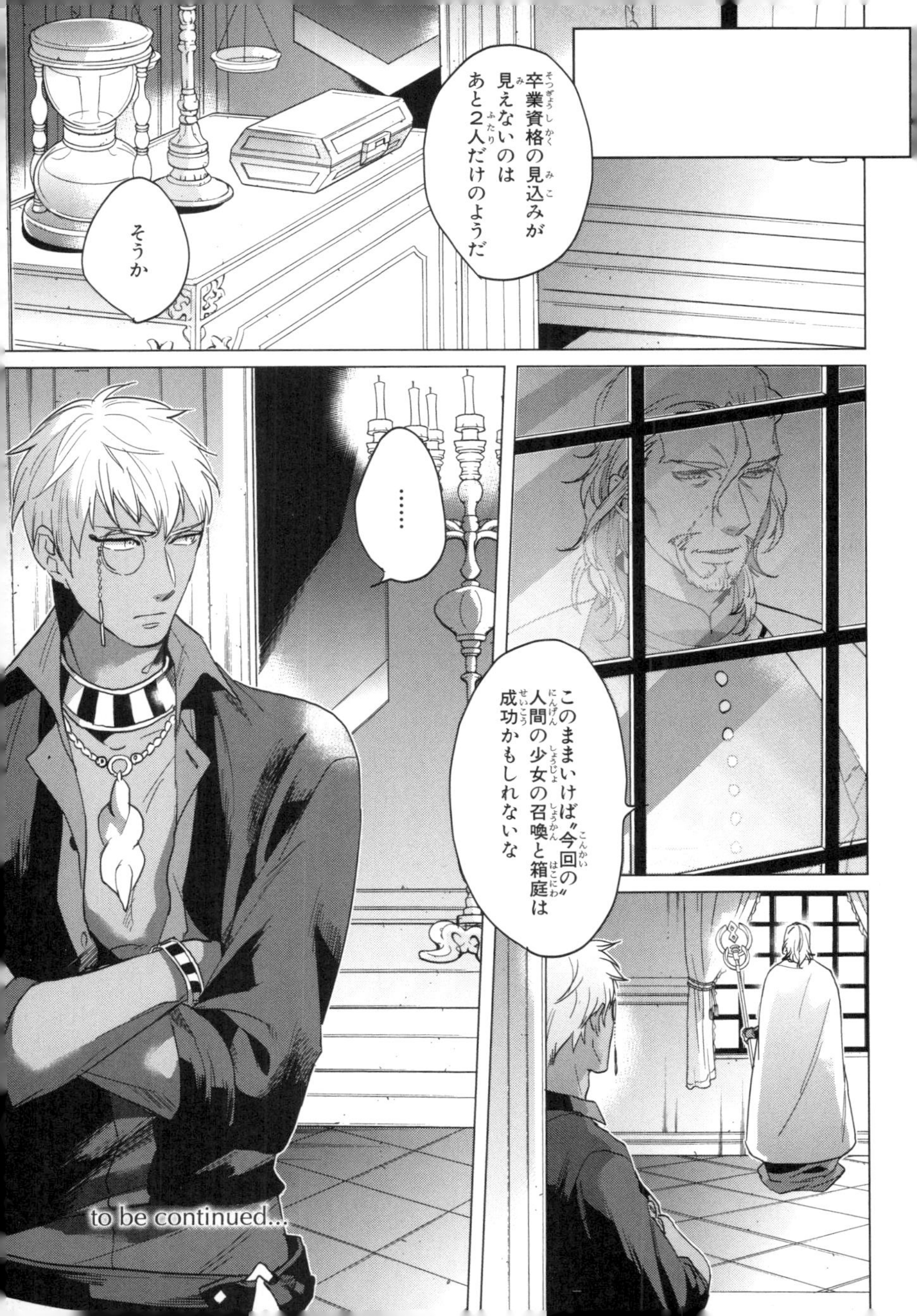
卒業資格の見込みが見えないのはあと2人だけのようだ
そうか
このままいけば〝今回の〟人間の少女の召喚と箱庭は成功かもしれないな
……
to be continued...

神々の悪戯(あそび)
Ludere deorum

Afterword

Afterword

2巻です

神様ひとりひとりの
おはなしが書けたので
楽しかったです

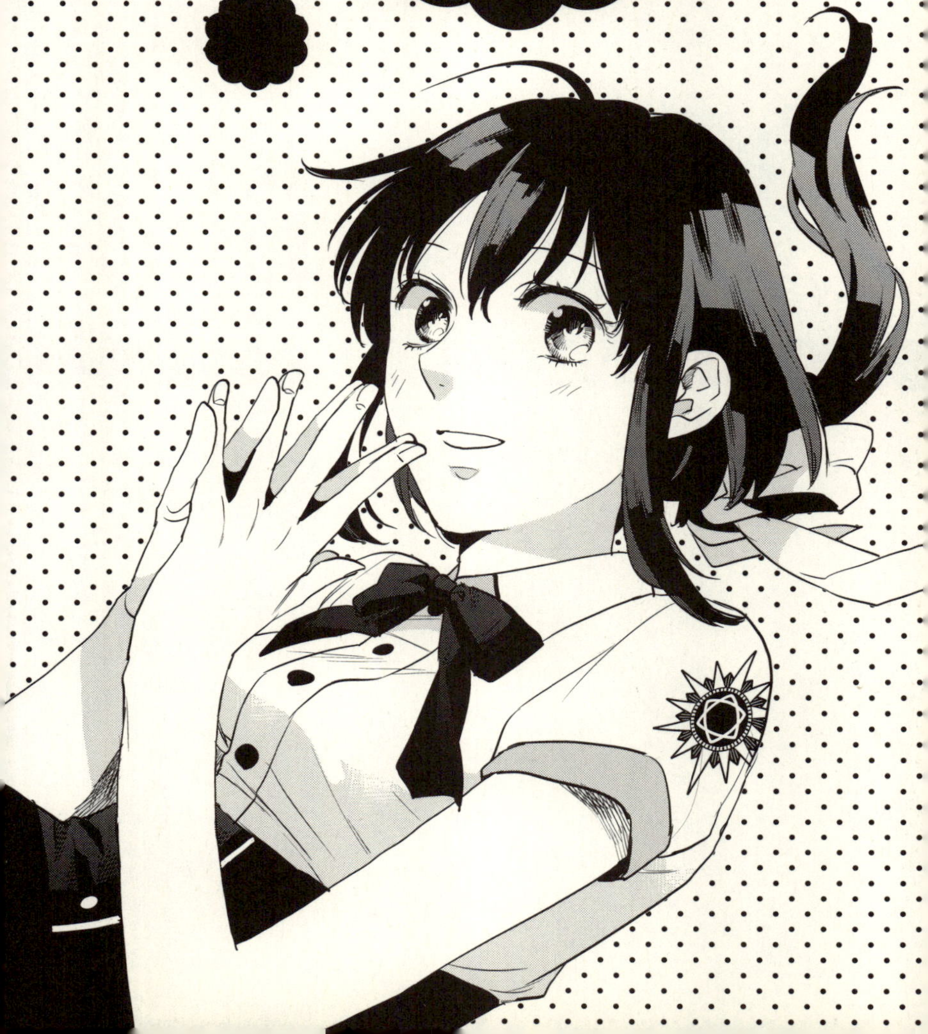

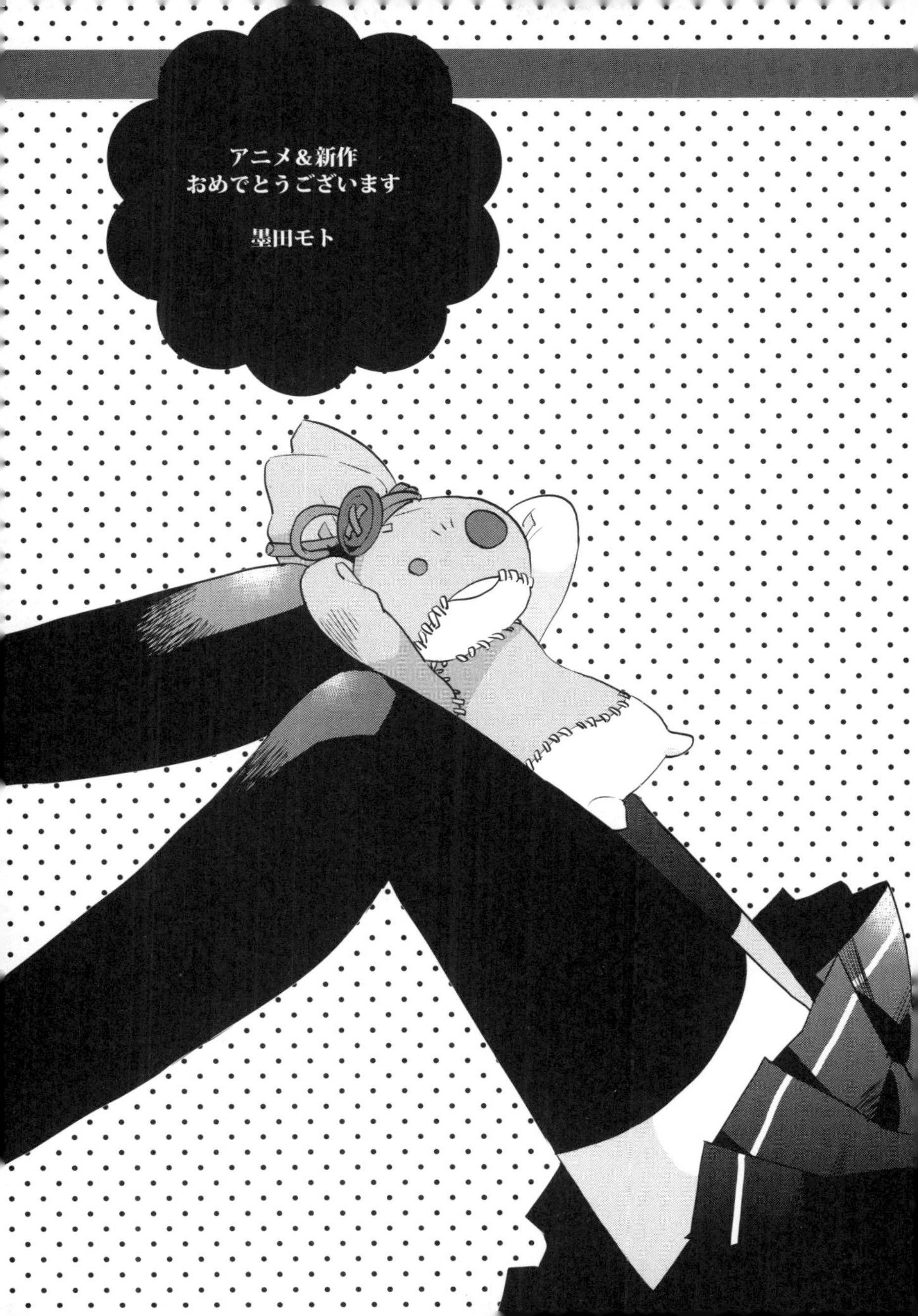
アニメ＆新作
おめでとうございます
墨田モト

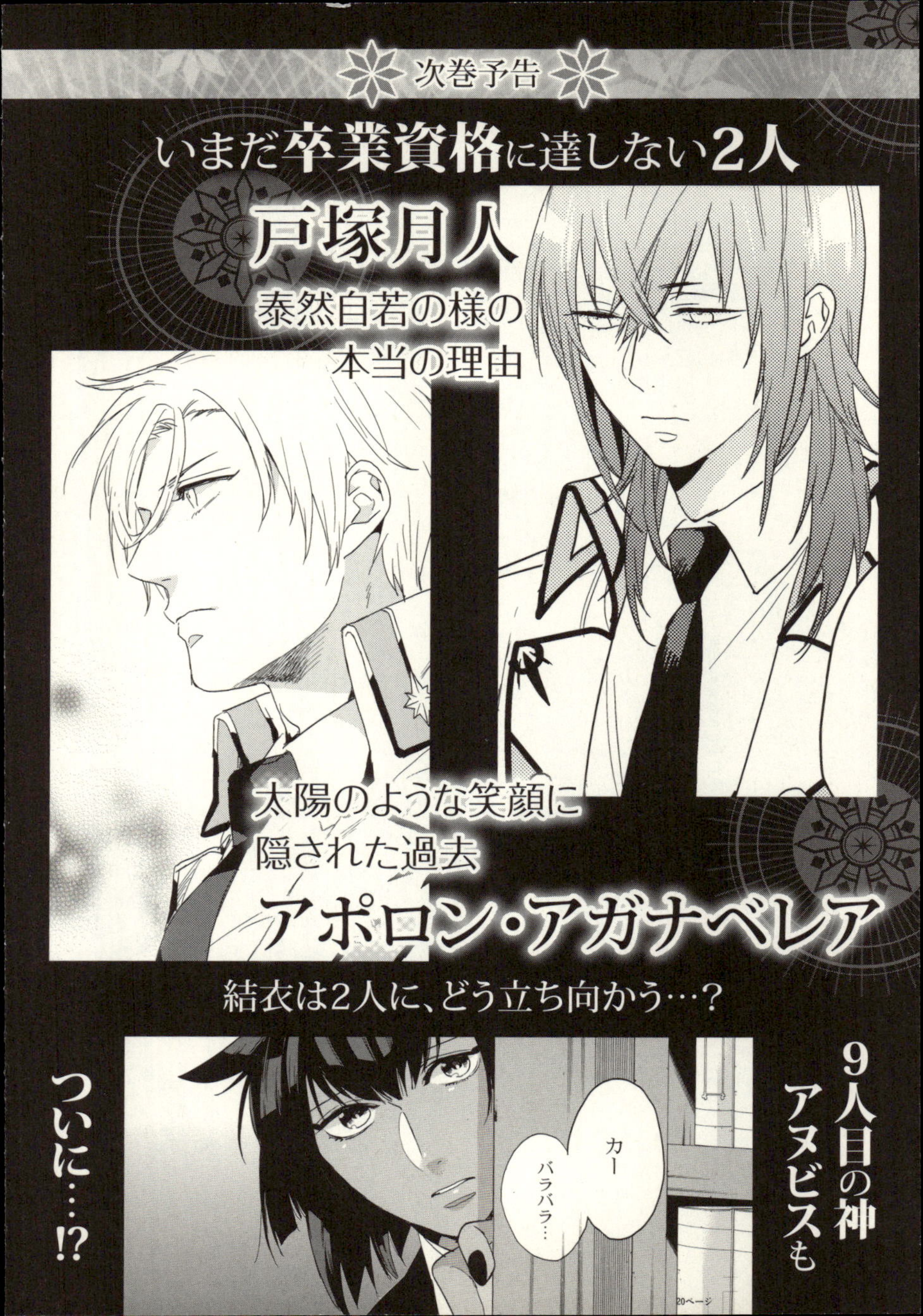
次巻予告
いまだ卒業資格に達しない2人
戸塚月人
泰然自若の様の本当の理由
太陽のような笑顔に隠された過去
アポロン・アガナベレア
結衣は2人に、どう立ち向かう…？
9人目の神アヌビスも
カー
バラバラ…
ついに…!?

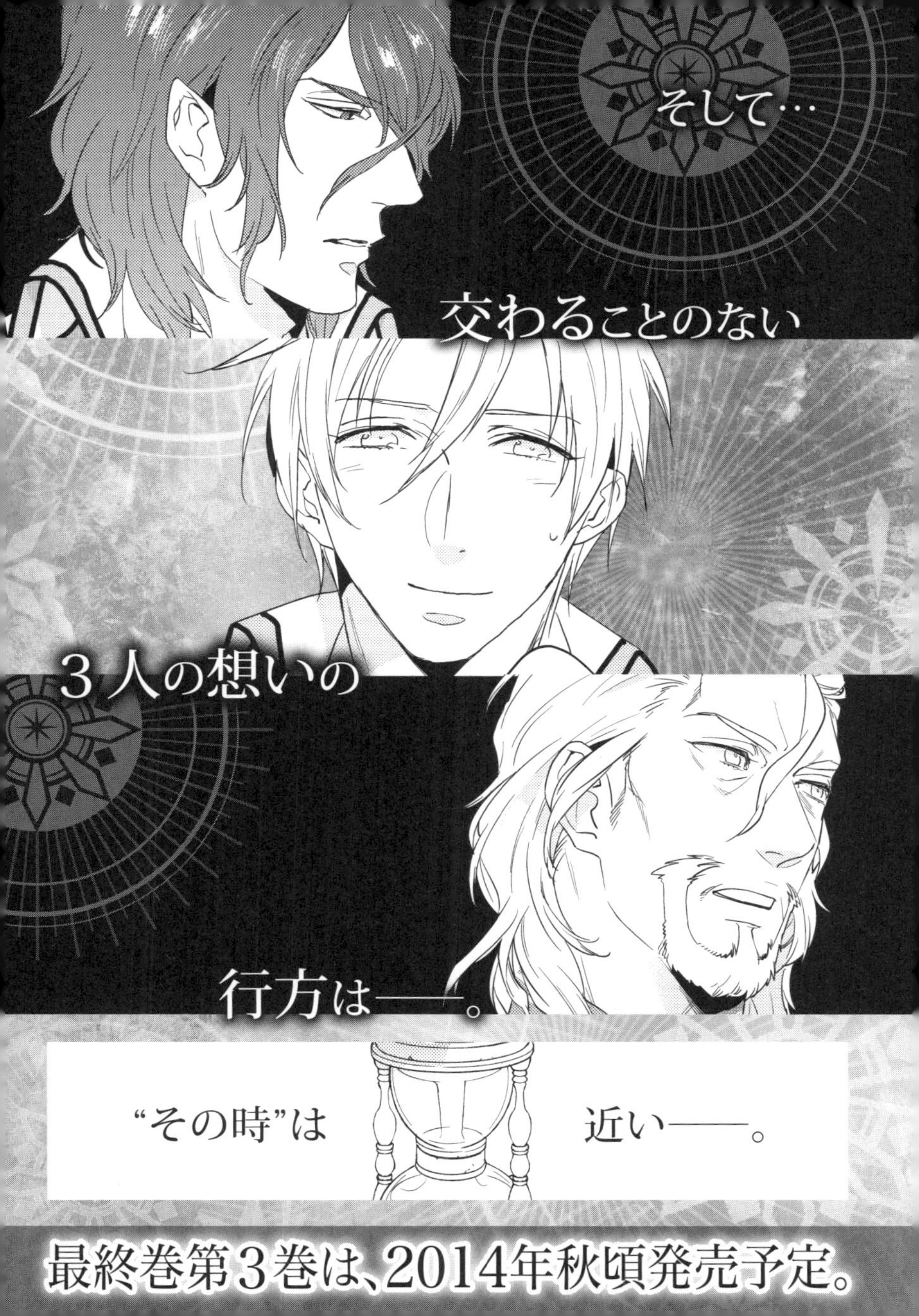
そして…
交わることのない
3人の想いの
行方は——。
“その時”は
近い——。
最終巻第3巻は、2014年秋頃発売予定。

Game Information

神々の悪戯（あそび）
Ludere deorum

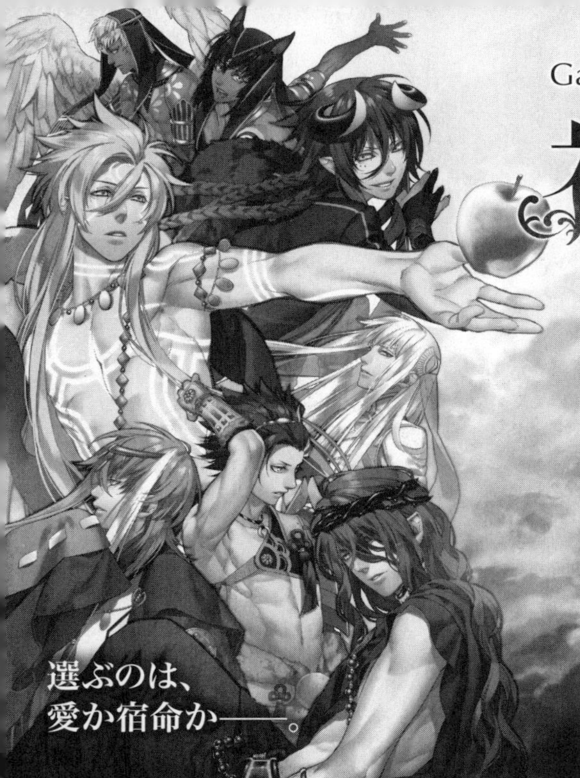

ブロッコリーとカズキヨネがタッグを組んだ原作の乙女ゲーム！

DATA

タイトル■神々の悪戯
発 売 日■発売中
対応機種■PSP
ジャンル■運命の糸を紡ぐ-Love is Pain ADV
価　　格■通常版 本体5,800円＋税
初回限定 禁じられた箱 本体7,800円＋税
発　　売■ブロッコリー
スタッフ■原画：カズキヨネ
シナリオ：ひらやま・武口 碧
公式ＨＰ■http://www.kamiaso.com/

STORY

「神」とは人間を愛し、崇拝されるべき存在。しかし神の中には、人間嫌いの神がいた。ゼウスは、天界の"学び舎"に人間の少女を召喚し、問題児の神に"愛と人間"とは何かを教えるように命じる。学園生活を通して、神との間に芽生えるものとは…。

ミニゲーム

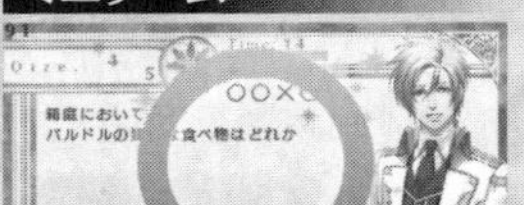

▲ＡＤＶパートとは別に、神話を学べるクイズ形式のゲームが楽しめちゃうよ！

箱庭モード

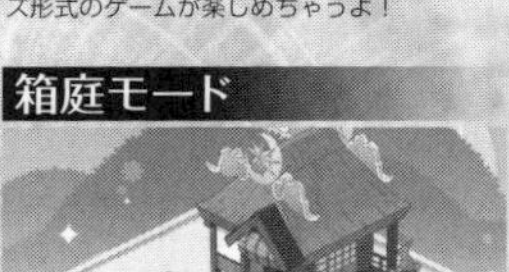

▲ＳＤキャラとオブジェクトの配置によっては、ミニシナリオが読める事も…！

月明かりの中
アポロンに抱きすくめられ…

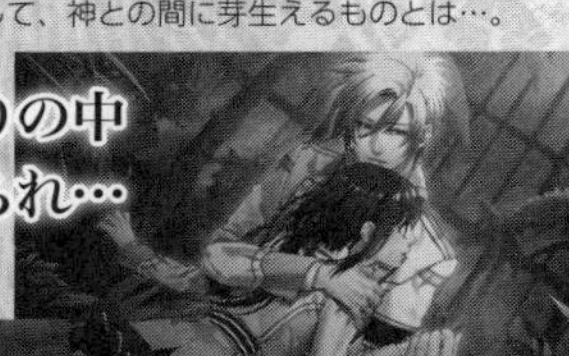

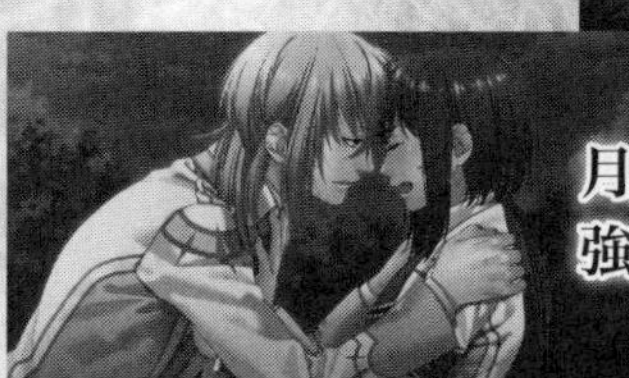

月人の顔が
強引に近づいて!?

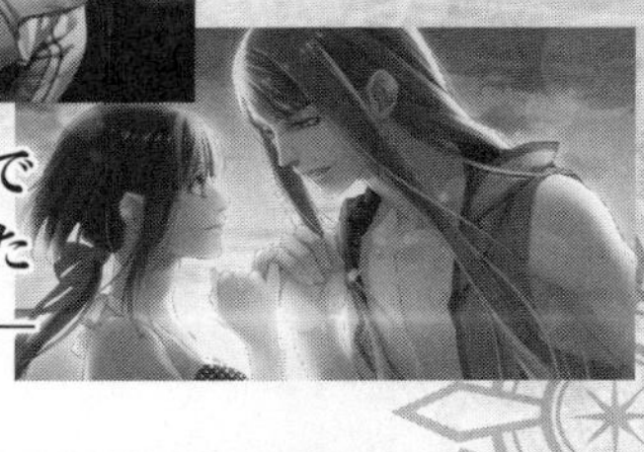

夏の浜辺で
バルドルと交わした
約束とは——

Comic Information

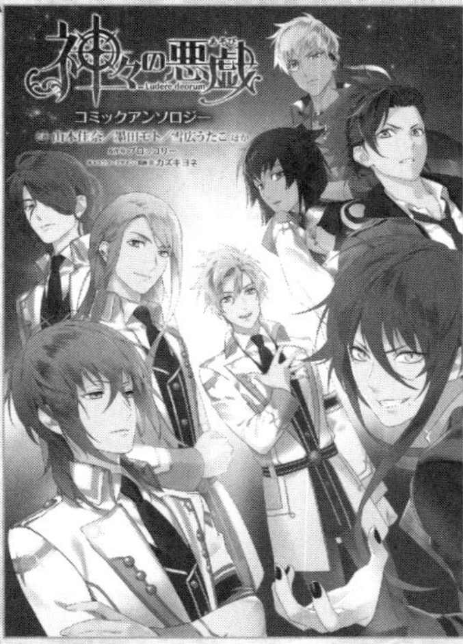

神々の悪戯（あそび） コミックアンソロジー

ゲーム アンソロジー

神々とのお話がいっぱいの公式アンソロジー！

DATA

定価■本体750円＋税
判型■B6判
作画■山本佳奈／墨田モト／雪広うたこ ほか
原作■ブロッコリー
キャラクターデザイン・原画■カズキヨネ
発行■株式会社KADOKAWA アスキー・メディアワークス

LINEUP

表紙
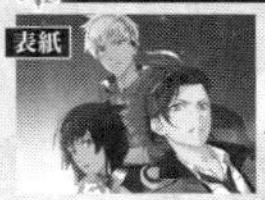
山本佳奈

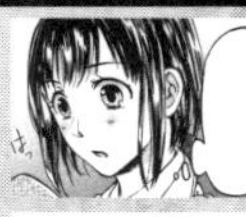
冴月ゆと

ピンナップ
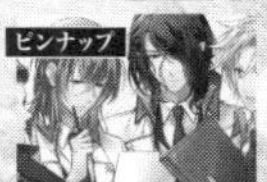
しあ

しあ

ピンナップ

雪広うたこ

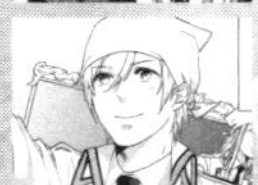
墨田モト

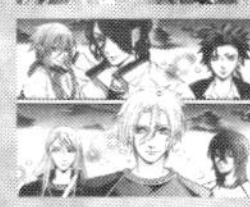
粟島漣

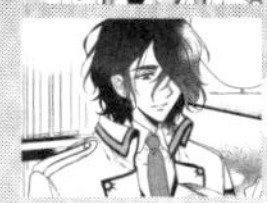
文月路亜

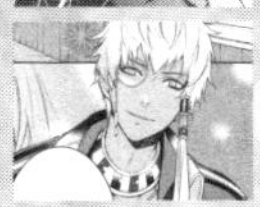
衣丘わこ

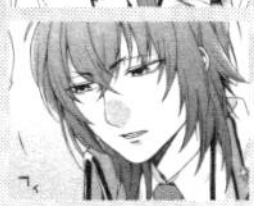
まえだもも

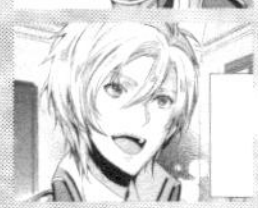
おかざきおか

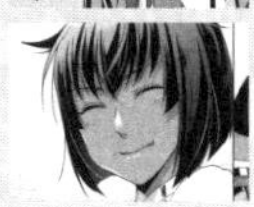
村崎翠

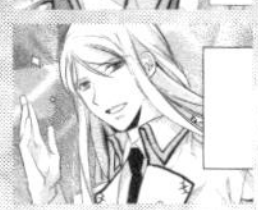
希月

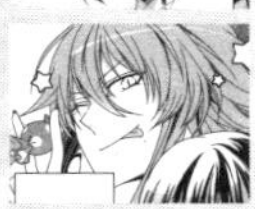
流宮

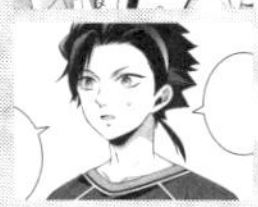
黒邑基人

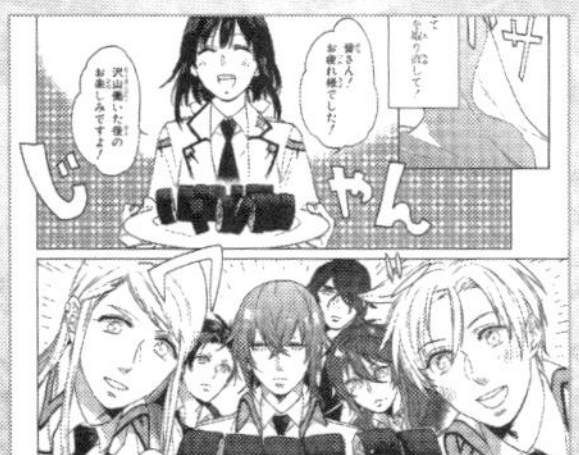

▶学園生活の一環として「掃除」をする事に。教室を綺麗にした後のお楽しみは…？

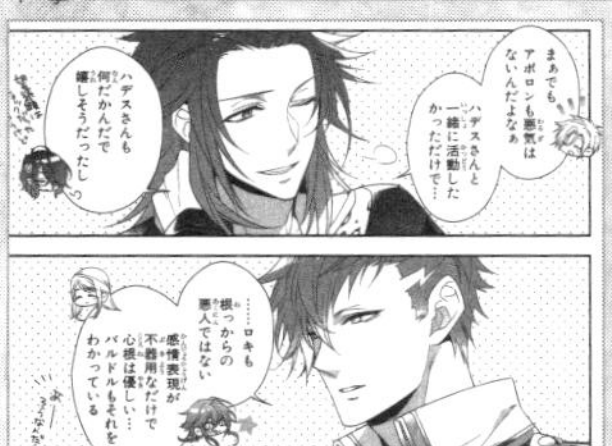

◀縁の下の力持ち、ディオニュソスとトールが世間話をしている4コマも掲載！

▶エジプト神話のアヌビスも登場！ 皆におにぎりをふるまう結衣にアヌビスは…？

SYLPH COMICS

神々の悪戯②

2014年5月22日　初版発行
2014年7月11日　再版発行
作　　画　墨田モト
原　　作　ブロッコリー
キャラクターデザイン・原画　カズキヨネ
発 行 者　塚田正晃
プロデュース　アスキー・メディアワークス
〒102-8584　東京都千代田区富士見1-8-19
電話03-5216-8397(編集)
発　　行　株式会社KADOKAWA
〒102-8177　東京都千代田区富士見2-13-3
電話03-3238-8521(営業)

カバー・本文デザイン　福山恵子(move on)

装　丁　小菅ひとみ(CoCo.Design)
印刷・製本　凸版印刷株式会社

●初出●　シルフ2013年12月号～2014年4月号、6月号

ISBN978-4-04-866584-1 C0979